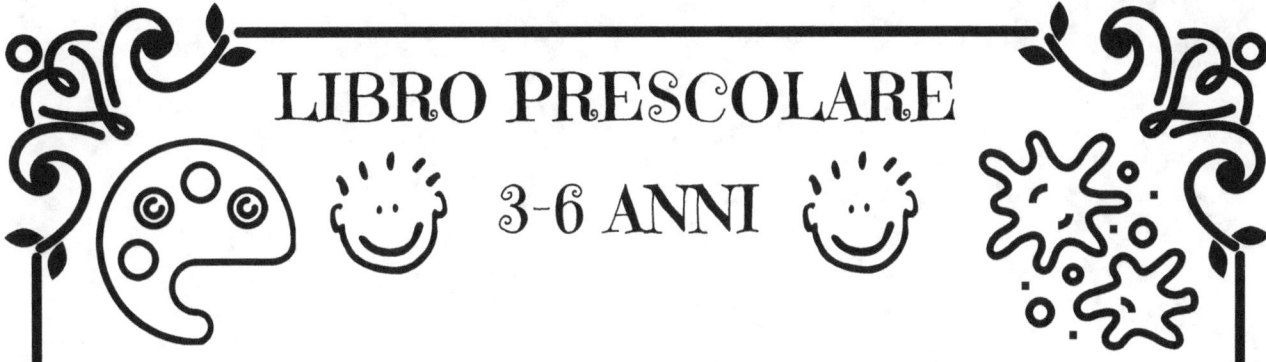

LIBRO PRESCOLARE
3-6 ANNI

Questo libro appartiene a:

_____

LETTERE E NUMERI DA TRACCIARE

TRACCIARE ANIMALI E COLORARE

TROVA LA DIFFERENZA GIOCO

LABIRINTI GIOCHI

GIOCO DI CORRISPONDENZA OMBRA

22 DISEGNI DI UCCELLI DA COLORARE

21 DESIGNI CREATURE DEL MARE COLORARE

20 DISEGNI ANIMALI DELLA FATTORIA DA COLORARE

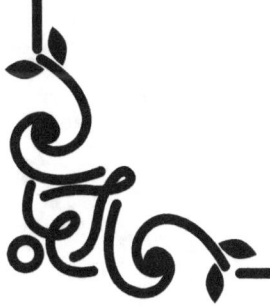
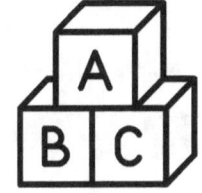
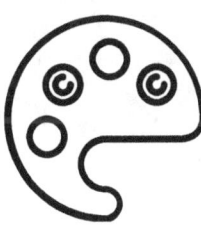
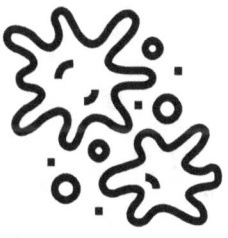

TUTTI I DIRITTI RISERVATI

LETTERE DA TRACCIARE
minuscole maiuscole

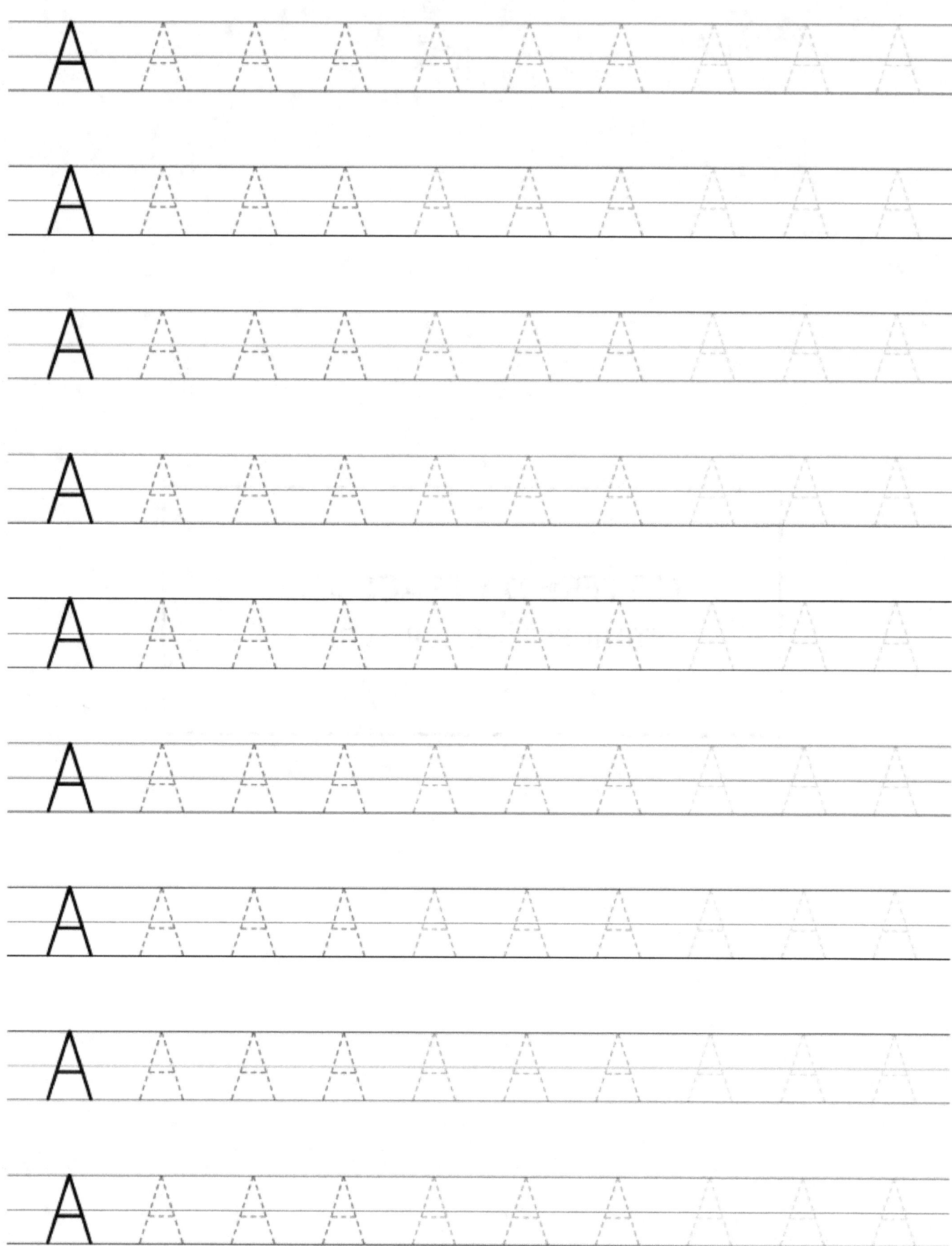

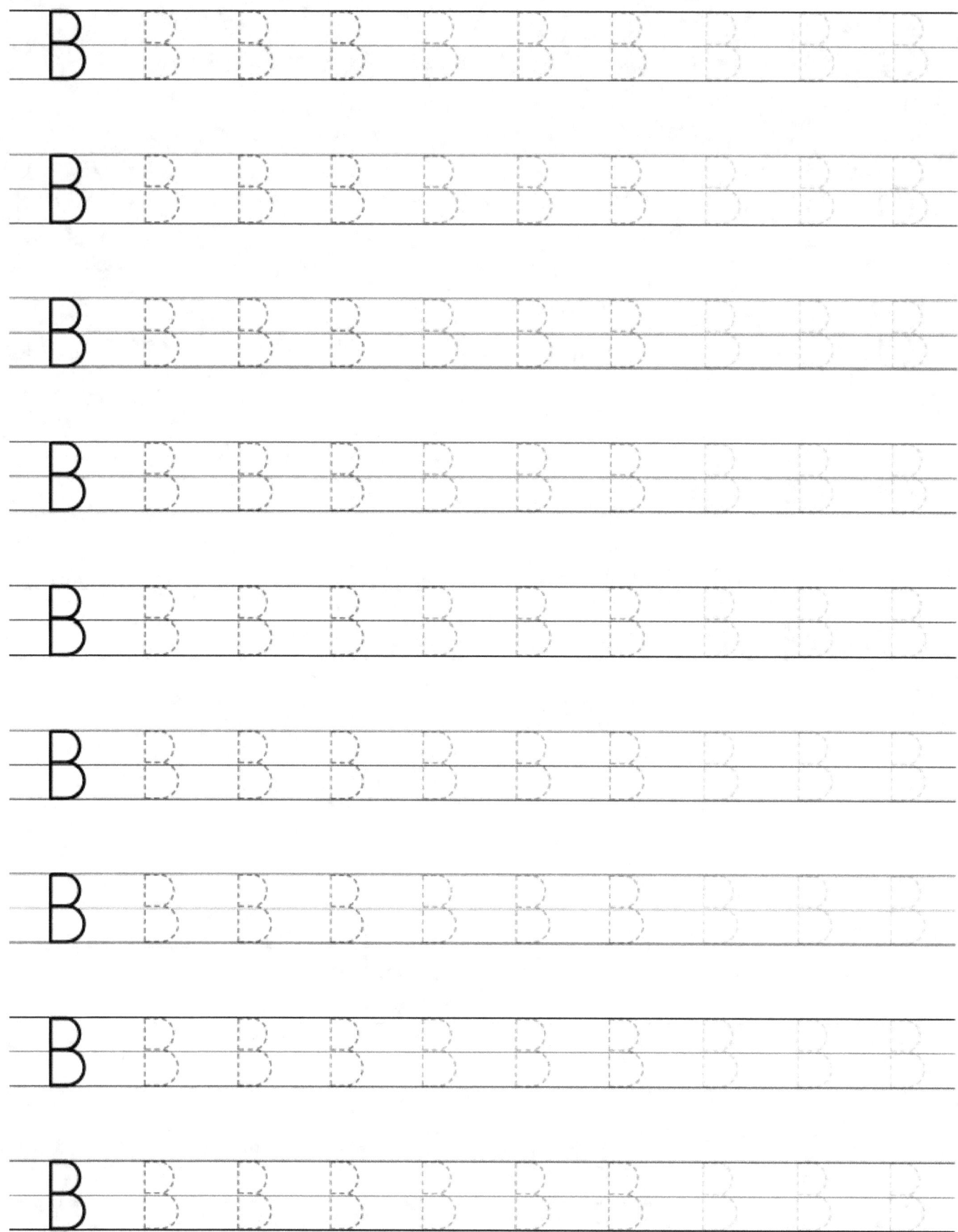

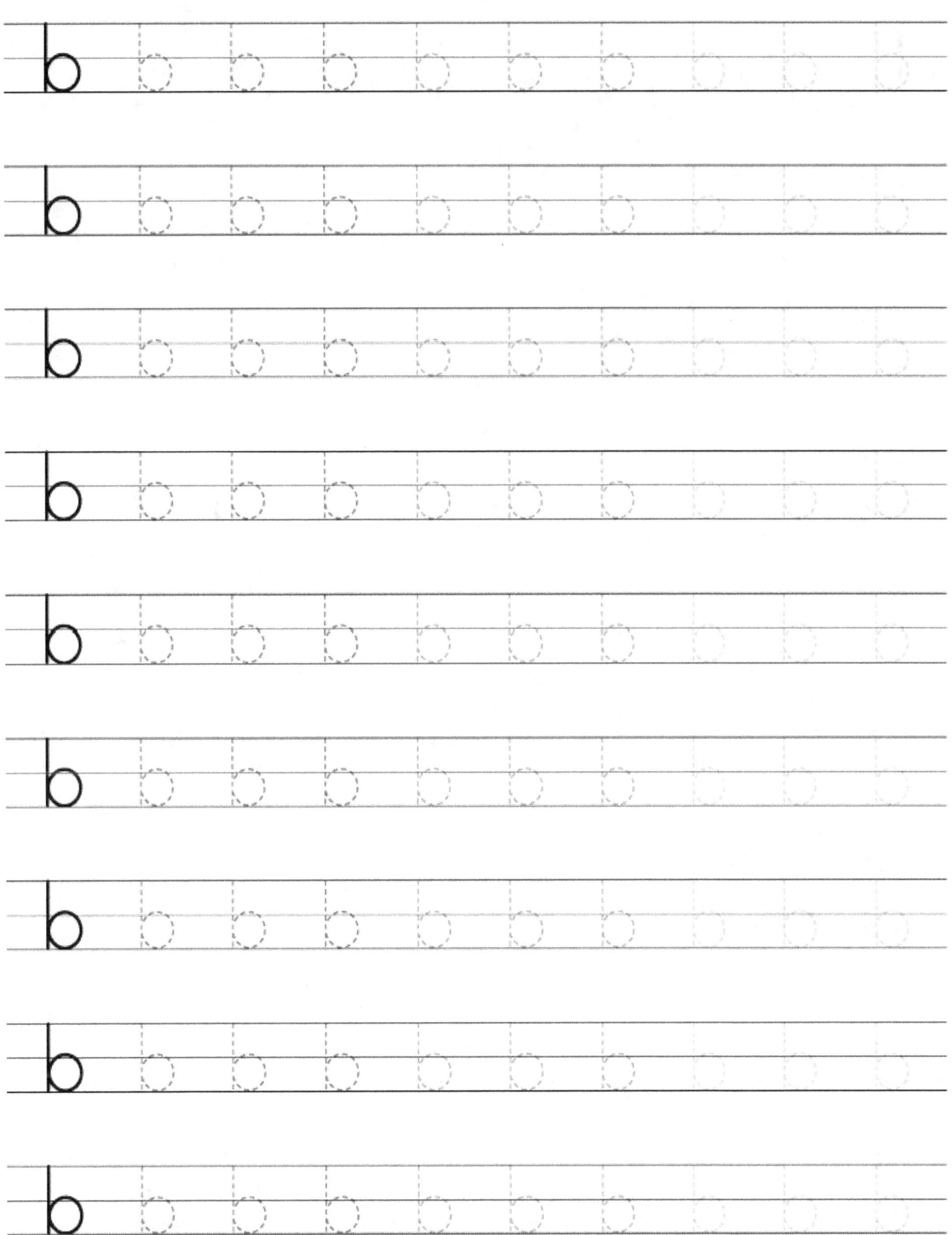

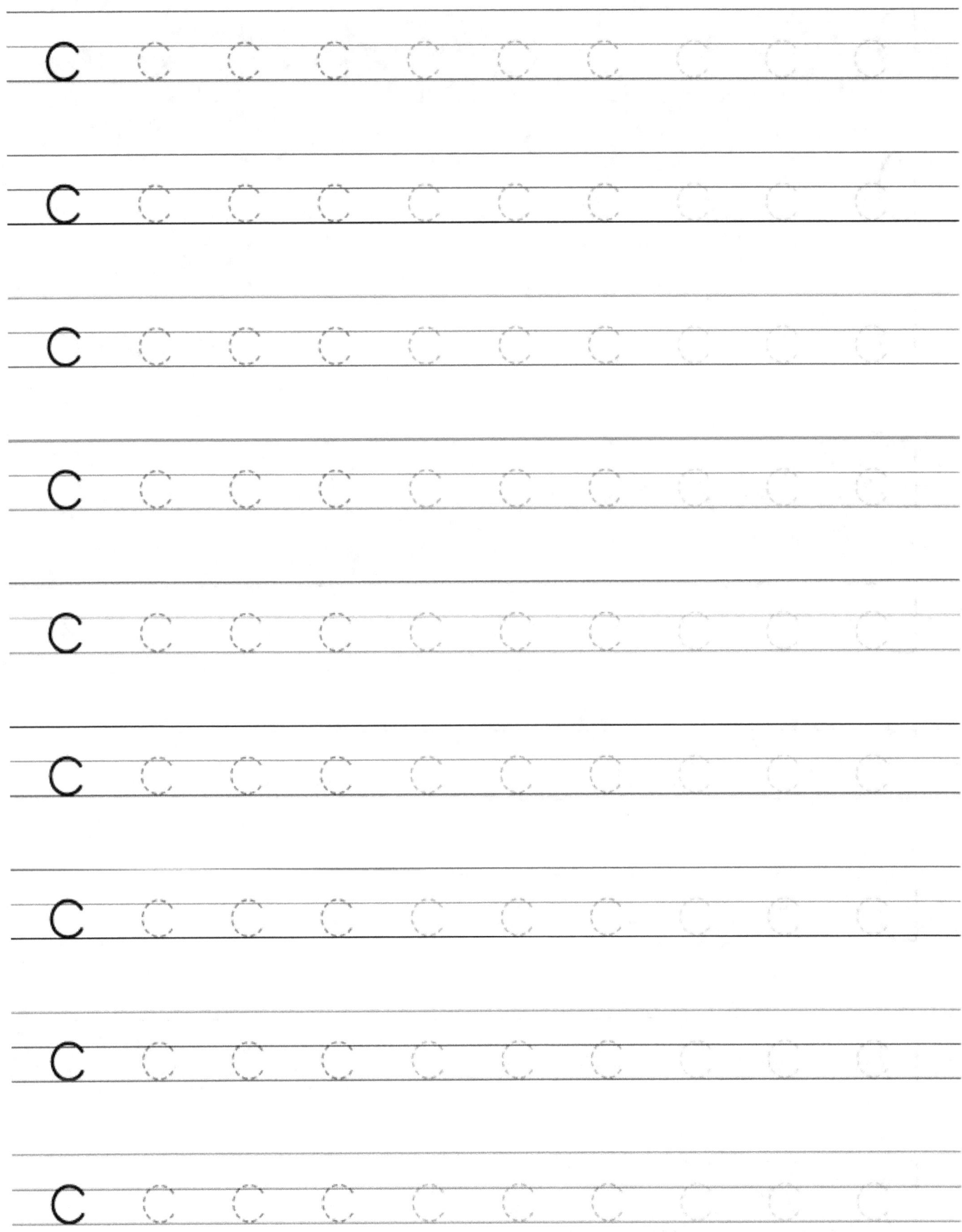

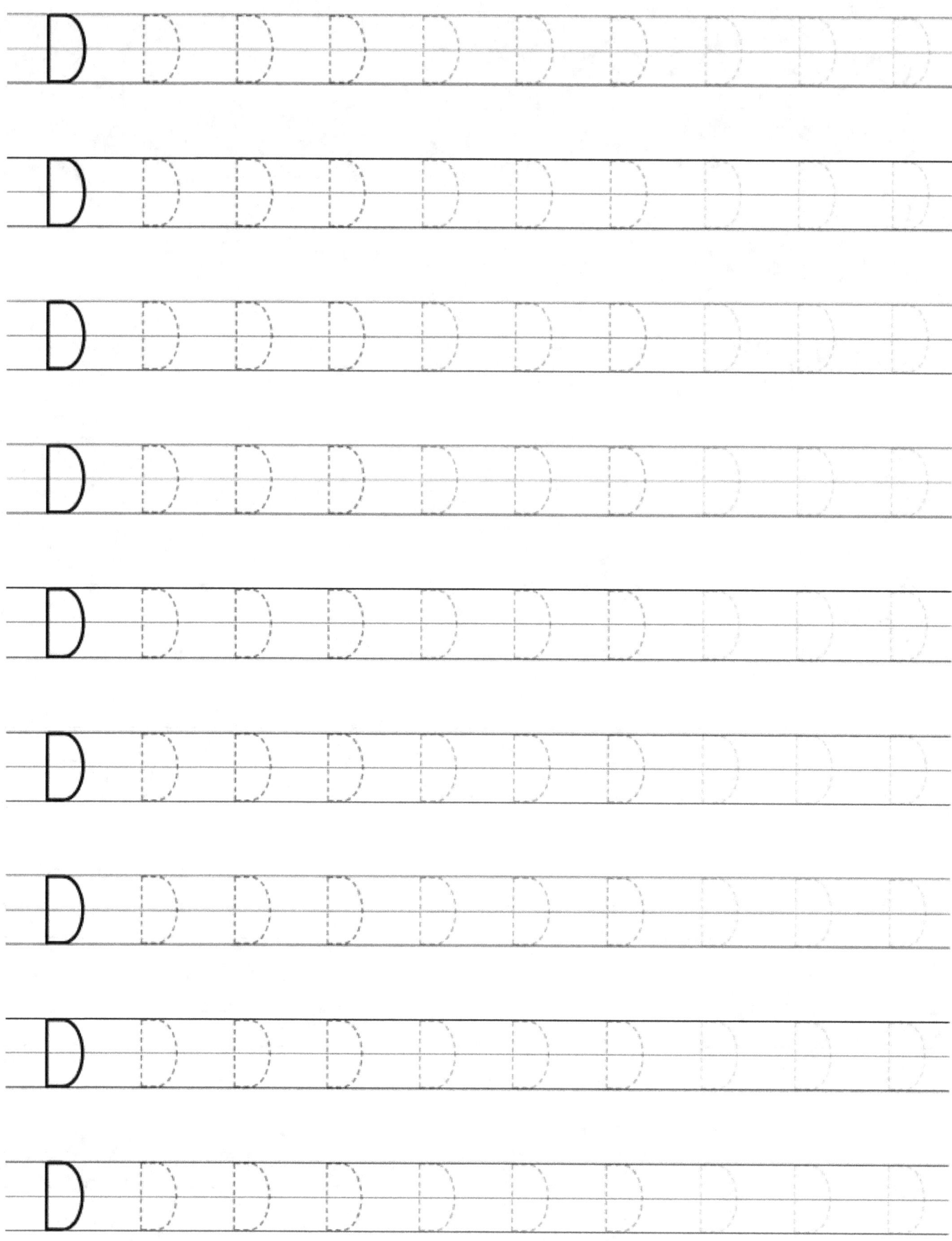

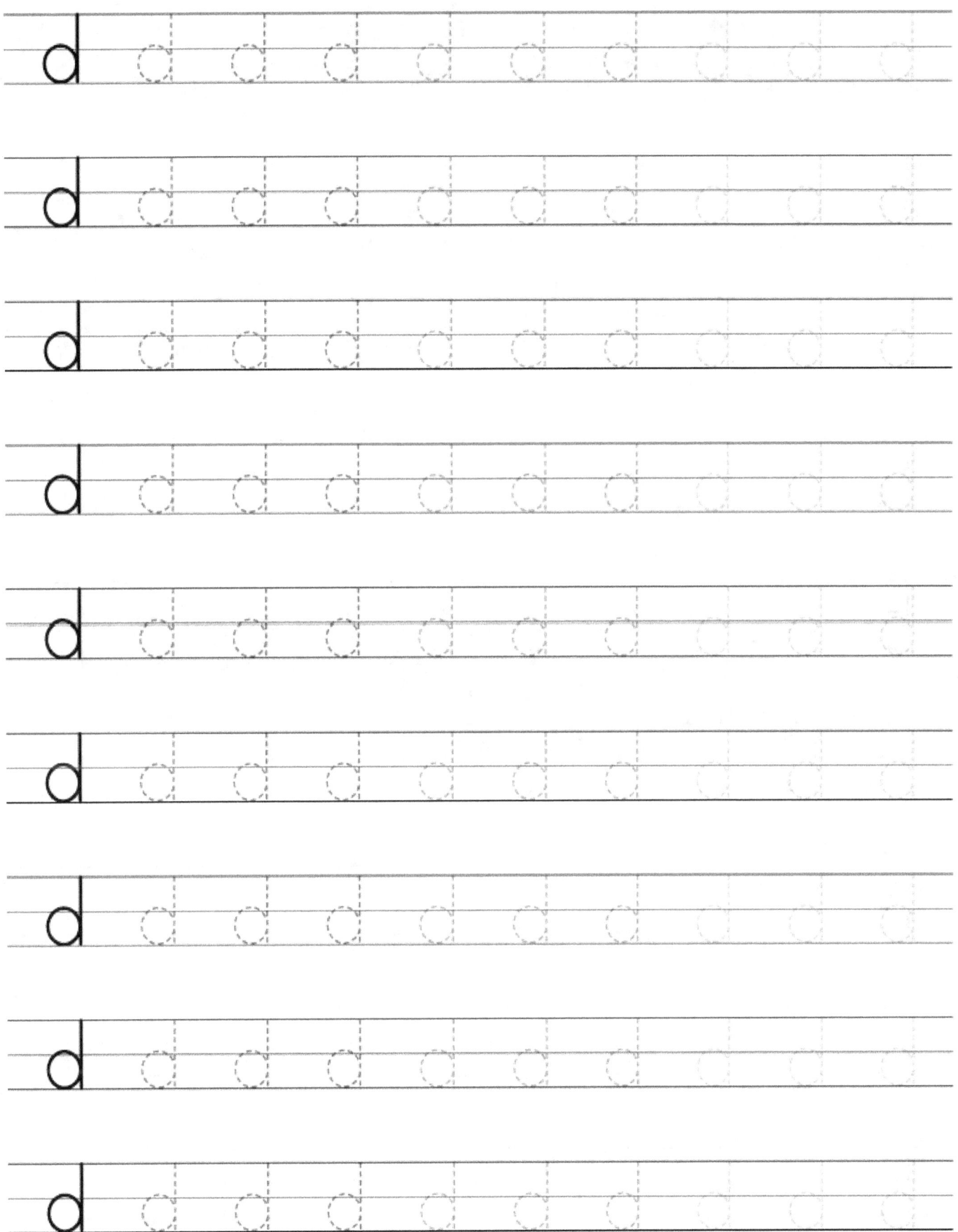

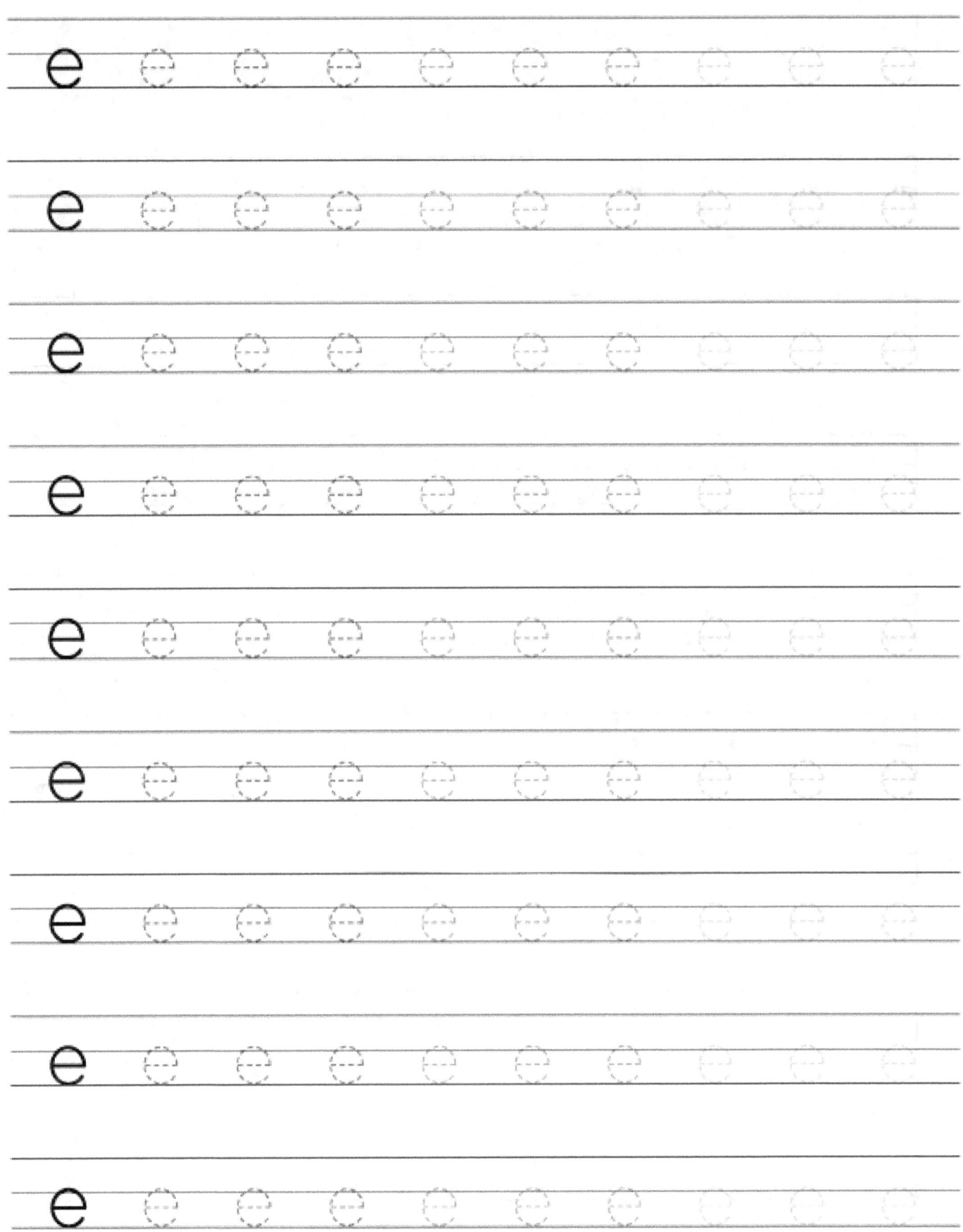

F

f
f
f
f
f
f
f
f
f

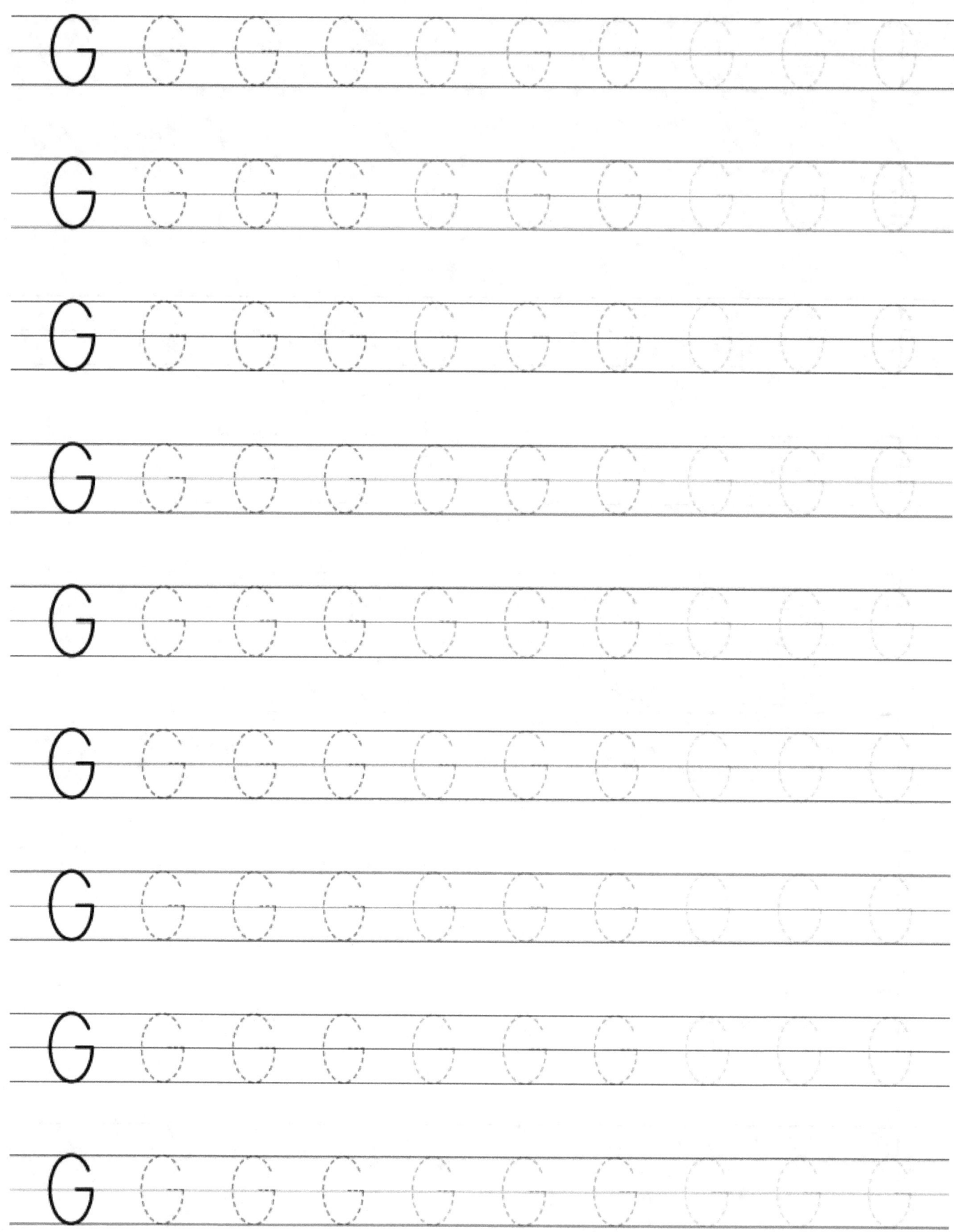

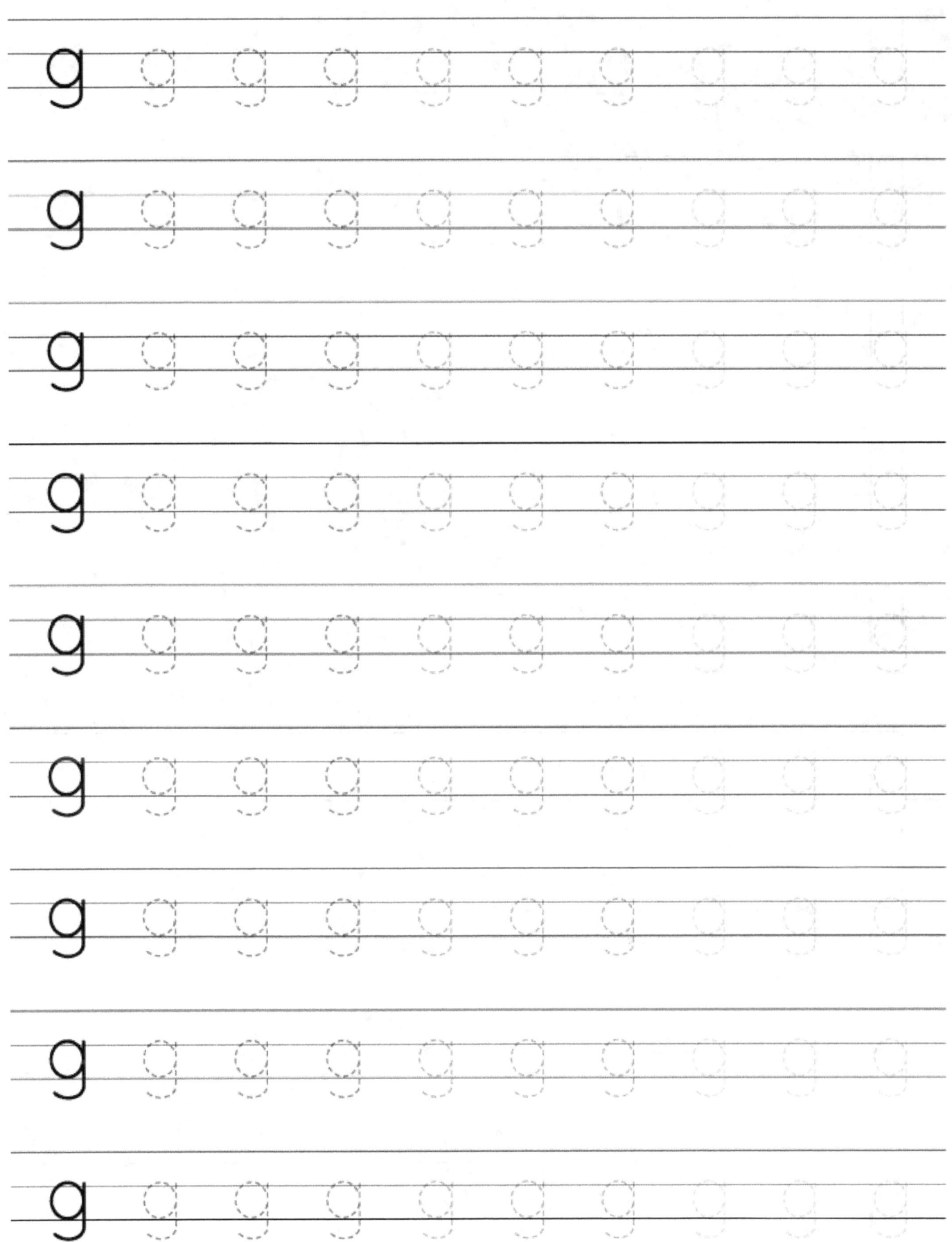

18

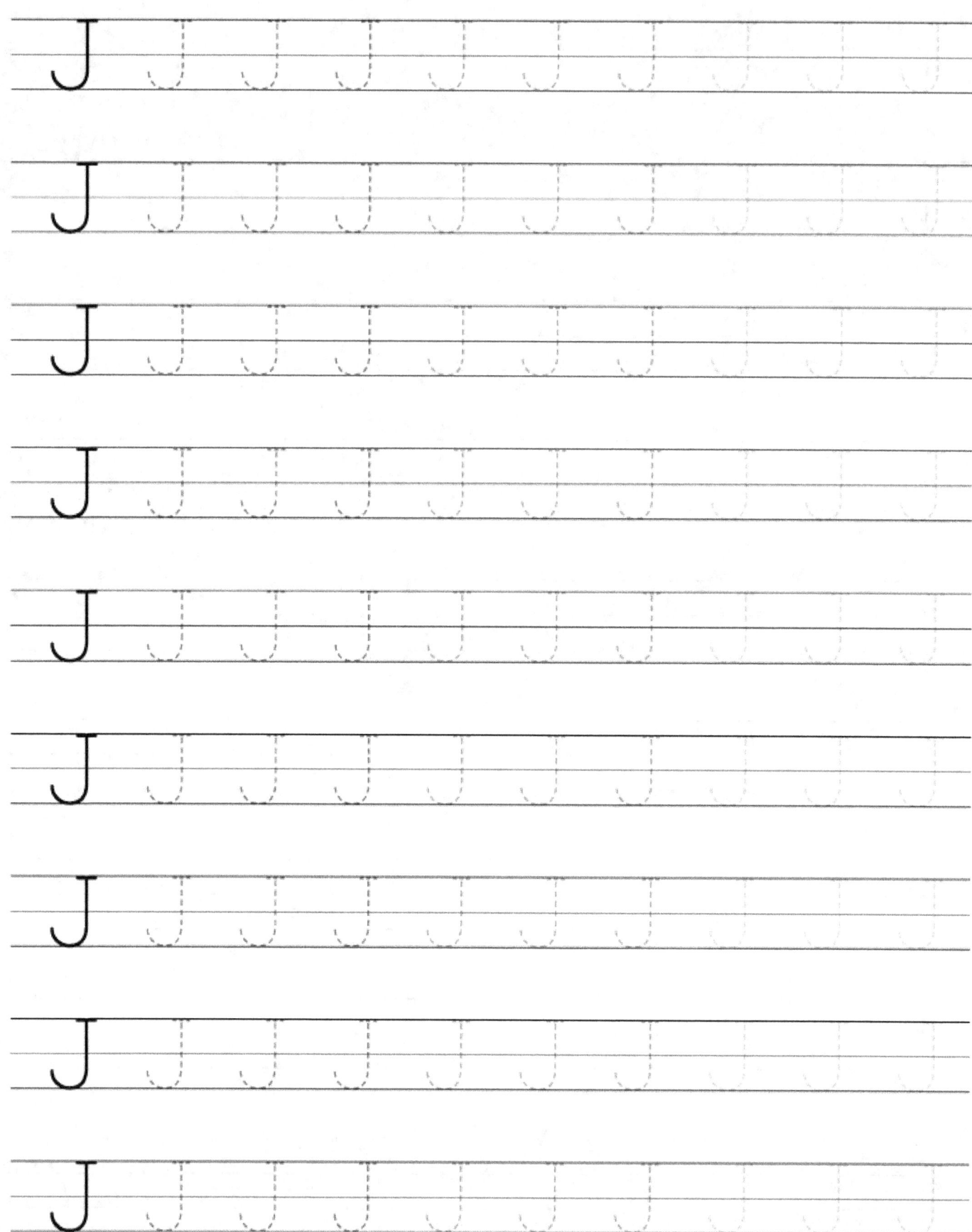

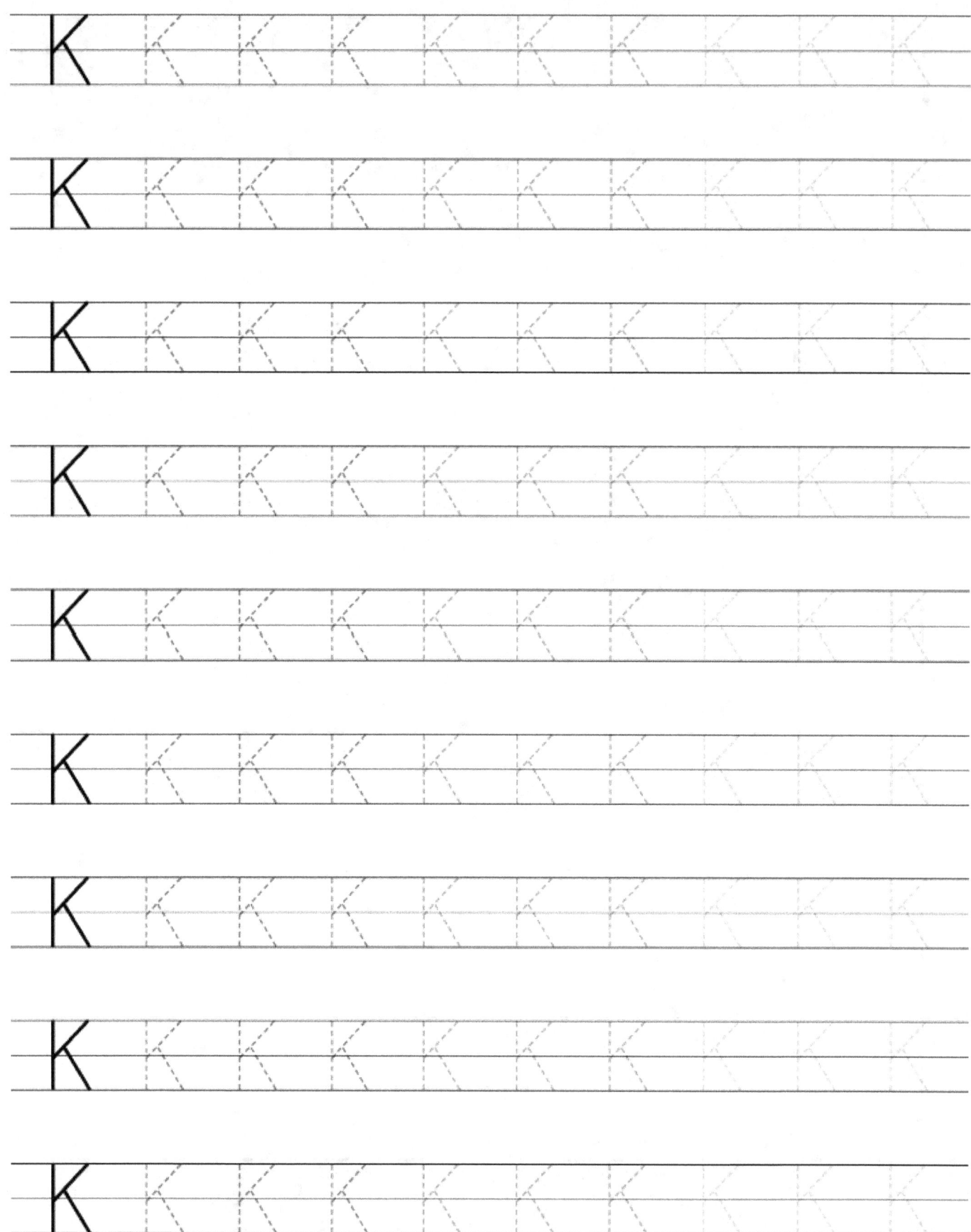

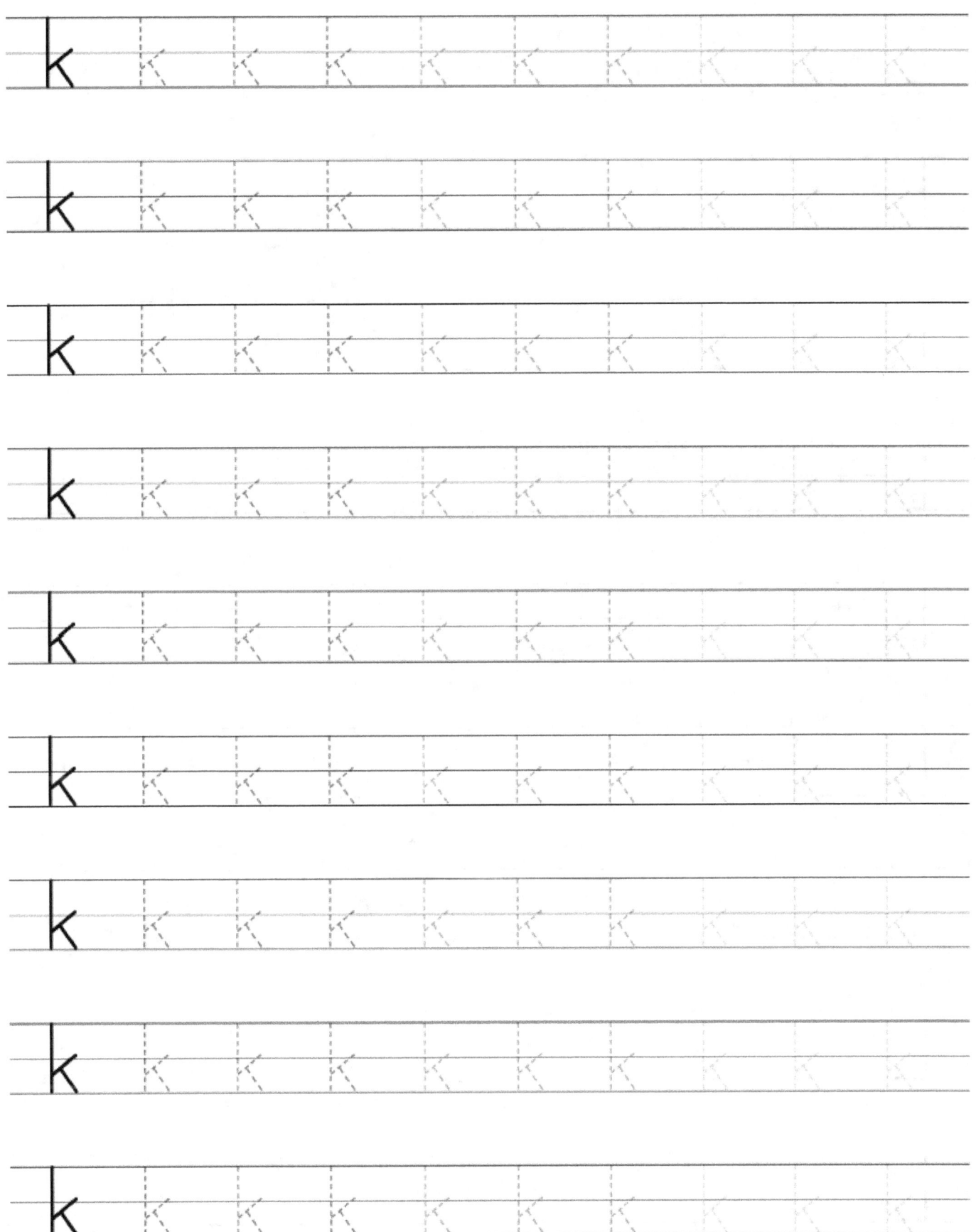

L L L L L L L L L L L

L L L L L L L L L L L

L L L L L L L L L L L

L L L L L L L L L L L

L L L L L L L L L L L

L L L L L L L L L L L

L L L L L L L L L L L

L L L L L L L L L L L

L L L L L L L L L L L

M M M M M M M M M M M M
M M M M M M M M M M M M
M M M M M M M M M M M M
M M M M M M M M M M M M
M M M M M M M M M M M M
M M M M M M M M M M M M
M M M M M M M M M M M M
M M M M M M M M M M M M
M M M M M M M M M M M M

N

n n n n n n n n n

n n n n n n n n n

n n n n n n n n n

n n n n n n n n n

n n n n n n n n n

n n n n n n n n n

n n n n n n n n n

n n n n n n n n n

n n n n n n n n n

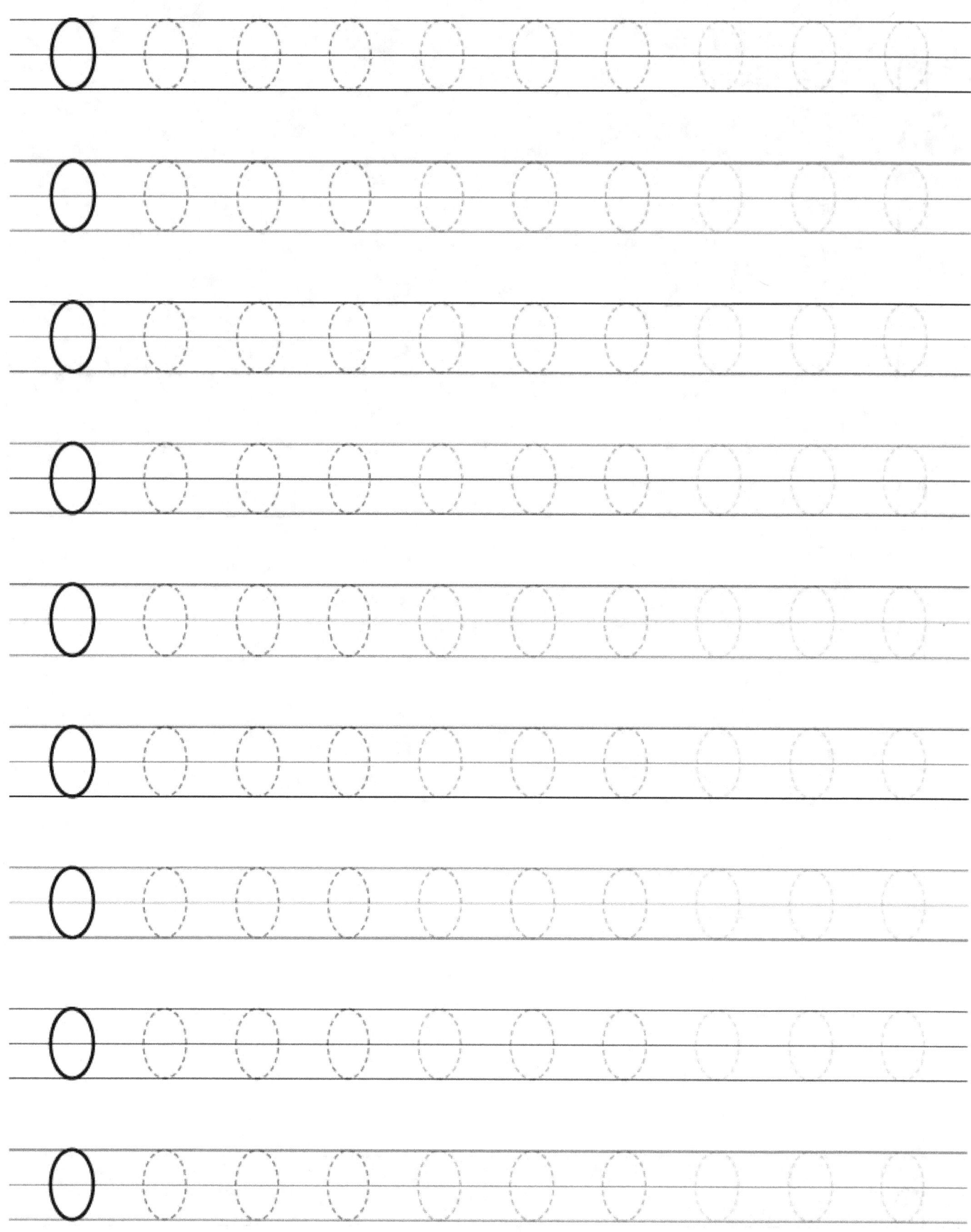

P P P P P P P P P P

P P P P P P P P P P

P P P P P P P P P P

P P P P P P P P P P

P P P P P P P P P P

P P P P P P P P P P

P P P P P P P P P P

P P P P P P P P P P

P P P P P P P P P P

p p p p p p p p p p
p p p p p p p p p p
p p p p p p p p p p
p p p p p p p p p p
p p p p p p p p p p
p p p p p p p p p p
p p p p p p p p p p
p p p p p p p p p p
p p p p p p p p p p

q q q q q q q q q q
q q q q q q q q q q
q q q q q q q q q q
q q q q q q q q q q
q q q q q q q q q q
q q q q q q q q q q
q q q q q q q q q q
q q q q q q q q q q
q q q q q q q q q q

R

S S S S S S S S S S

S S S S S S S S S S

S S S S S S S S S S

S S S S S S S S S S

S S S S S S S S S S

S S S S S S S S S S

S S S S S S S S S S

S S S S S S S S S S

S S S S S S S S S S

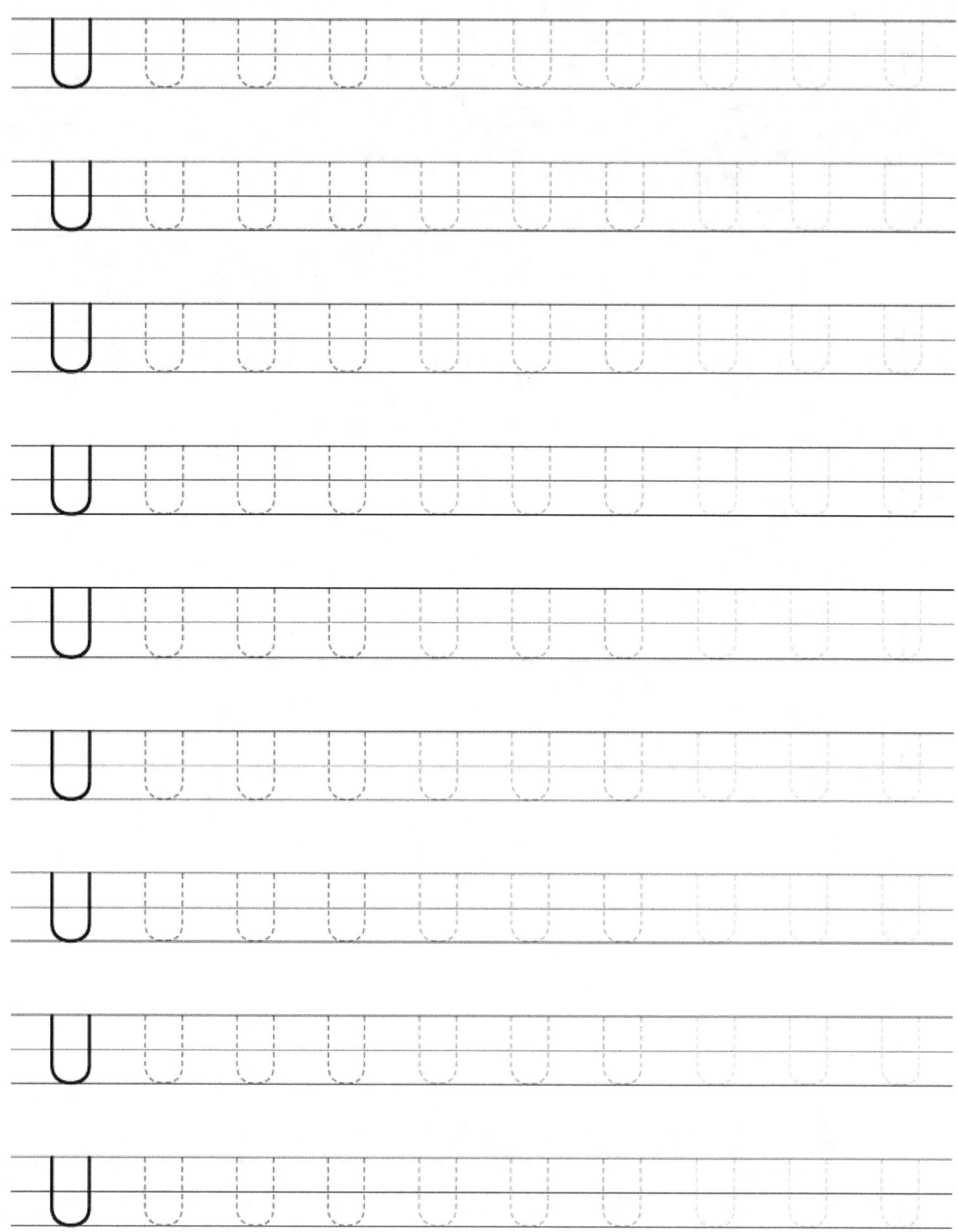

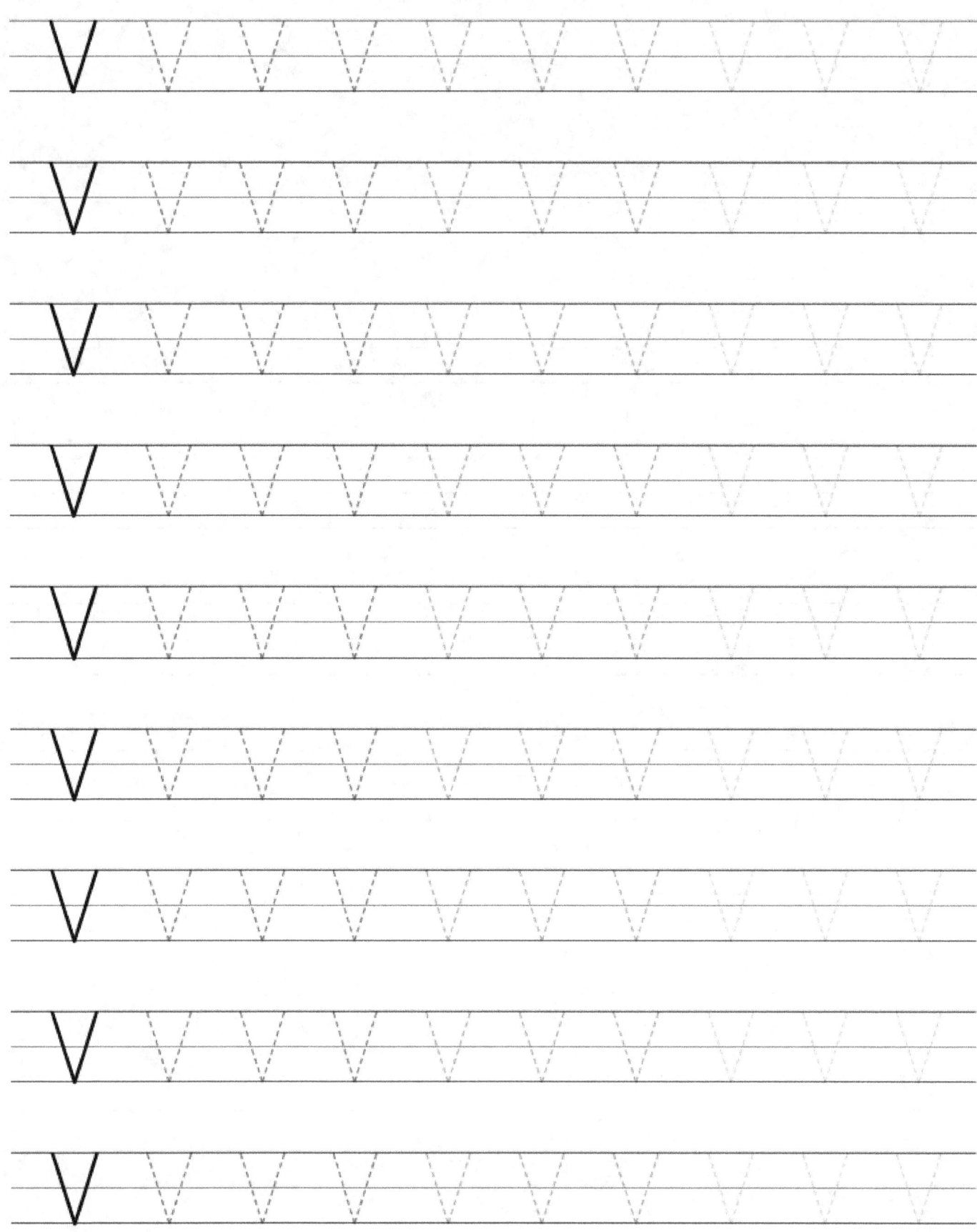

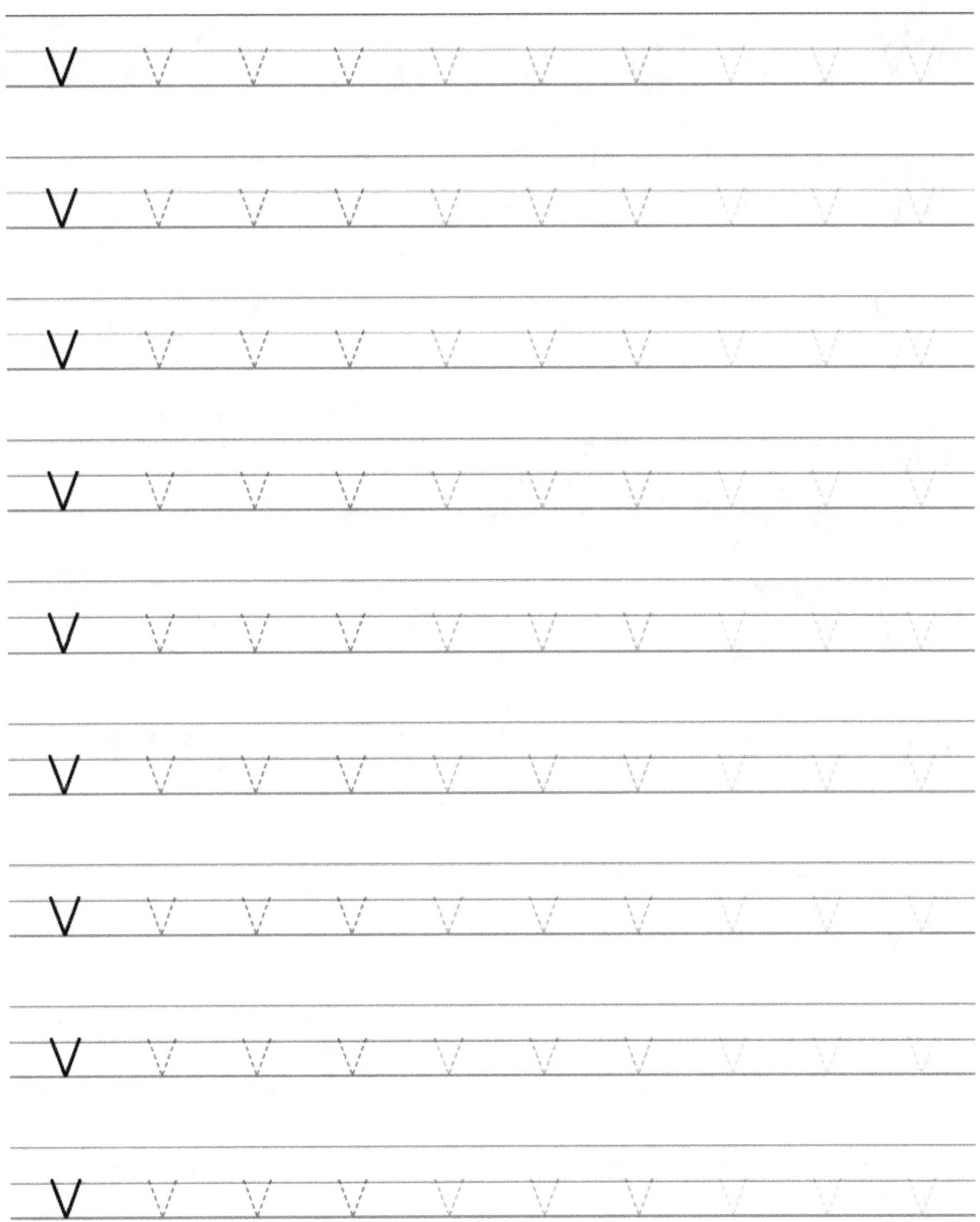

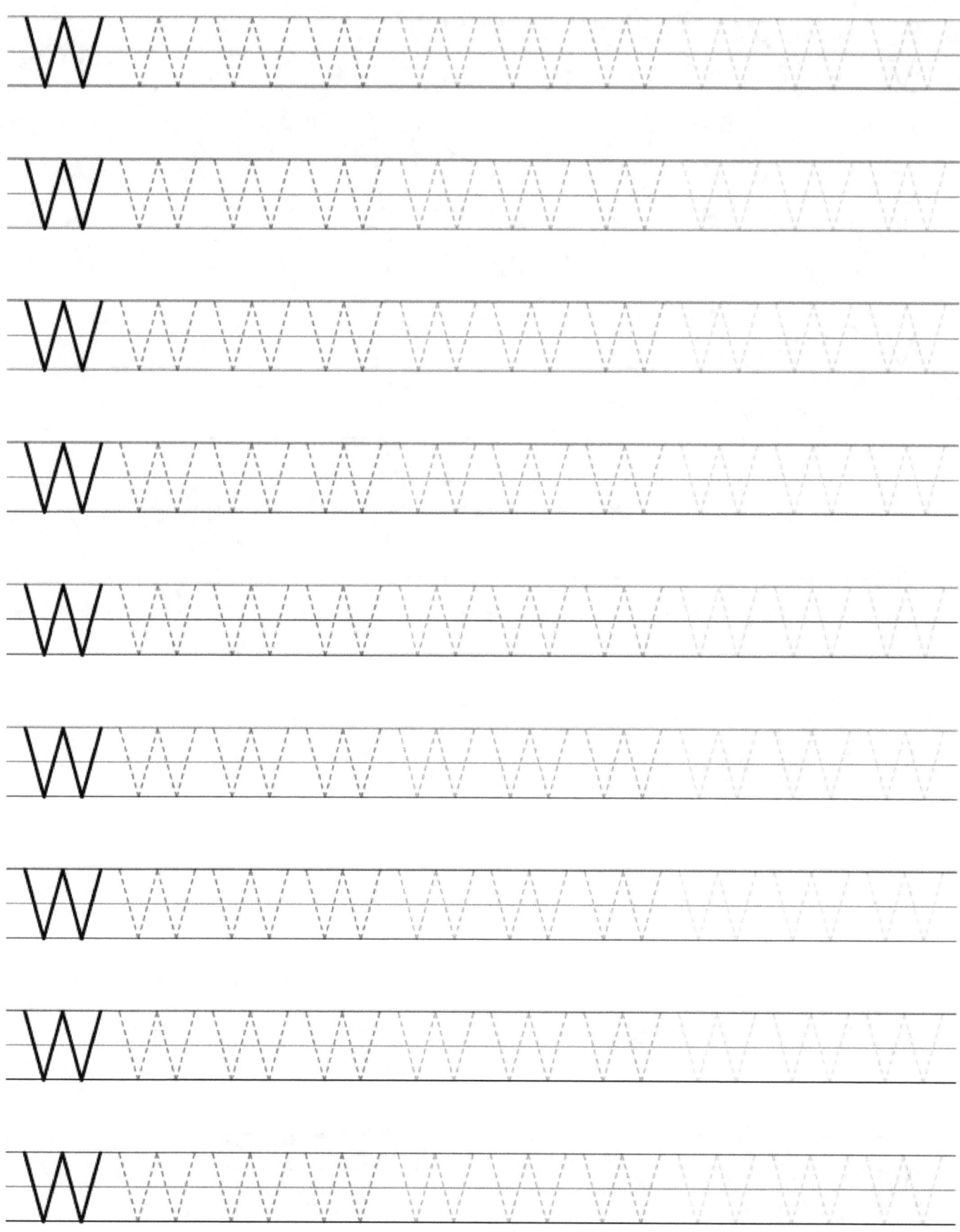

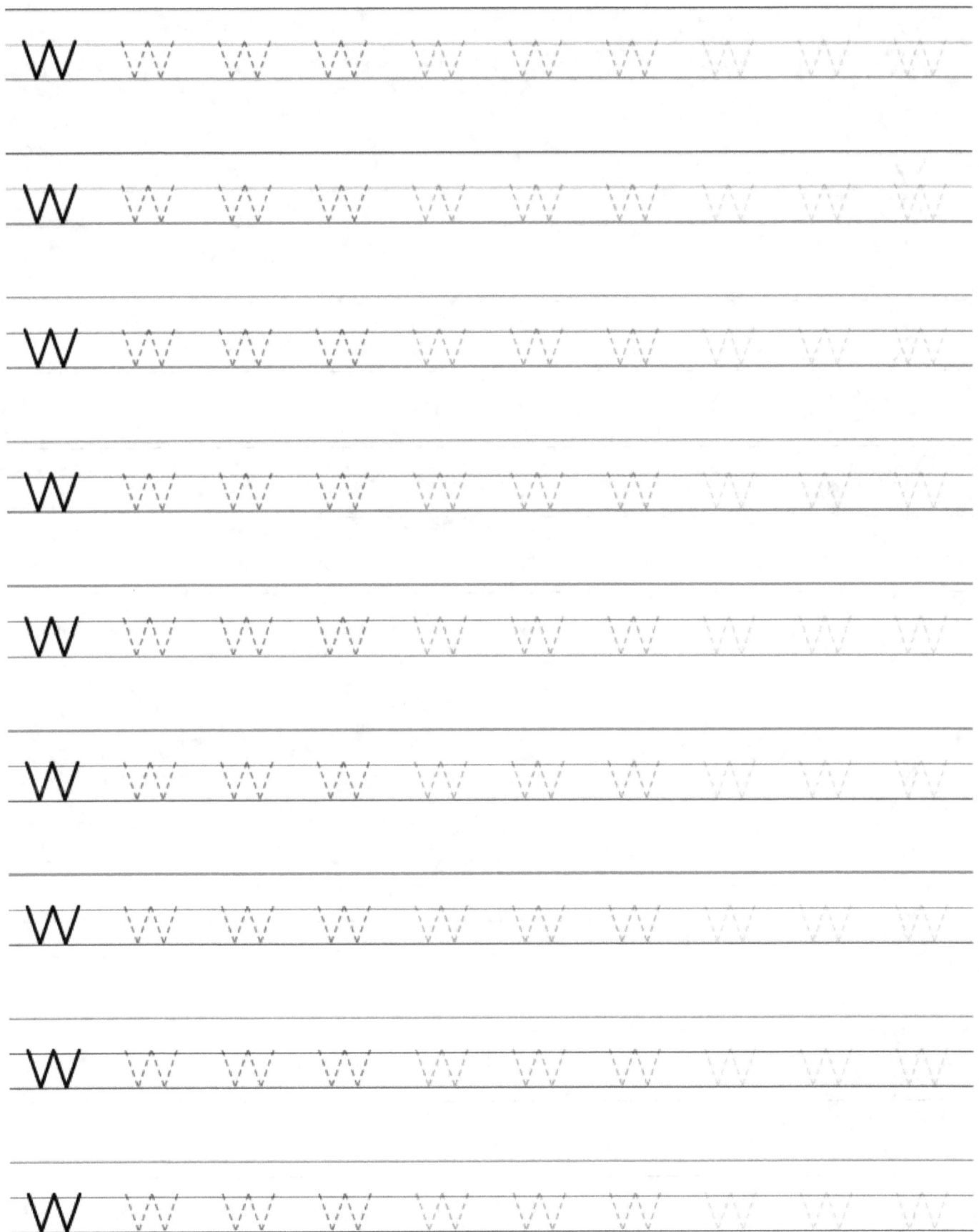

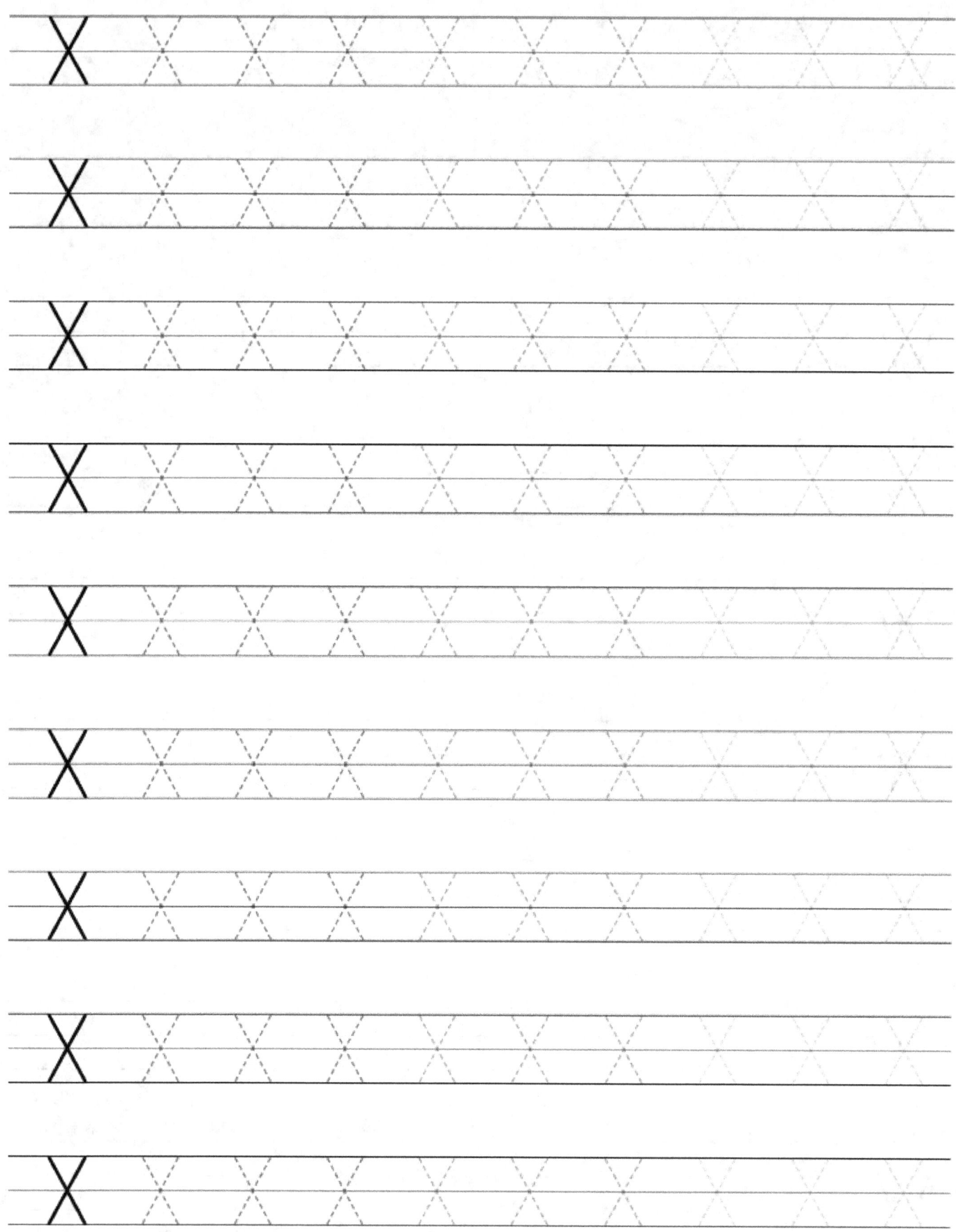

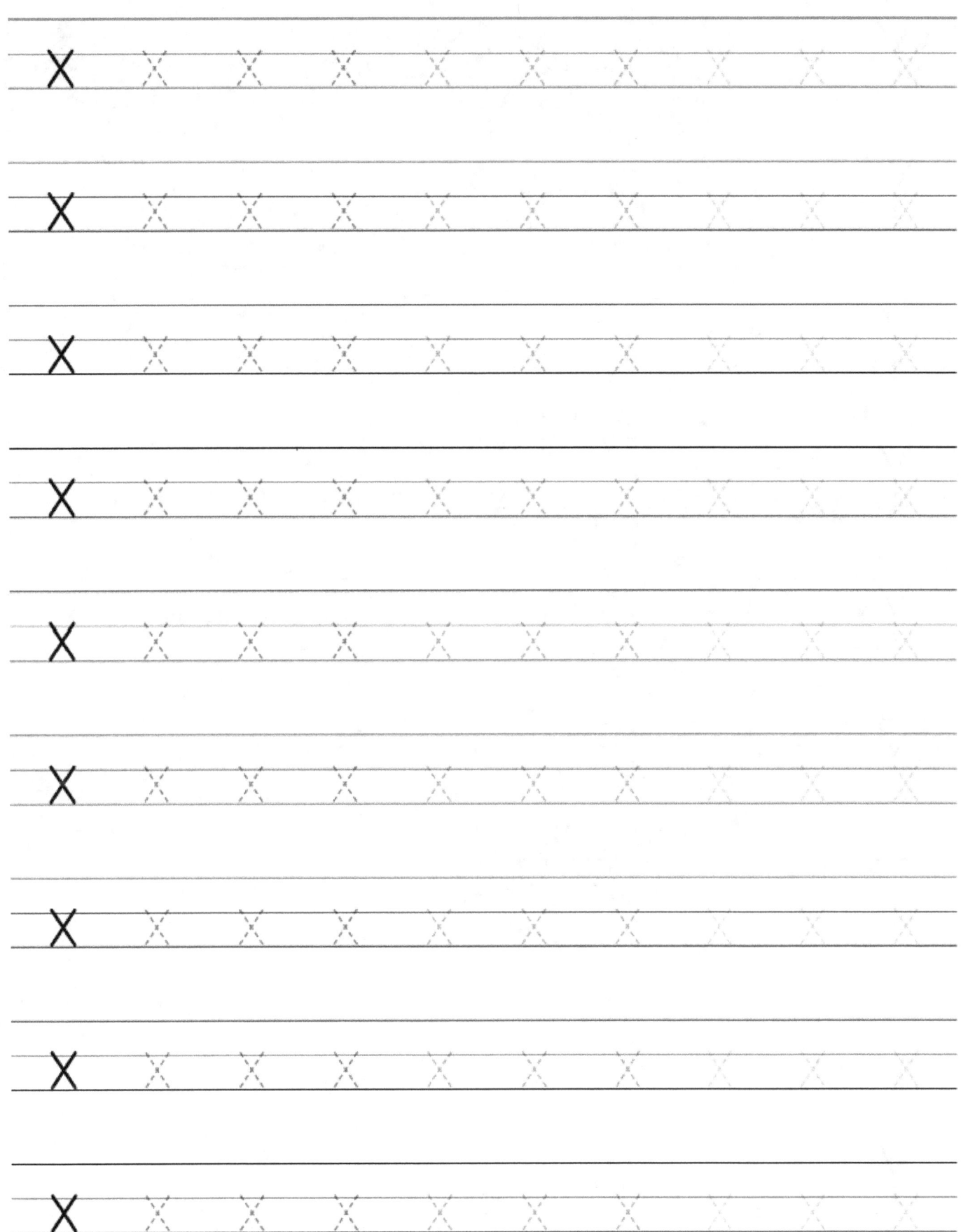

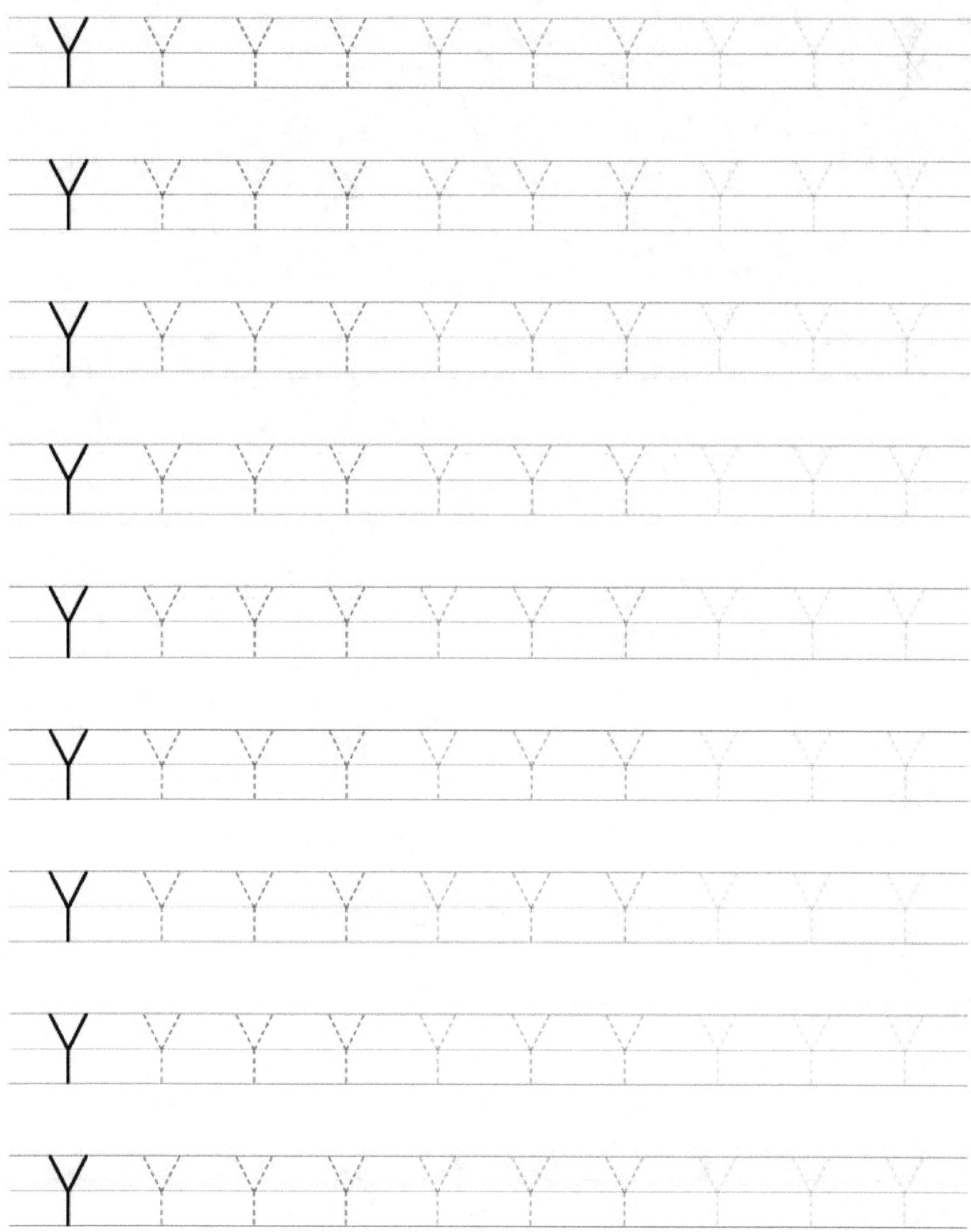

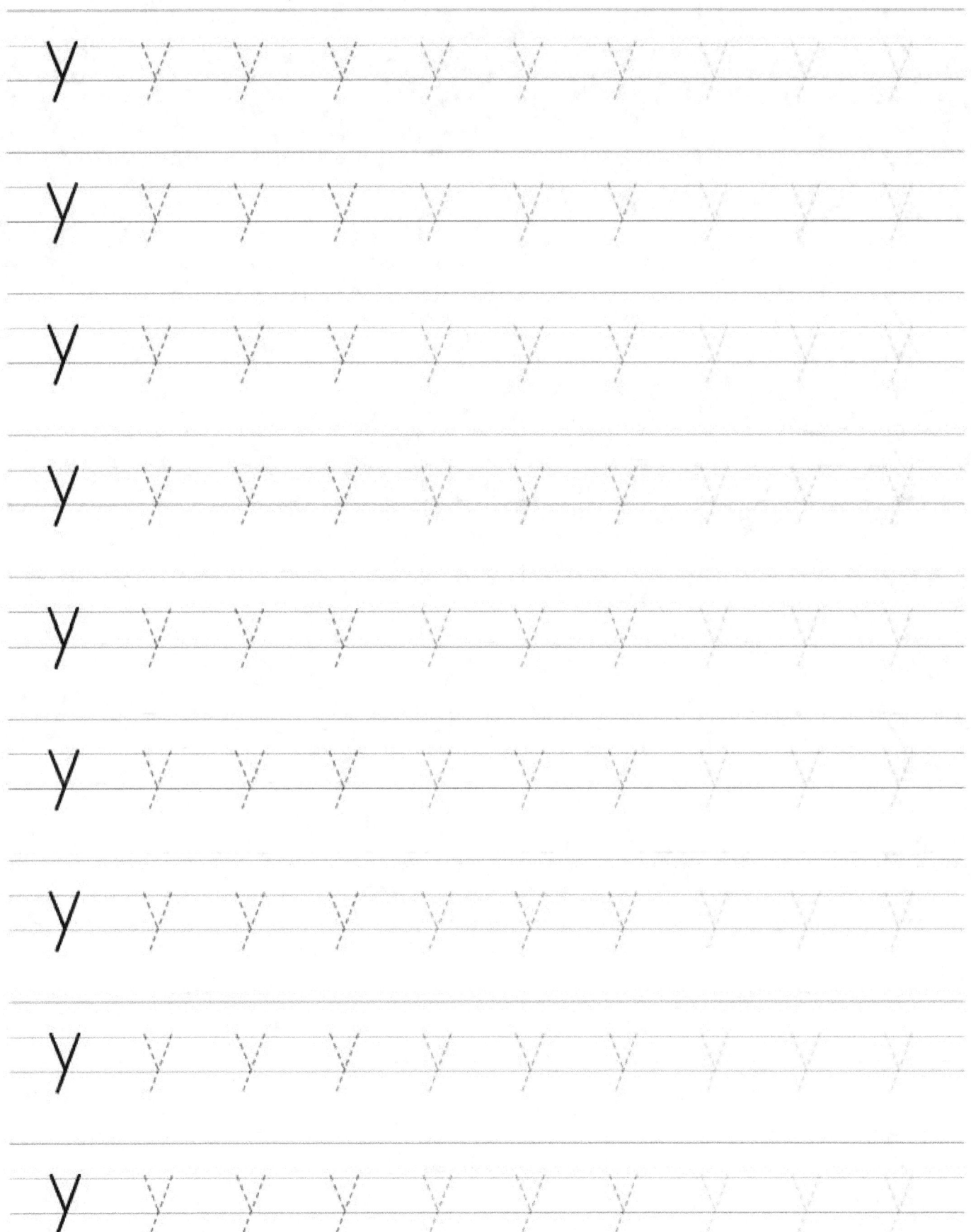

Z Z Z Z Z Z Z Z Z Z
Z Z Z Z Z Z Z Z Z Z
Z Z Z Z Z Z Z Z Z Z
Z Z Z Z Z Z Z Z Z Z
Z Z Z Z Z Z Z Z Z Z
Z Z Z Z Z Z Z Z Z Z
Z Z Z Z Z Z Z Z Z Z
Z Z Z Z Z Z Z Z Z Z
Z Z Z Z Z Z Z Z Z Z

Z Z Z Z Z Z Z Z Z Z

Z Z Z Z Z Z Z Z Z Z

Z Z Z Z Z Z Z Z Z Z

Z Z Z Z Z Z Z Z Z Z

Z Z Z Z Z Z Z Z Z Z

Z Z Z Z Z Z Z Z Z Z

Z Z Z Z Z Z Z Z Z Z

Z Z Z Z Z Z Z Z Z Z

Z Z Z Z Z Z Z Z Z Z

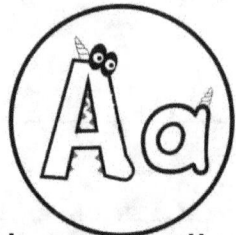

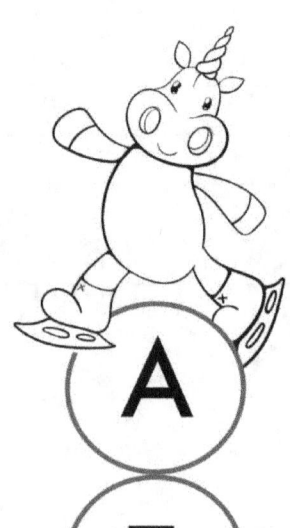
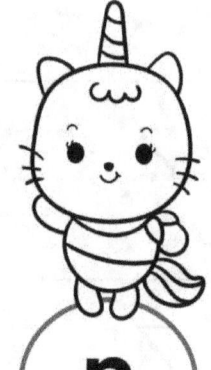

Tracciare una linea per far corrispondere la lettera maiuscola alla lettera minuscola.

A	n
T	e
R	a
B	m
E	t
N	b
D	r
M	g
G	d

NUMERI DA TRACCIARE

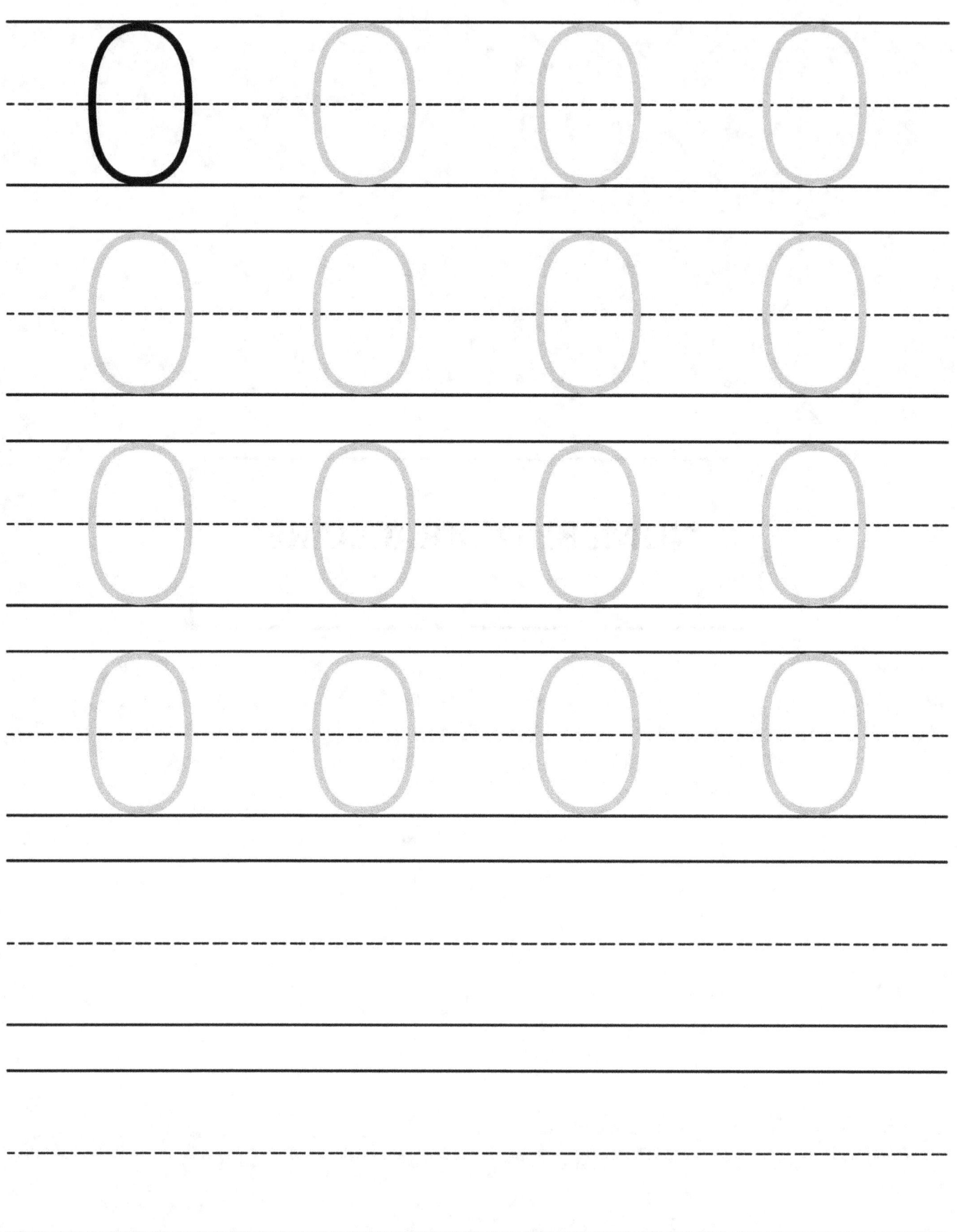

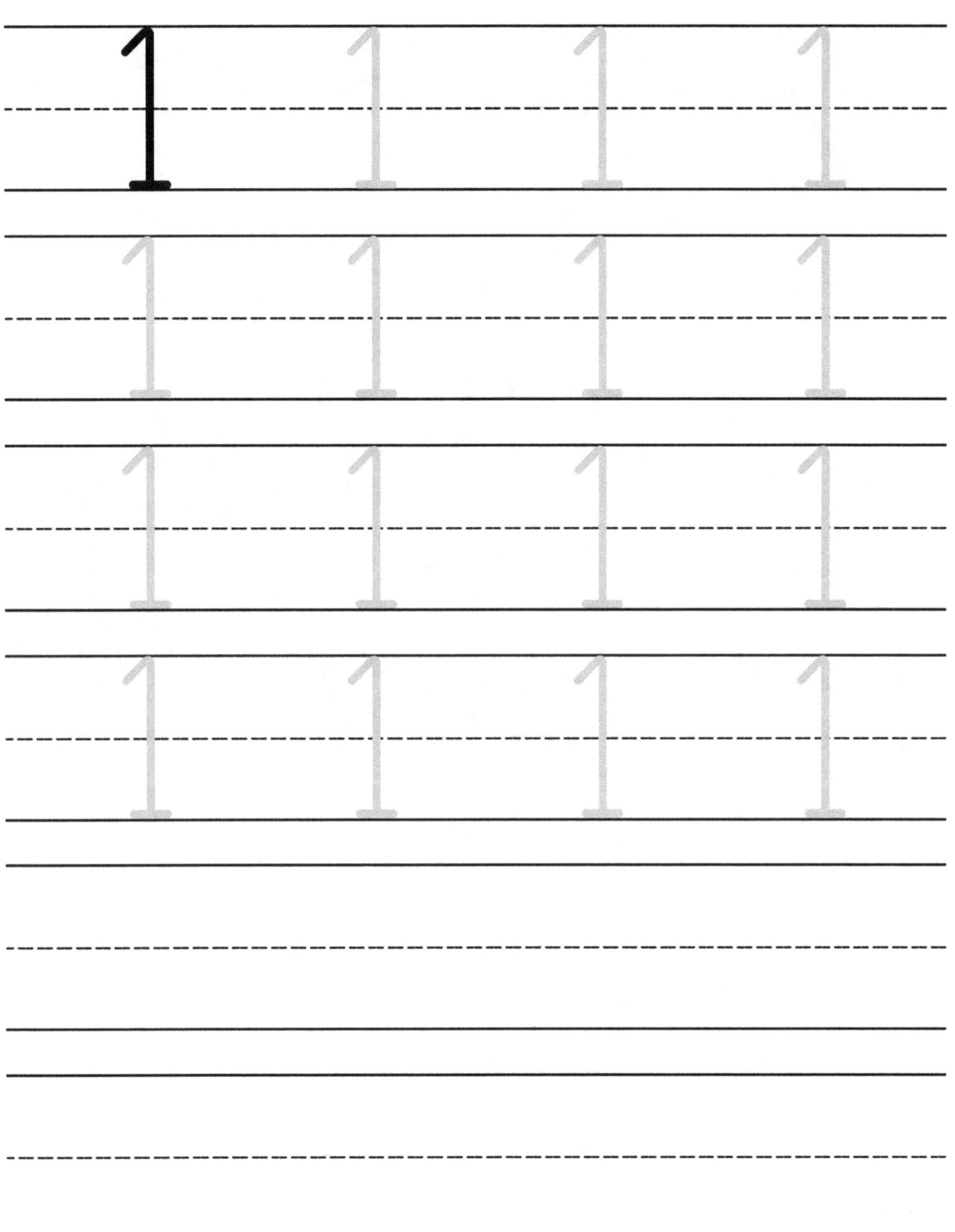

2 2 2 2

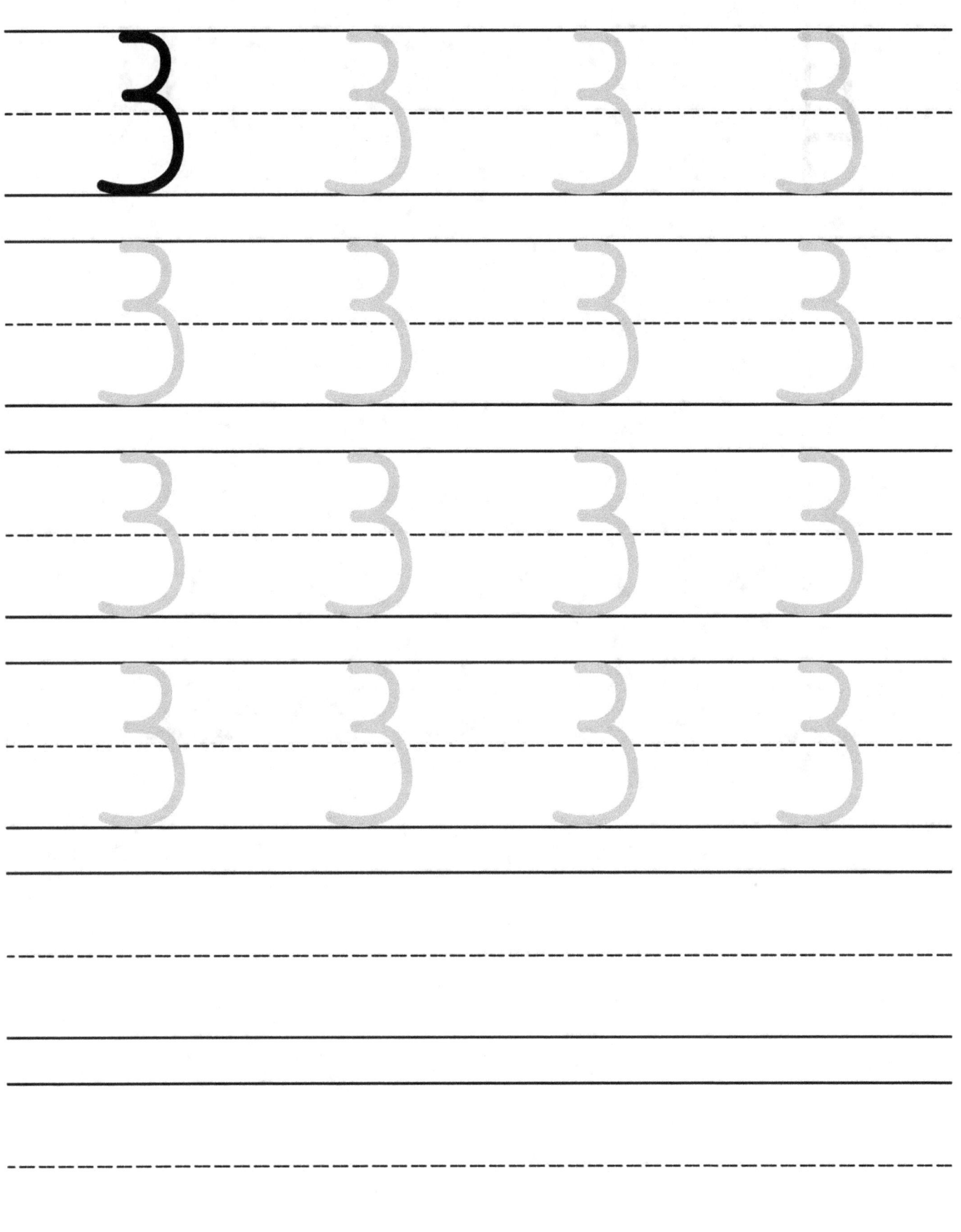

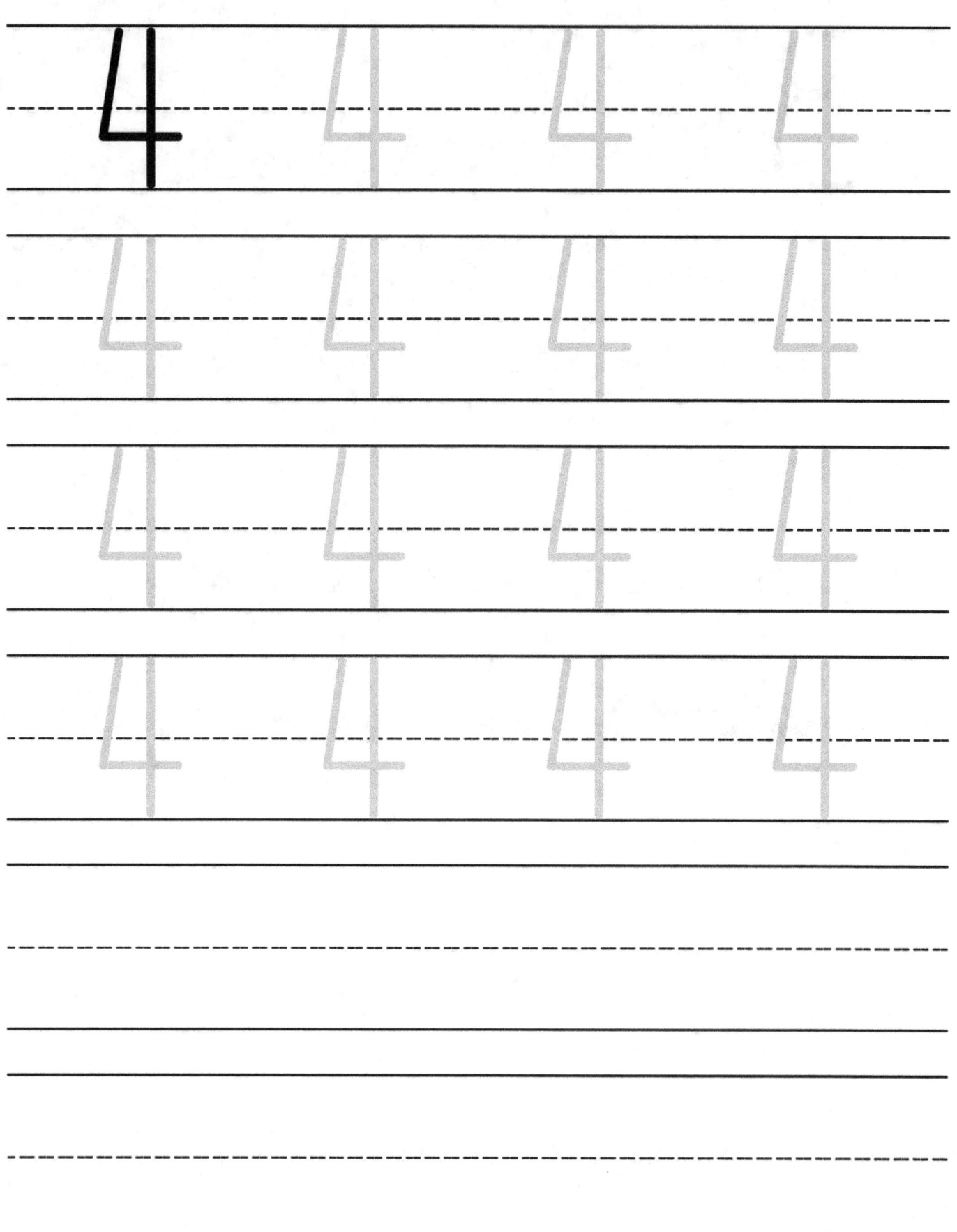

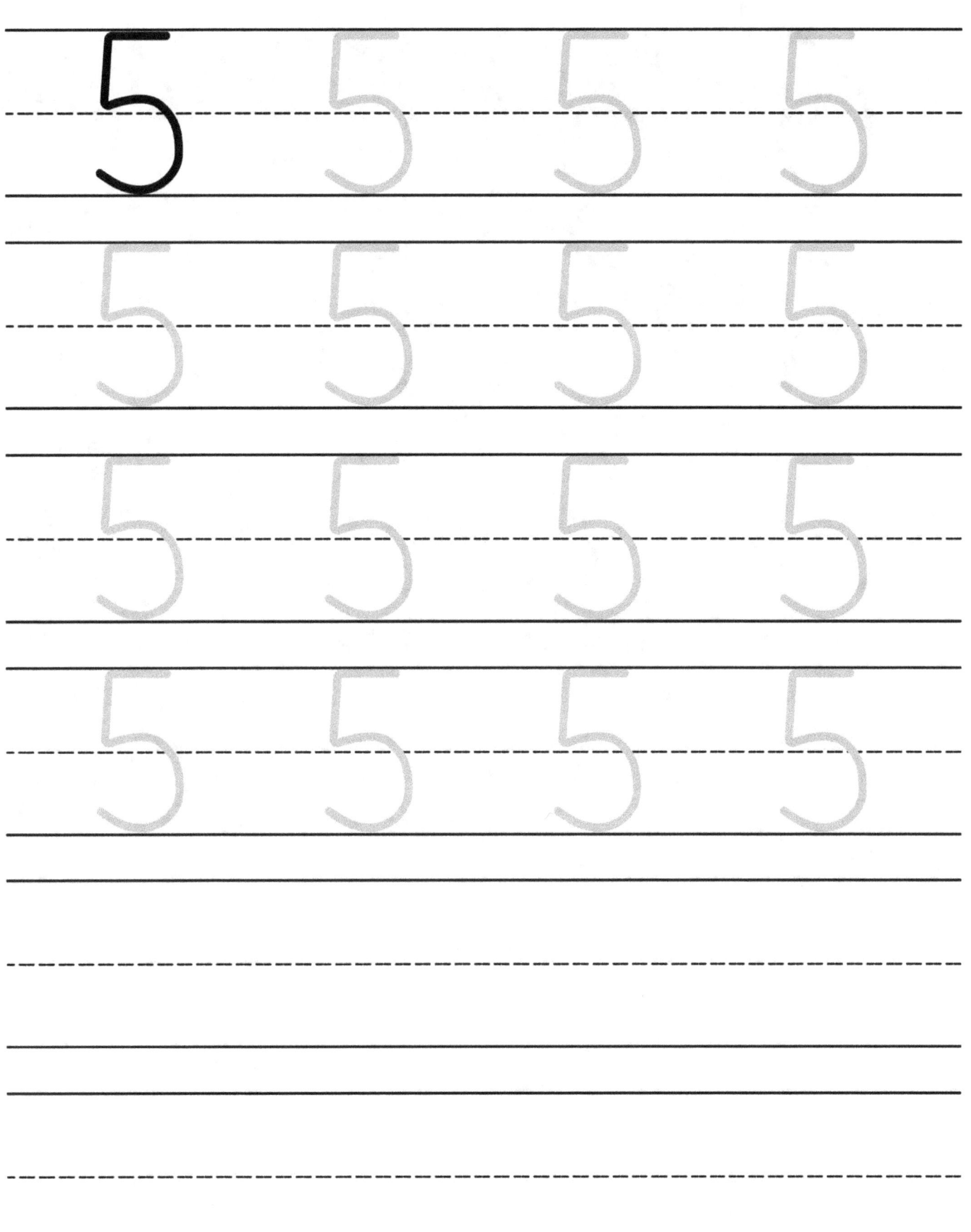

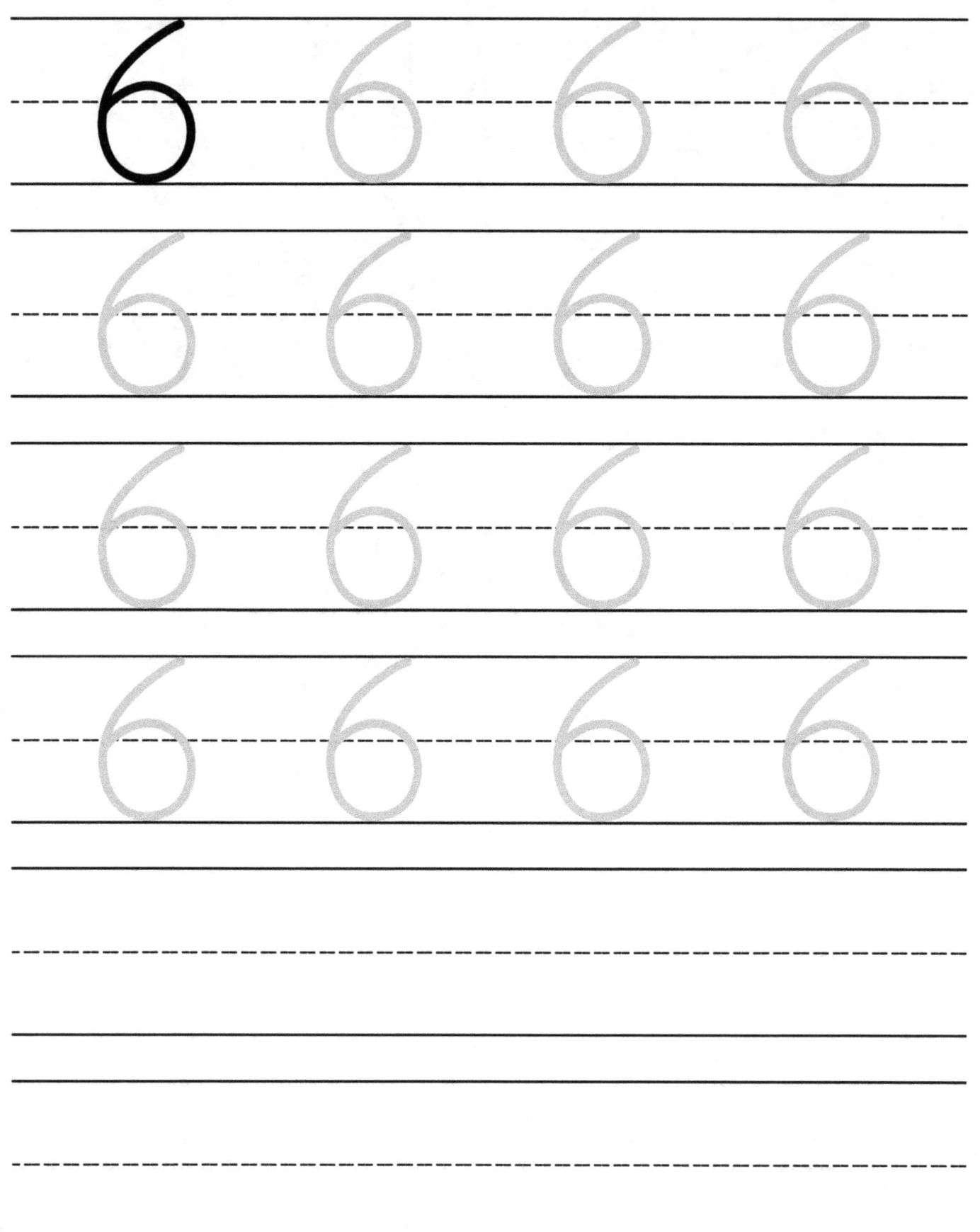

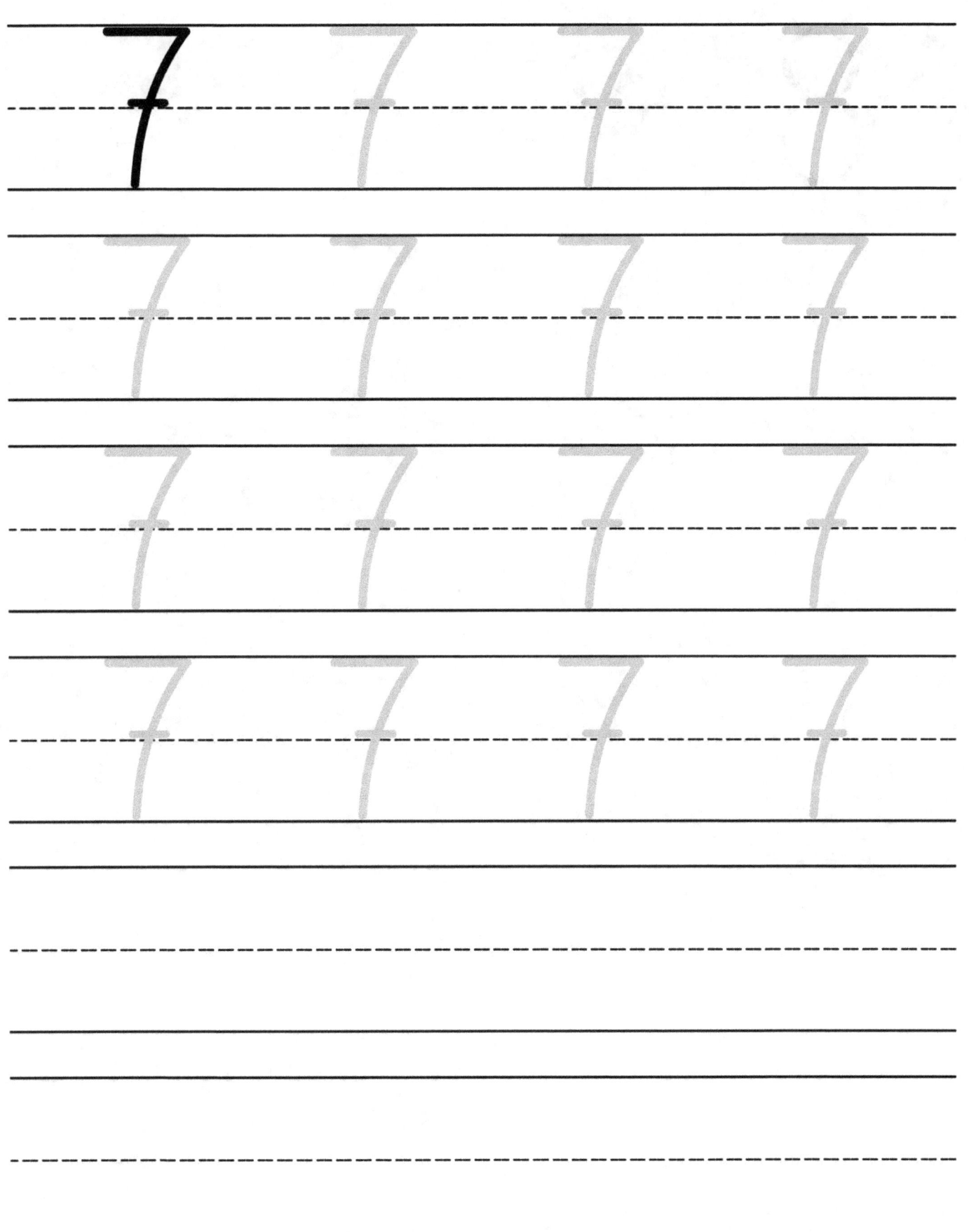

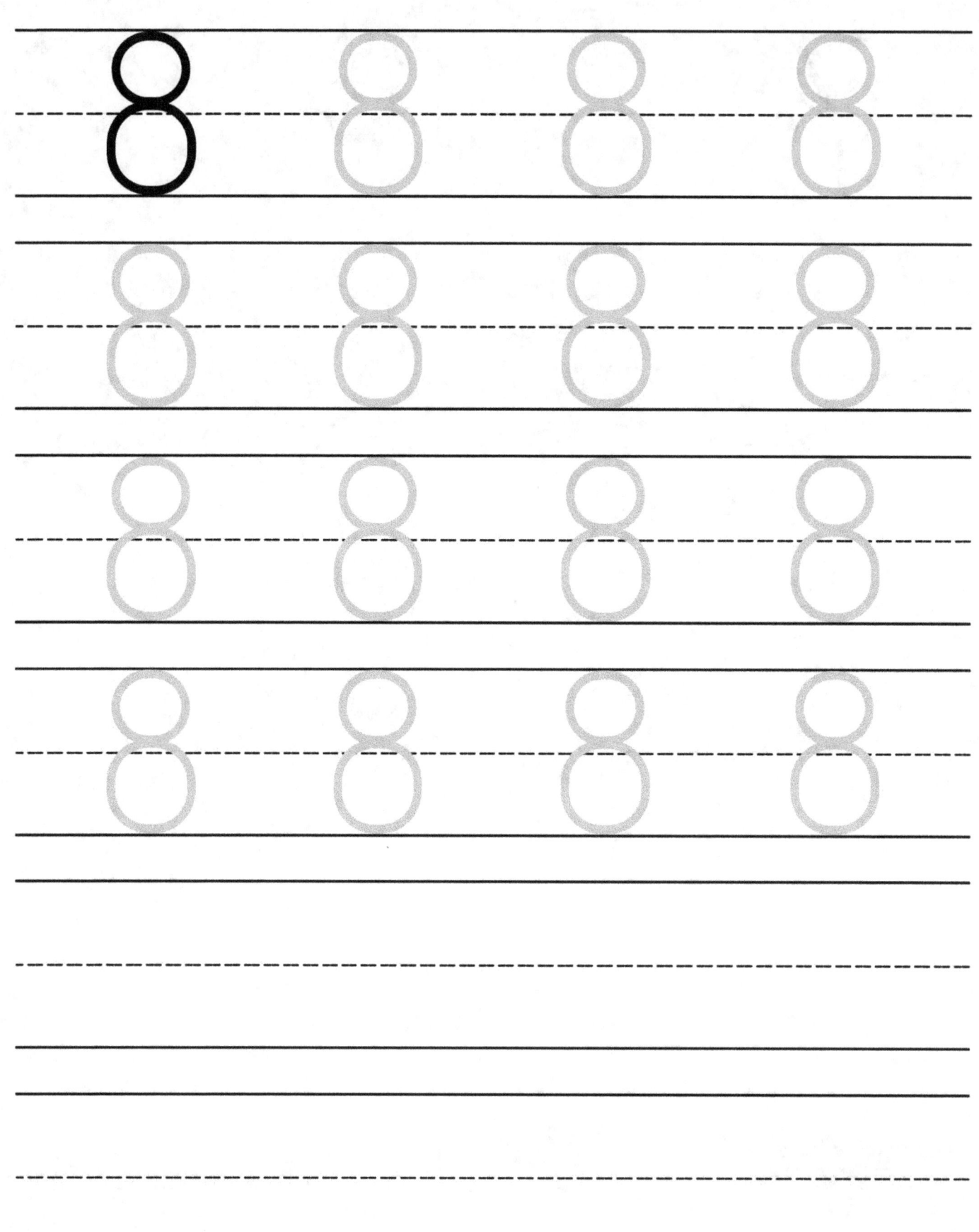

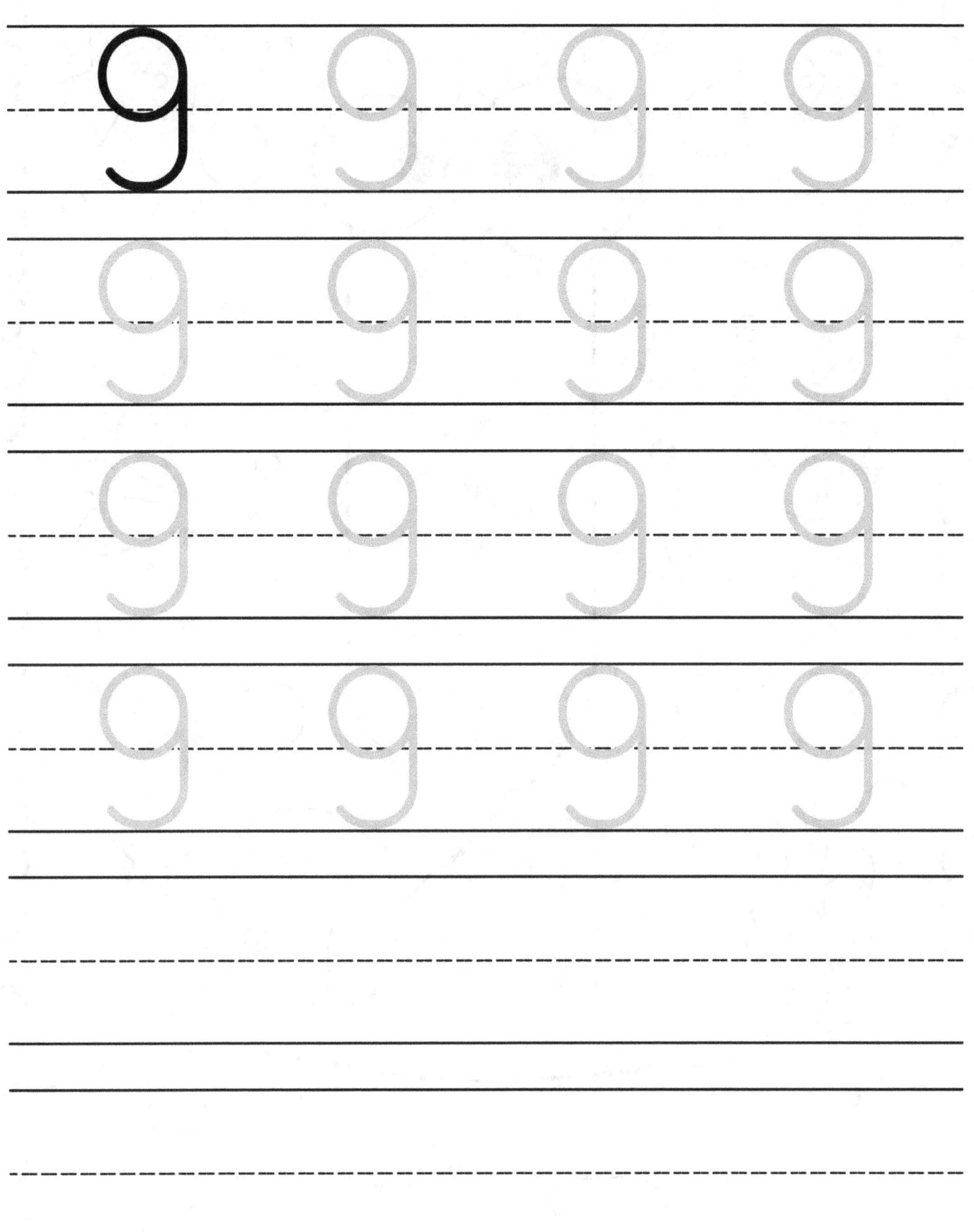

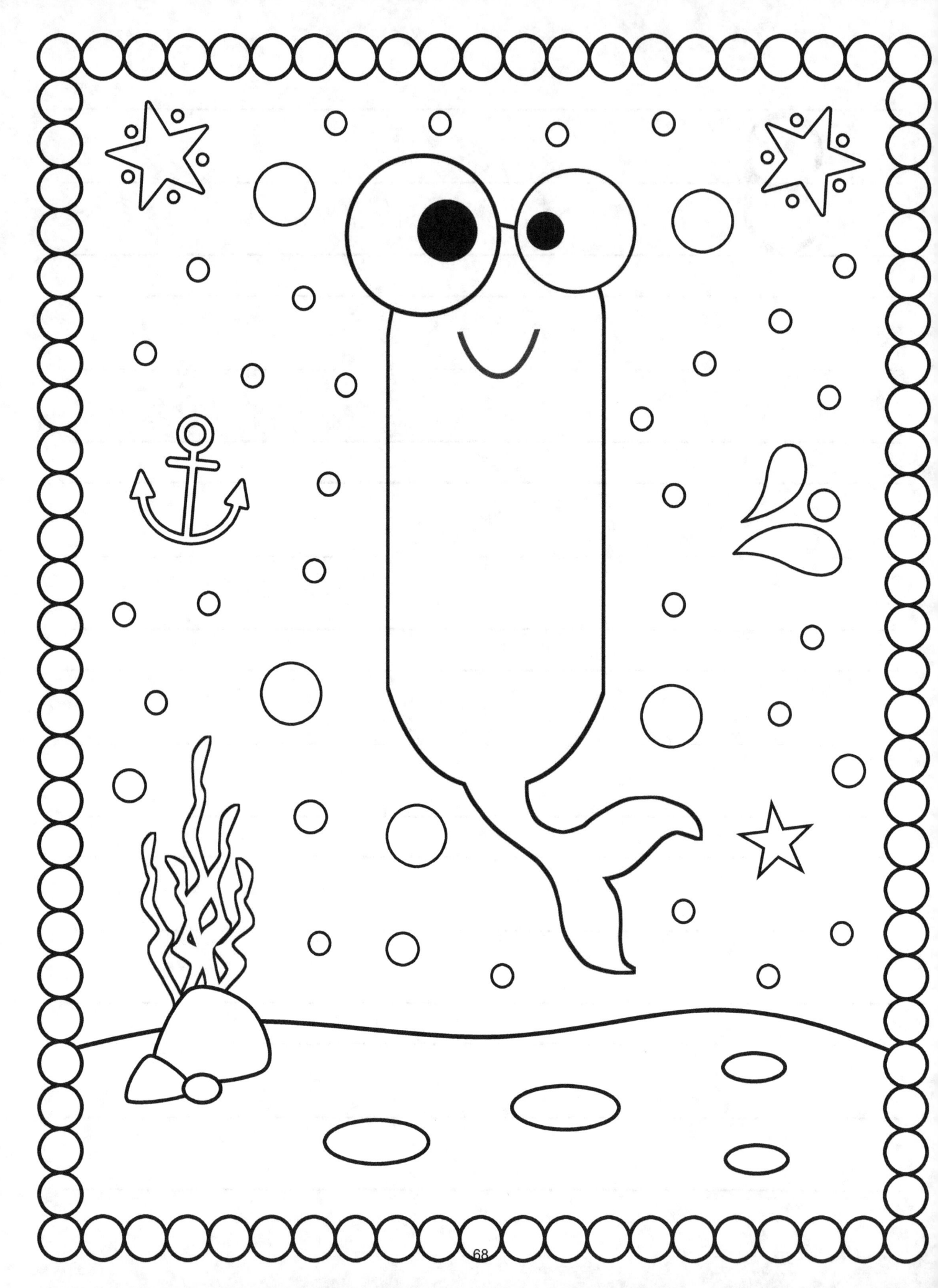

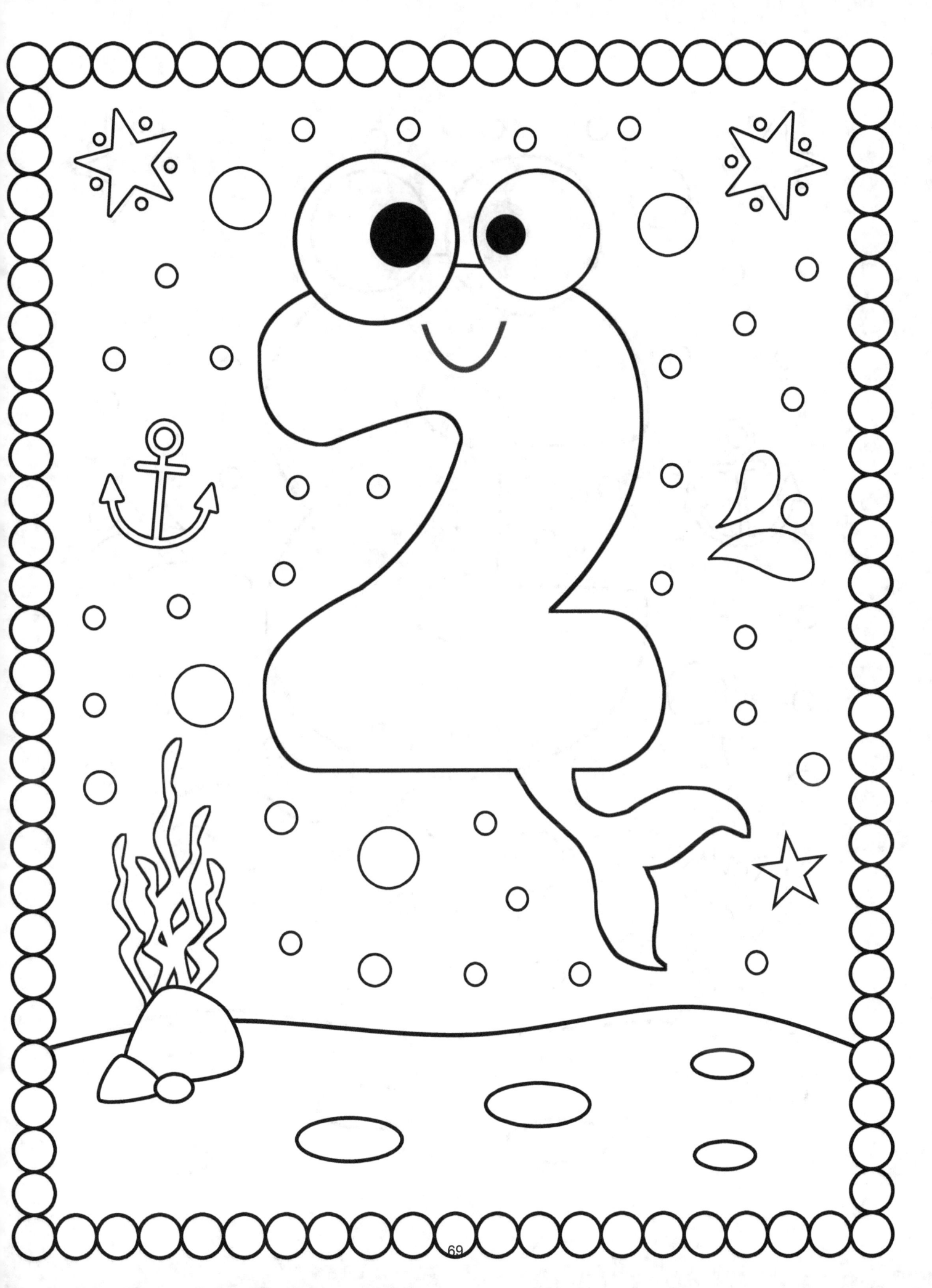

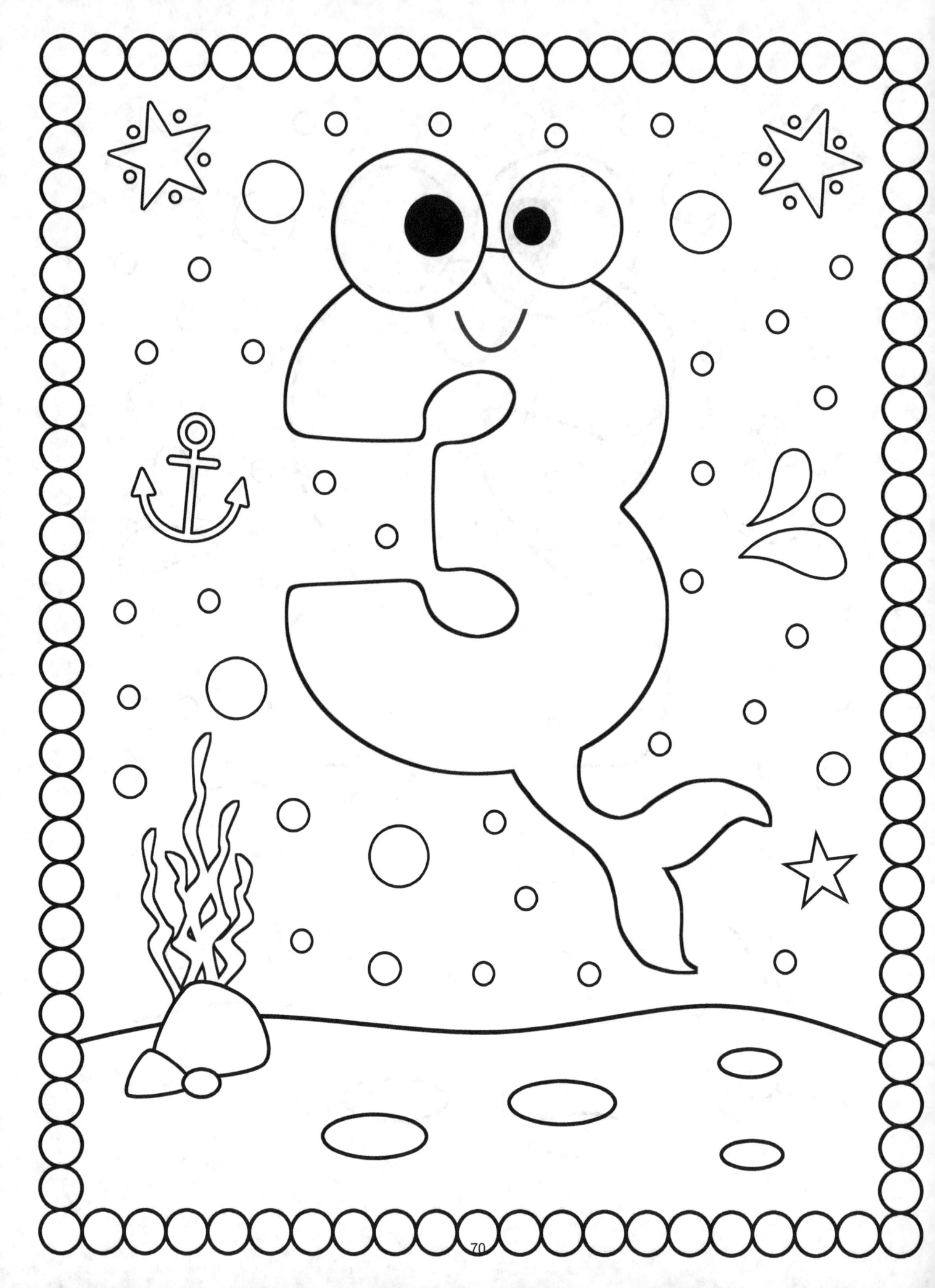

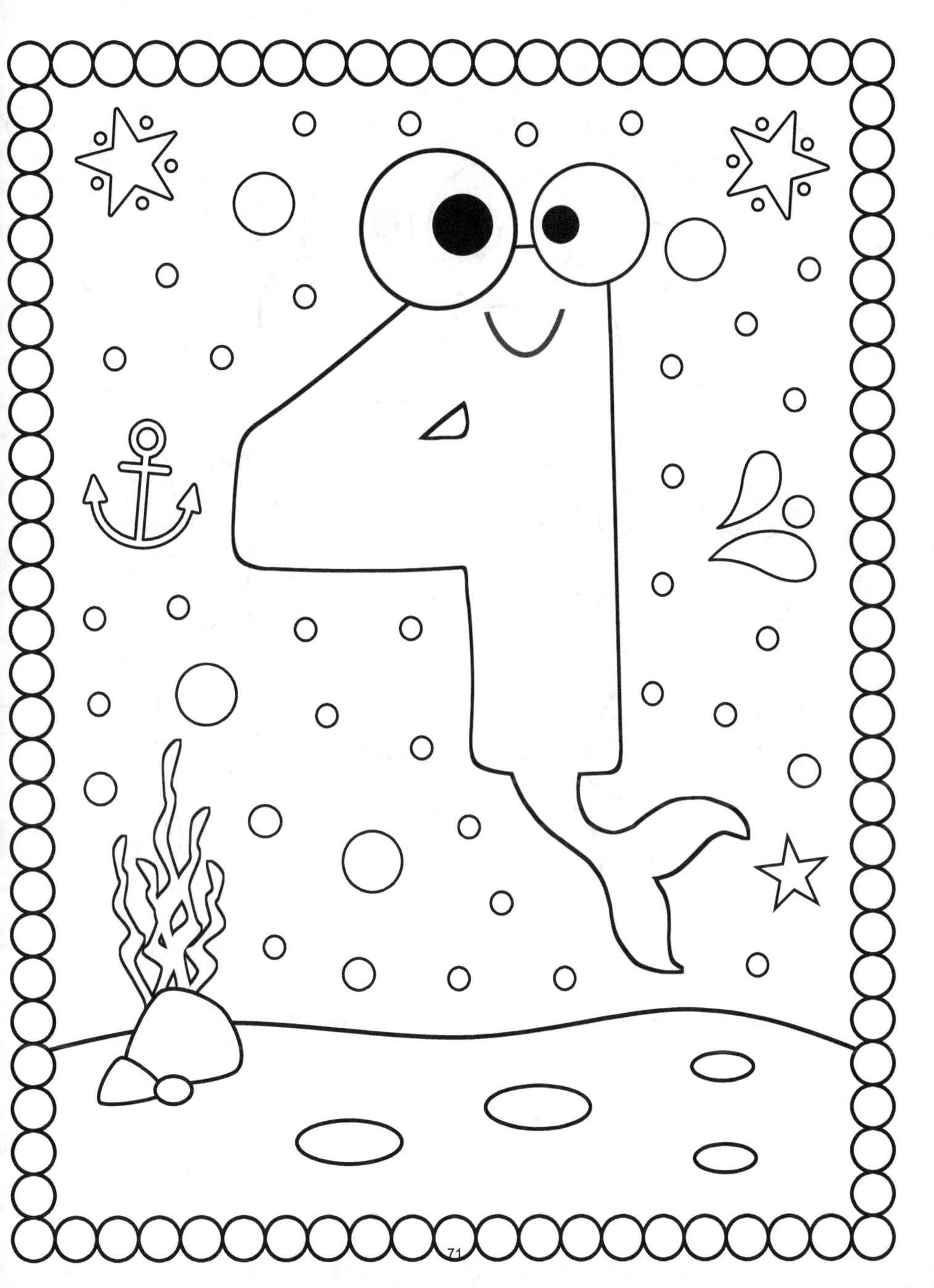

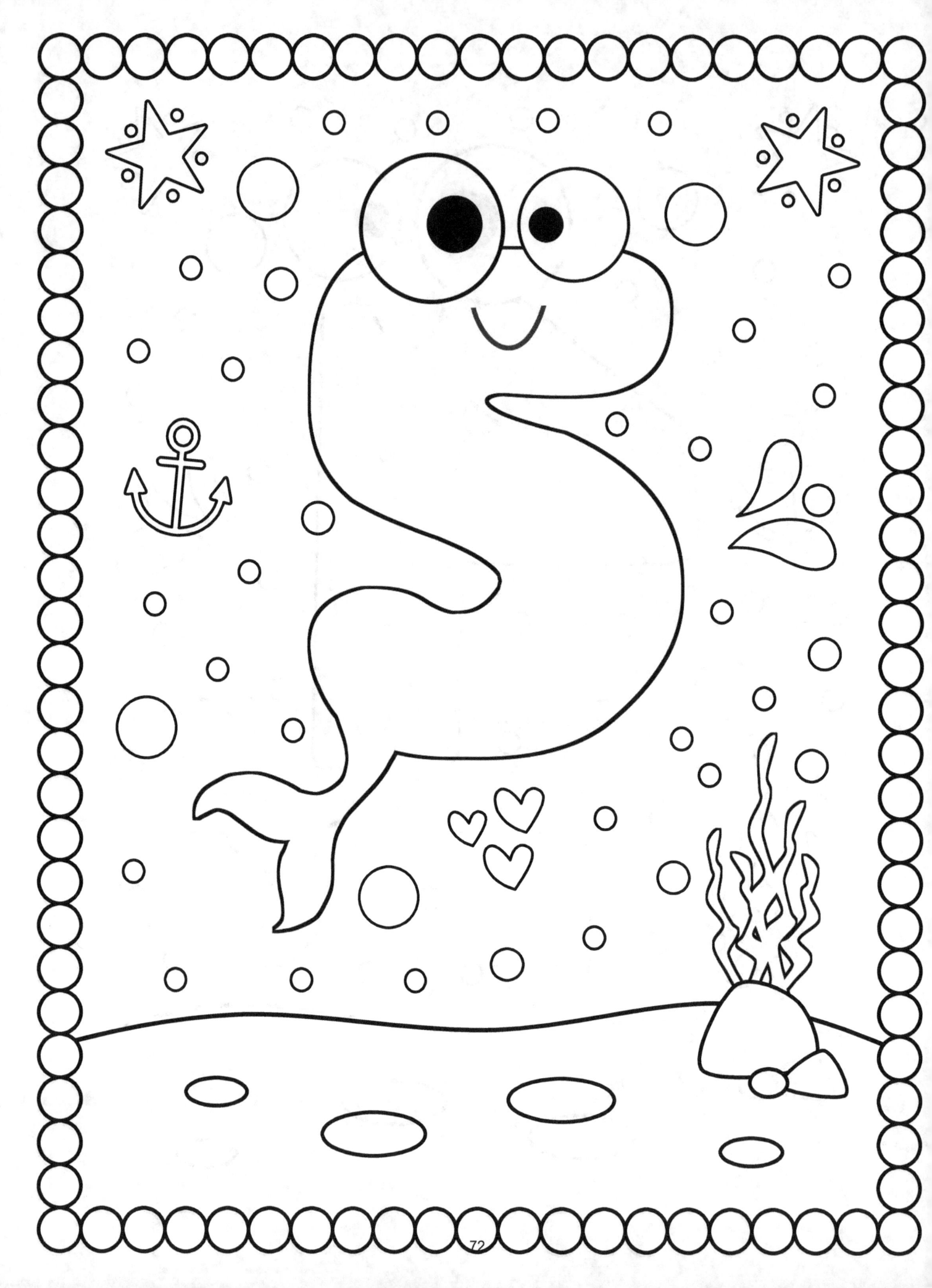

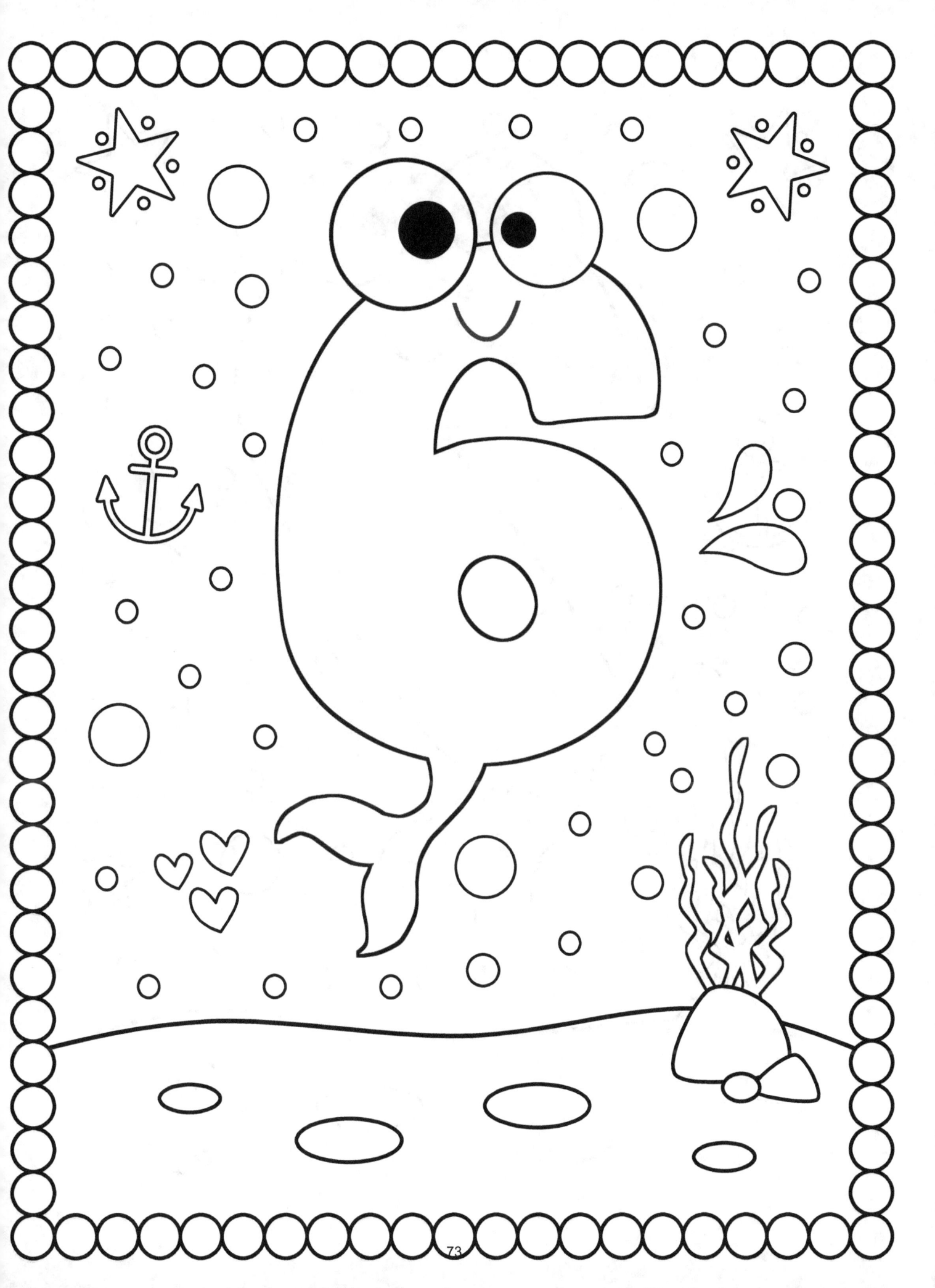

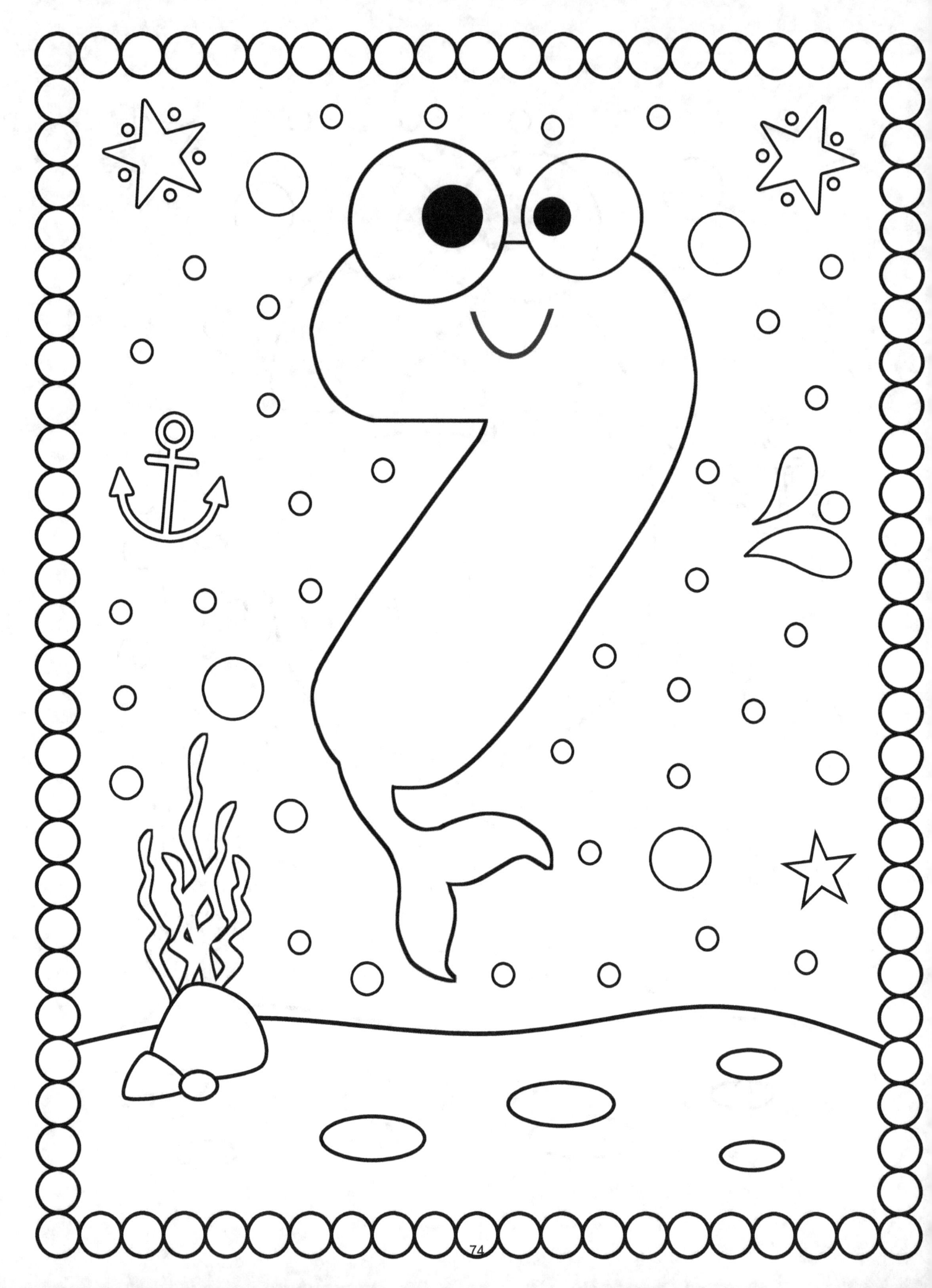

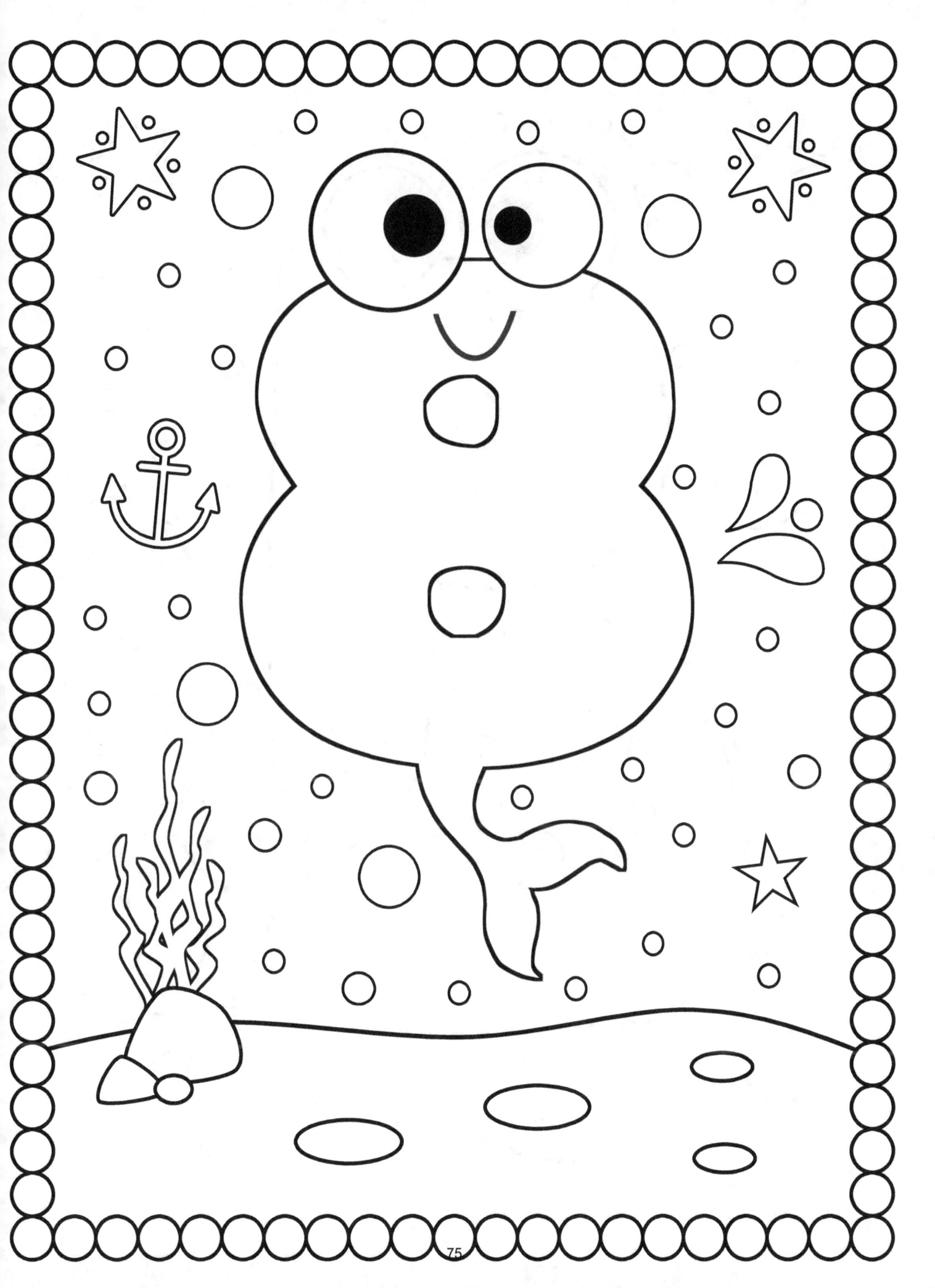

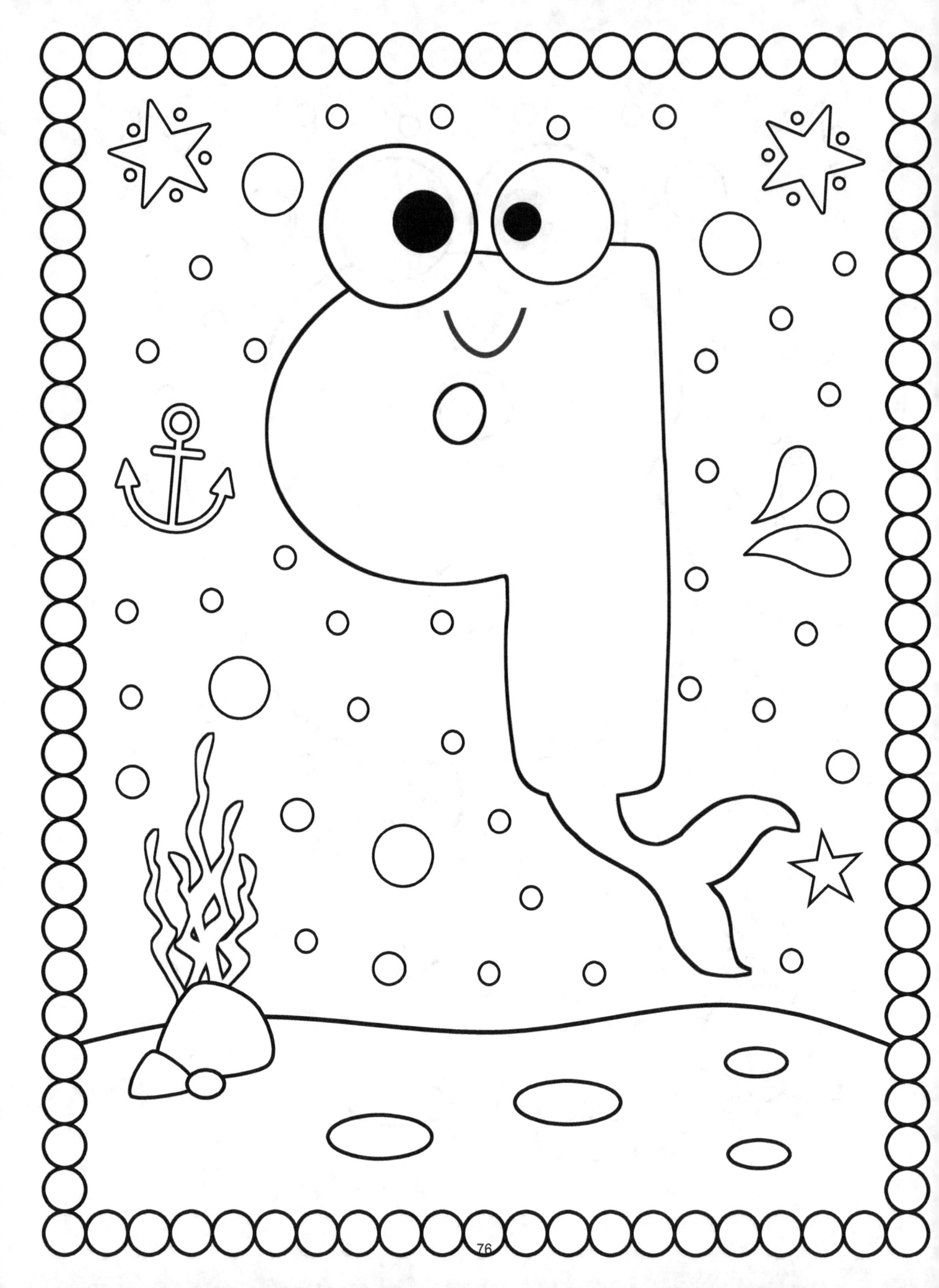

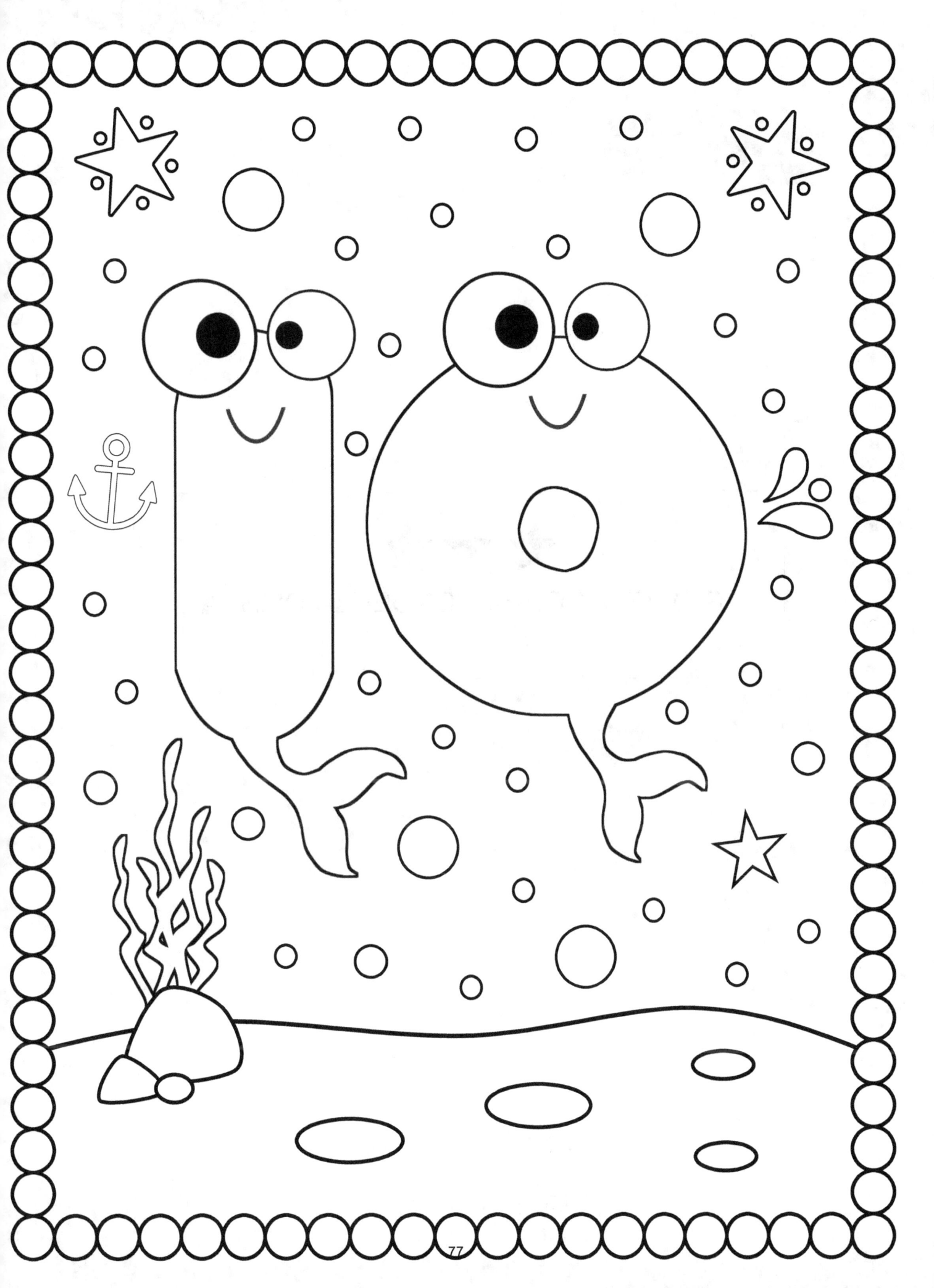

GIOCO DI CORRISPONDENZA OMBRA

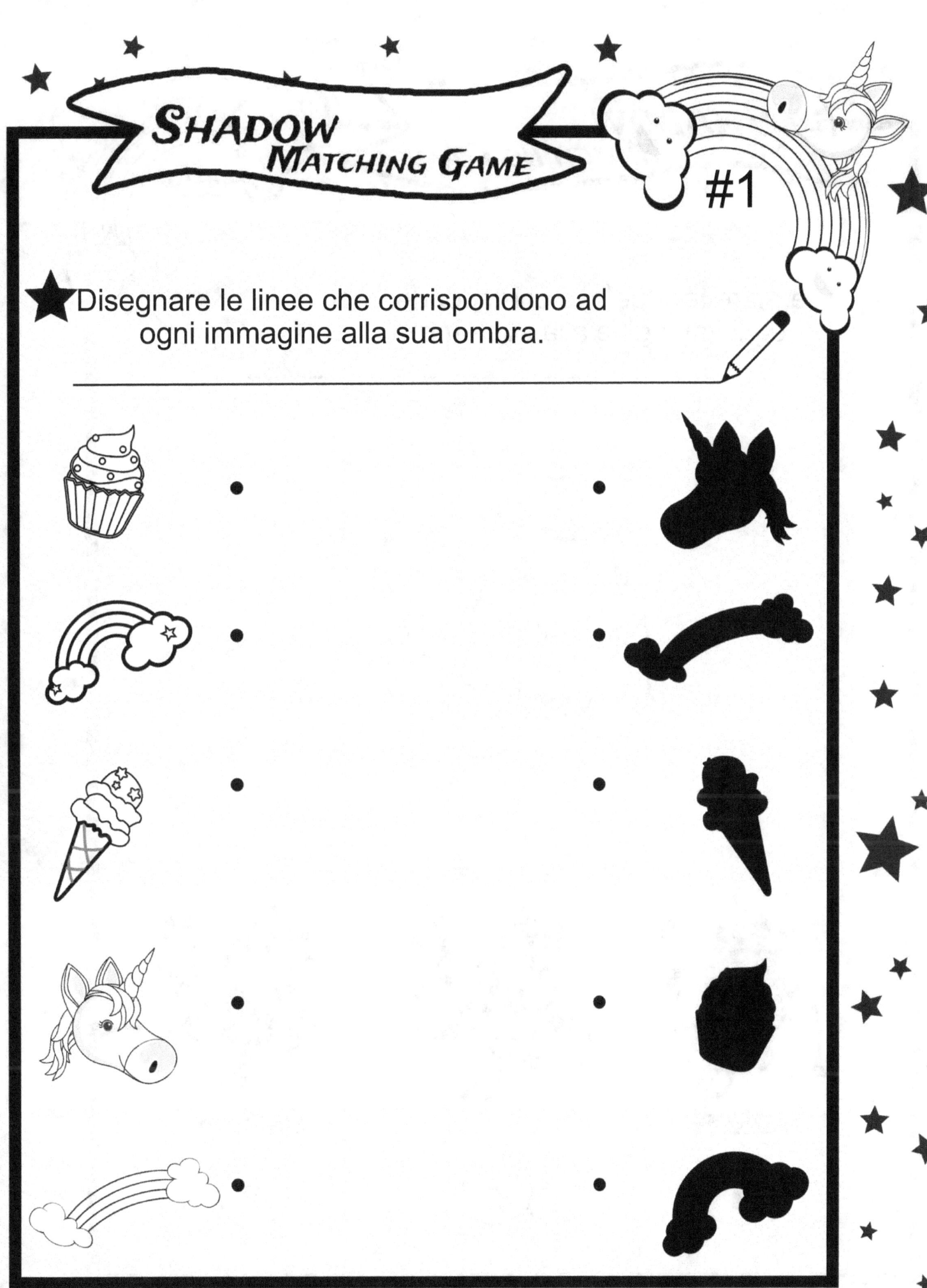

Shadow Matching Game #2

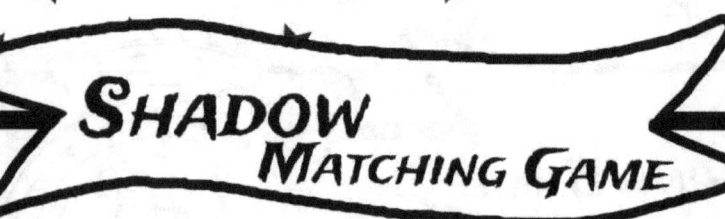

★ Disegnare le linee che corrispondono ad ogni immagine alla sua ombra.

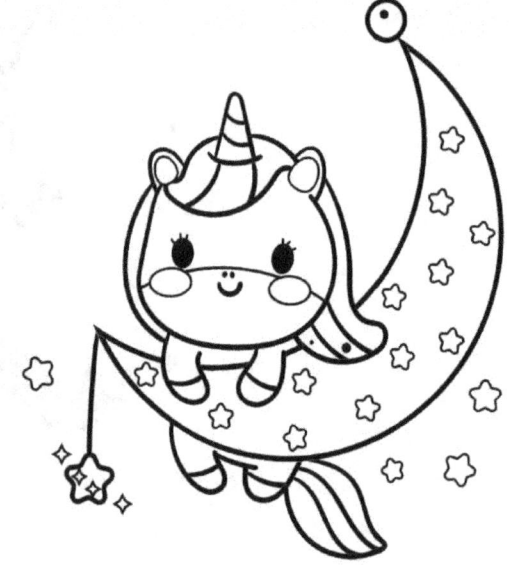

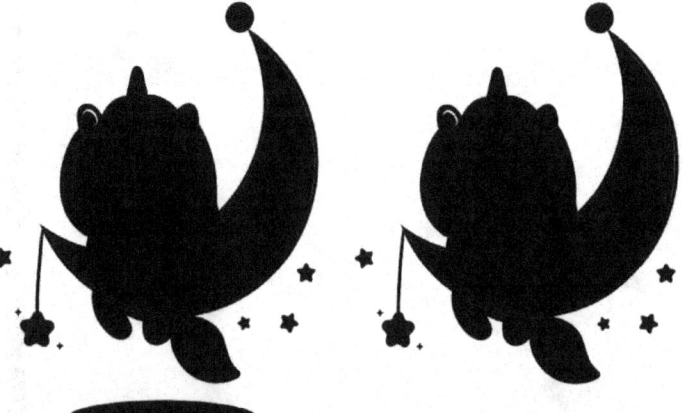 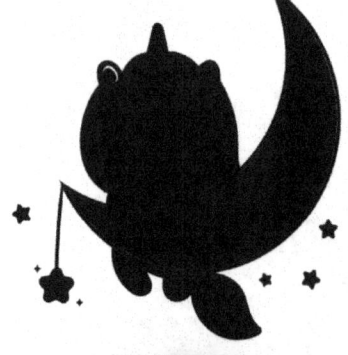

① ② ③

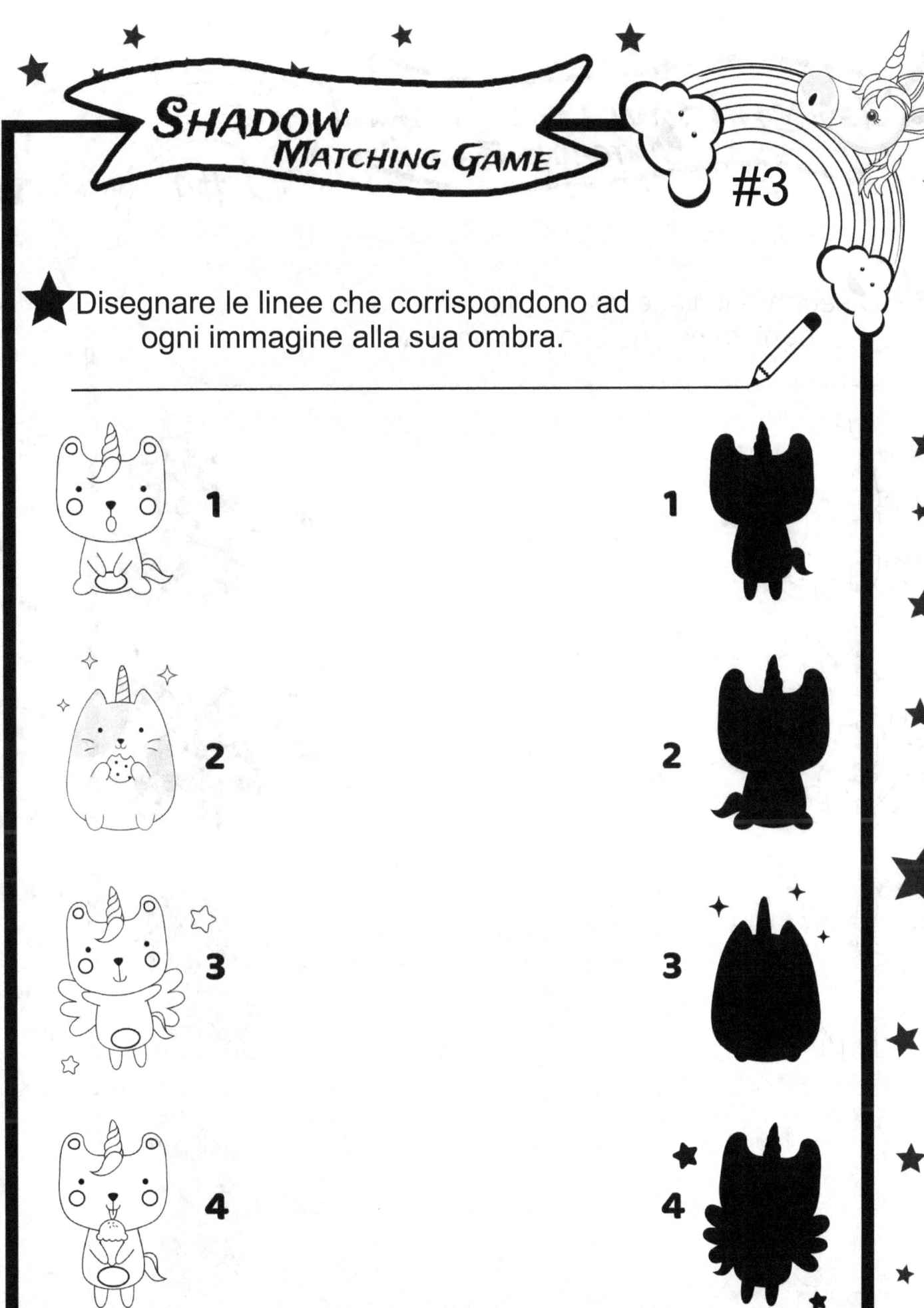

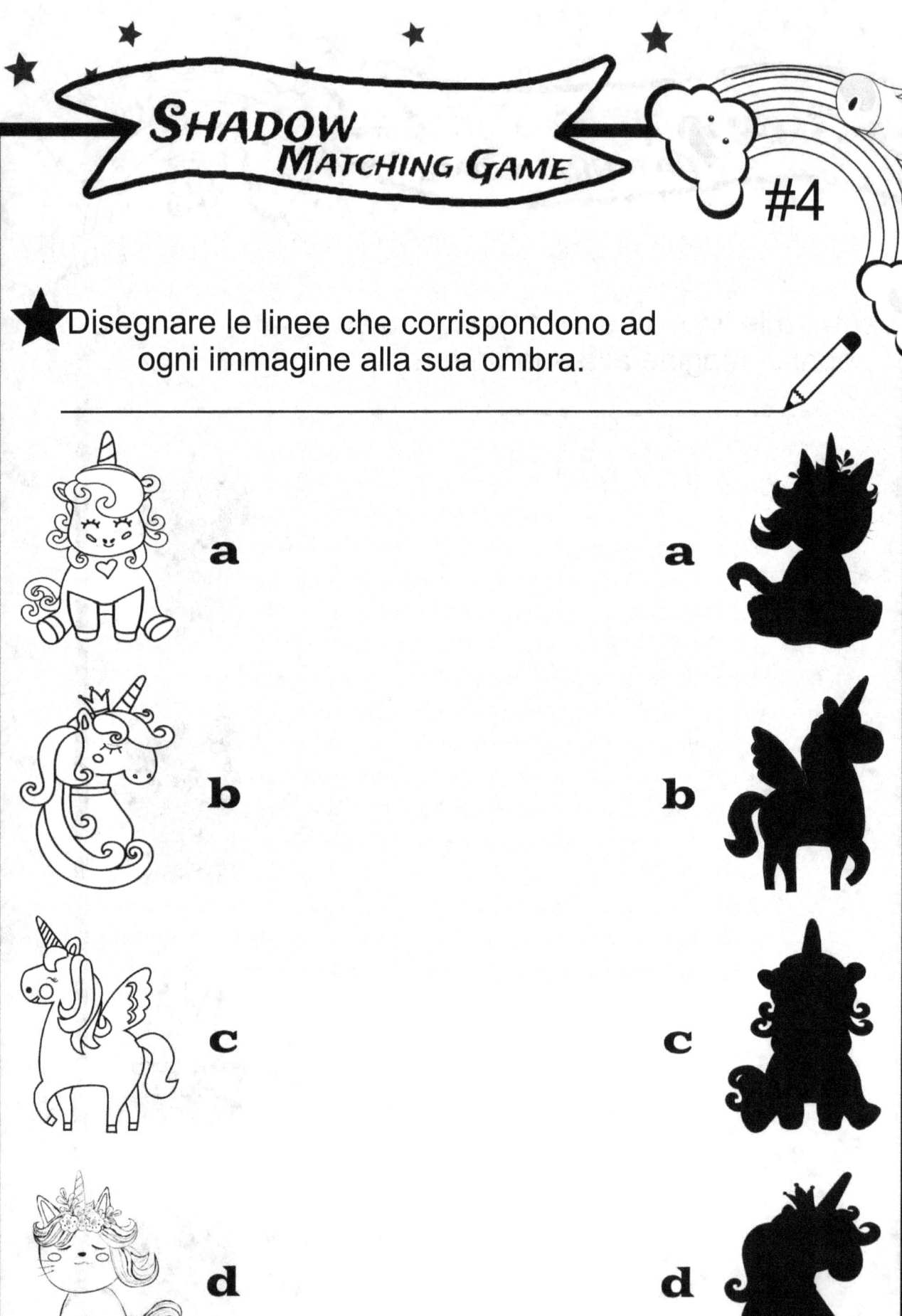

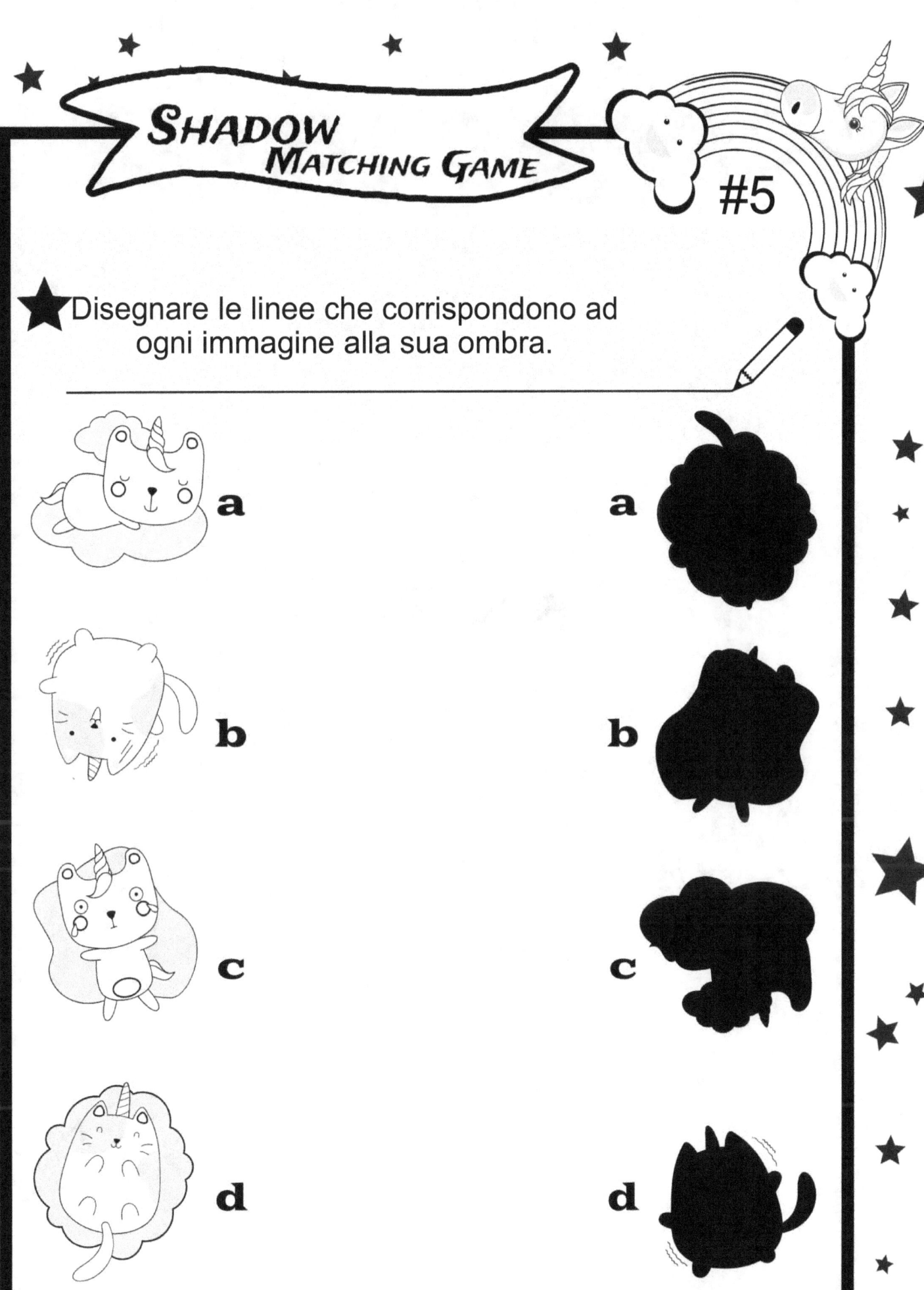

TRACCIARE ANIMALI E COLORARE

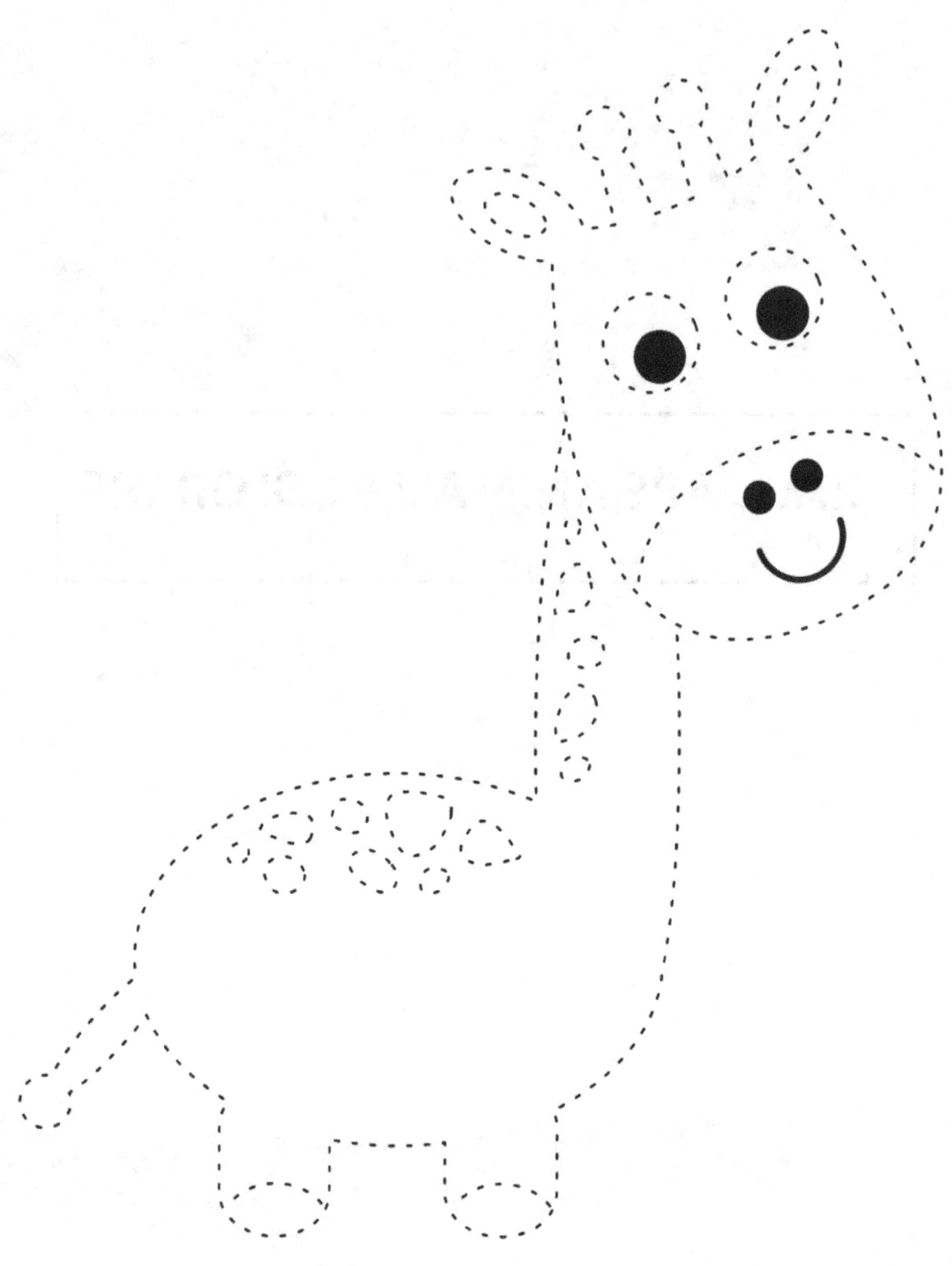

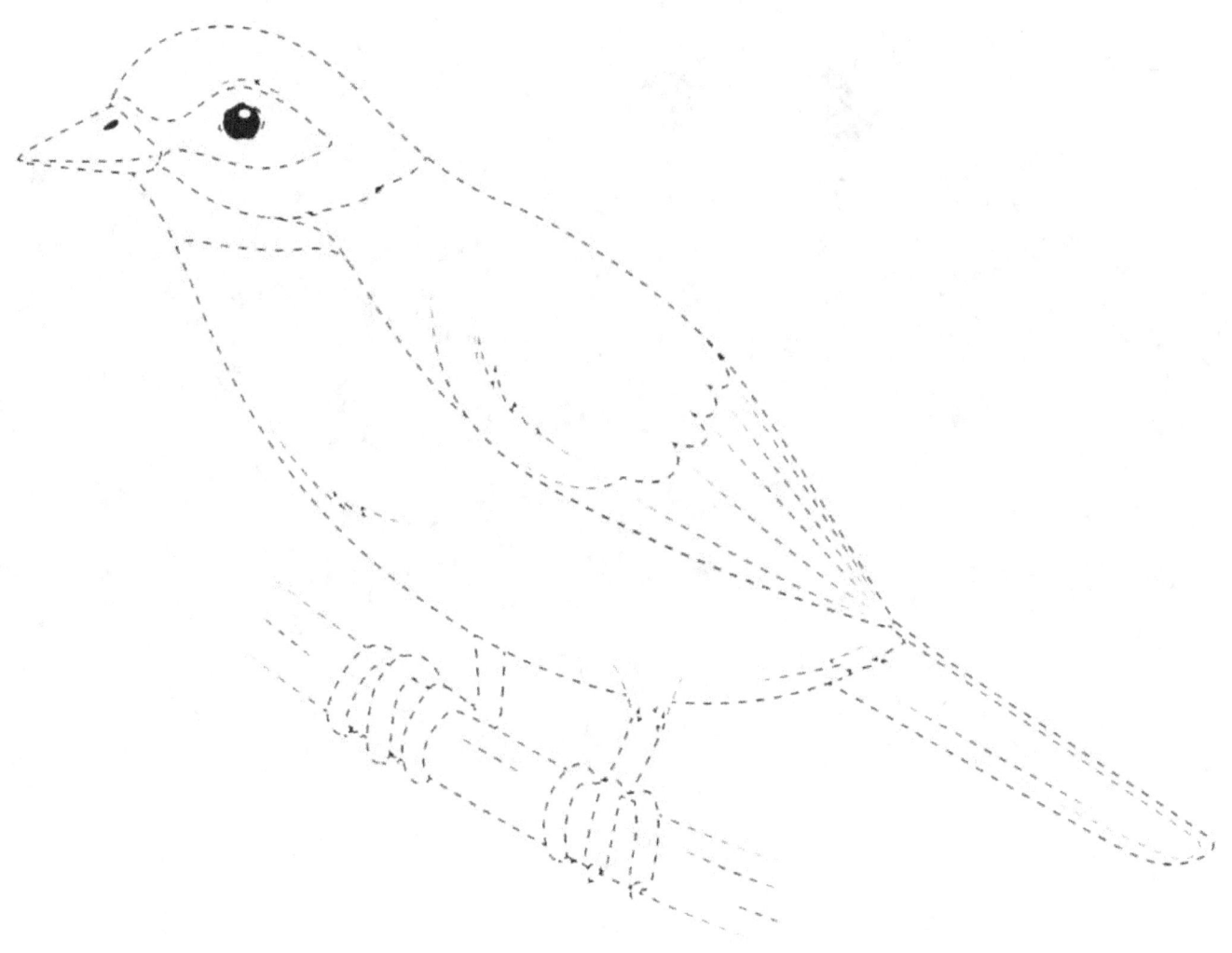

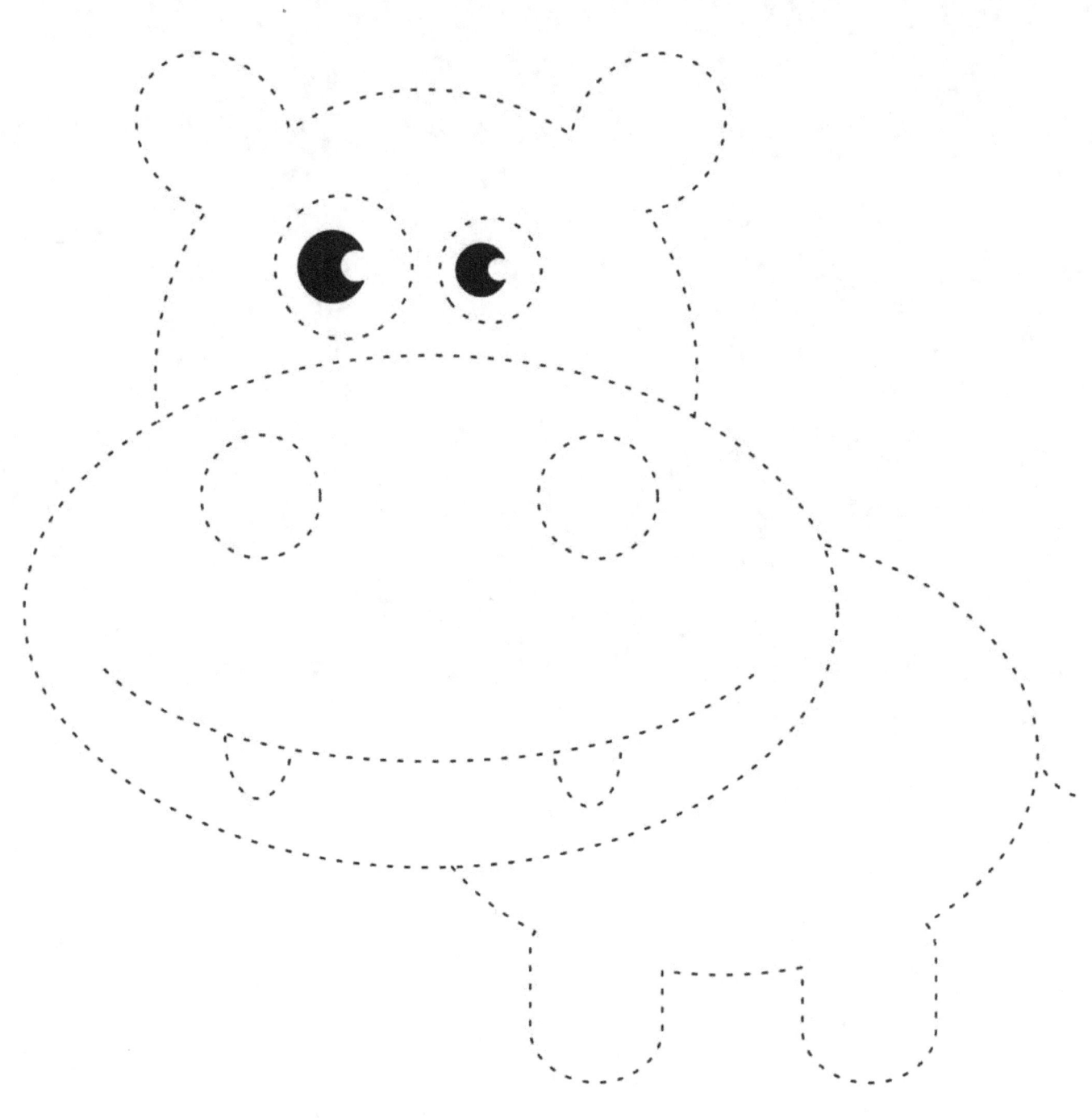

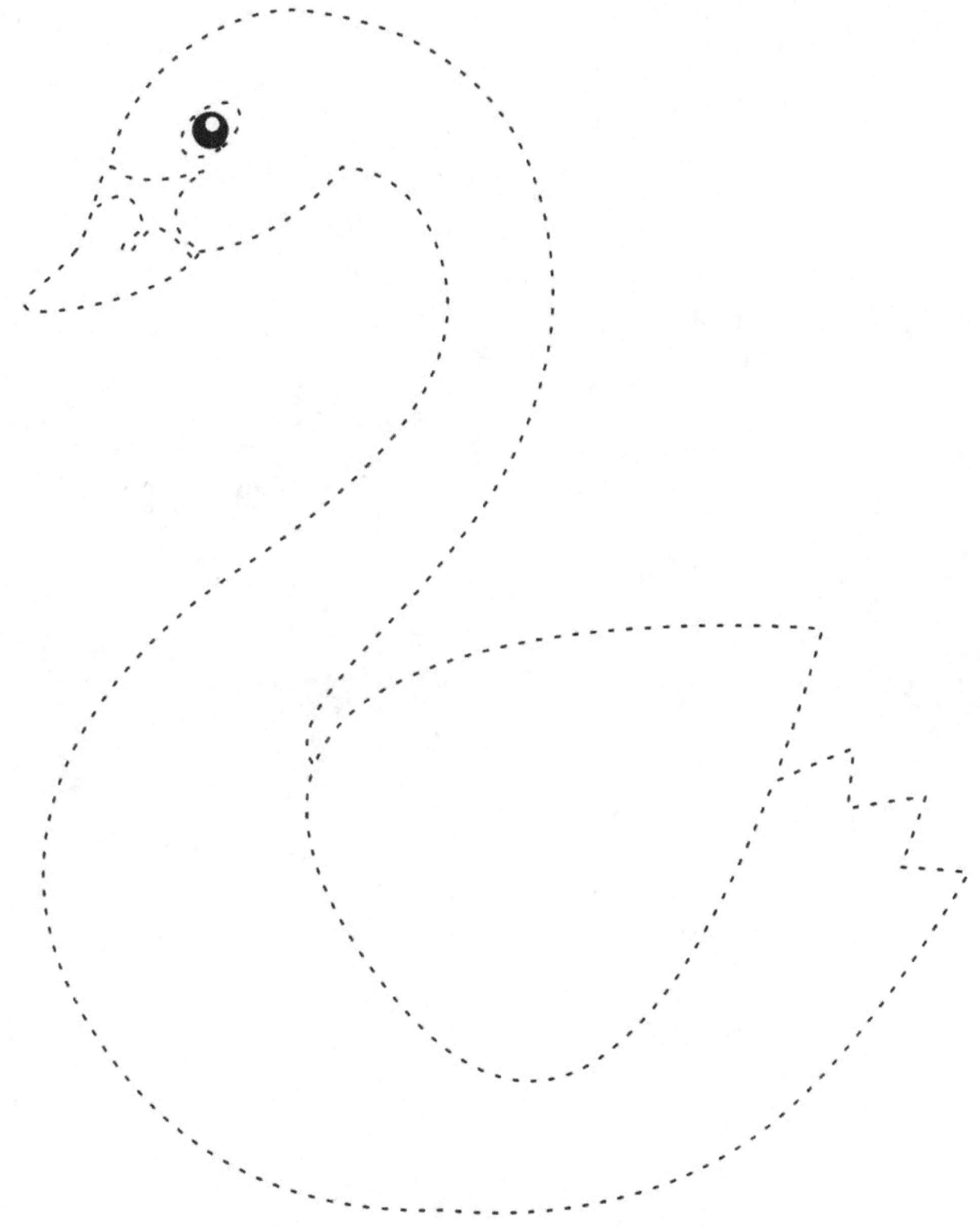

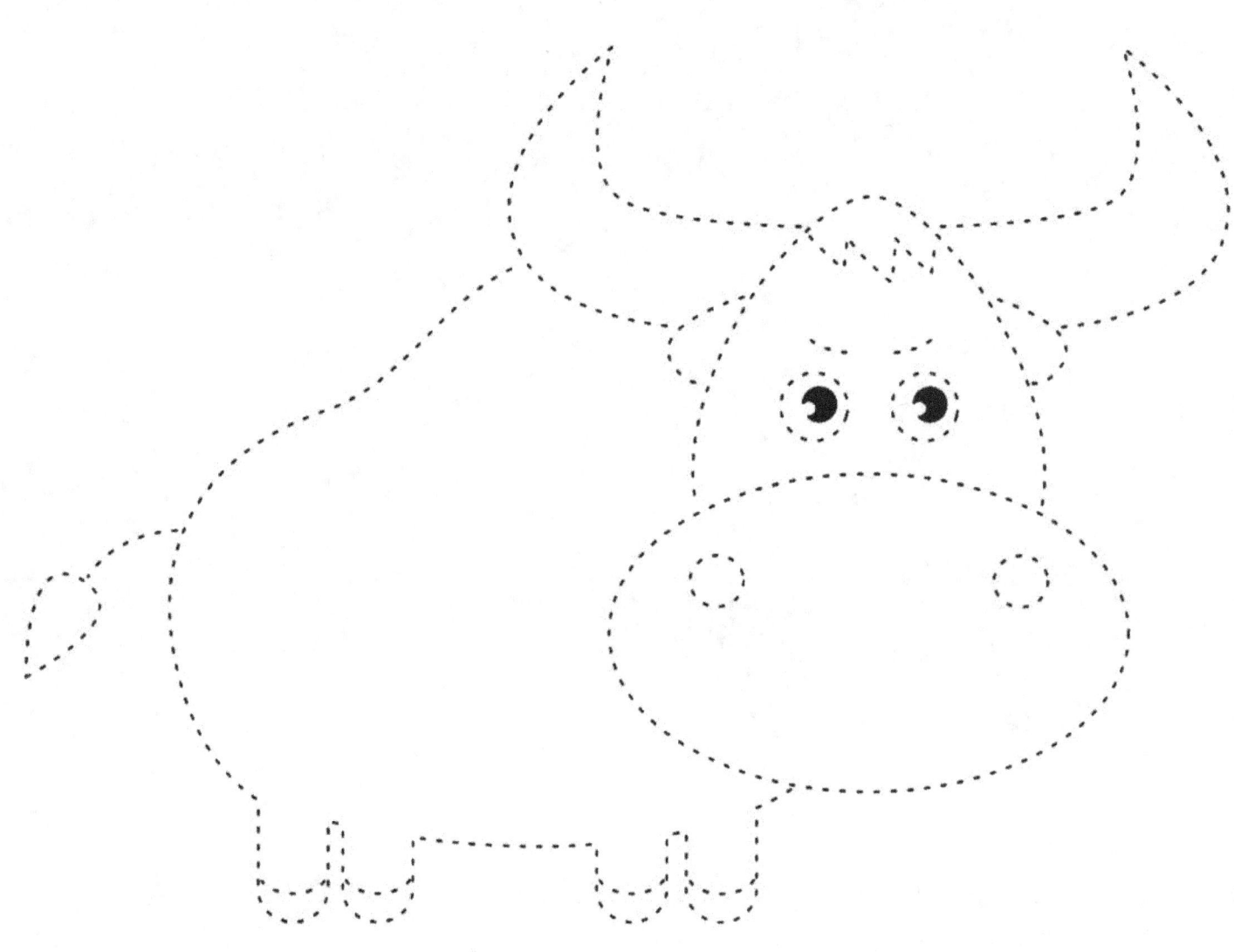

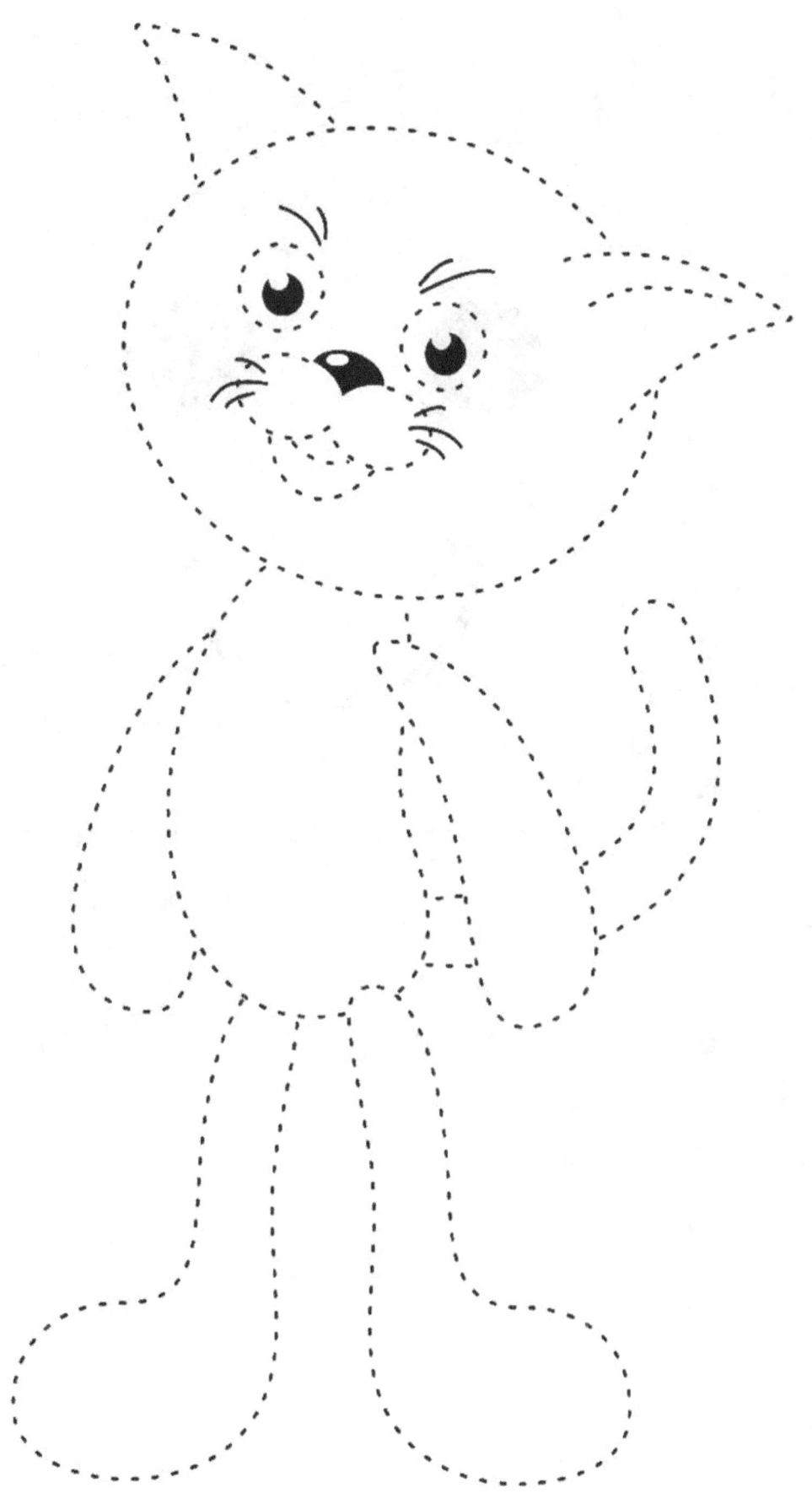

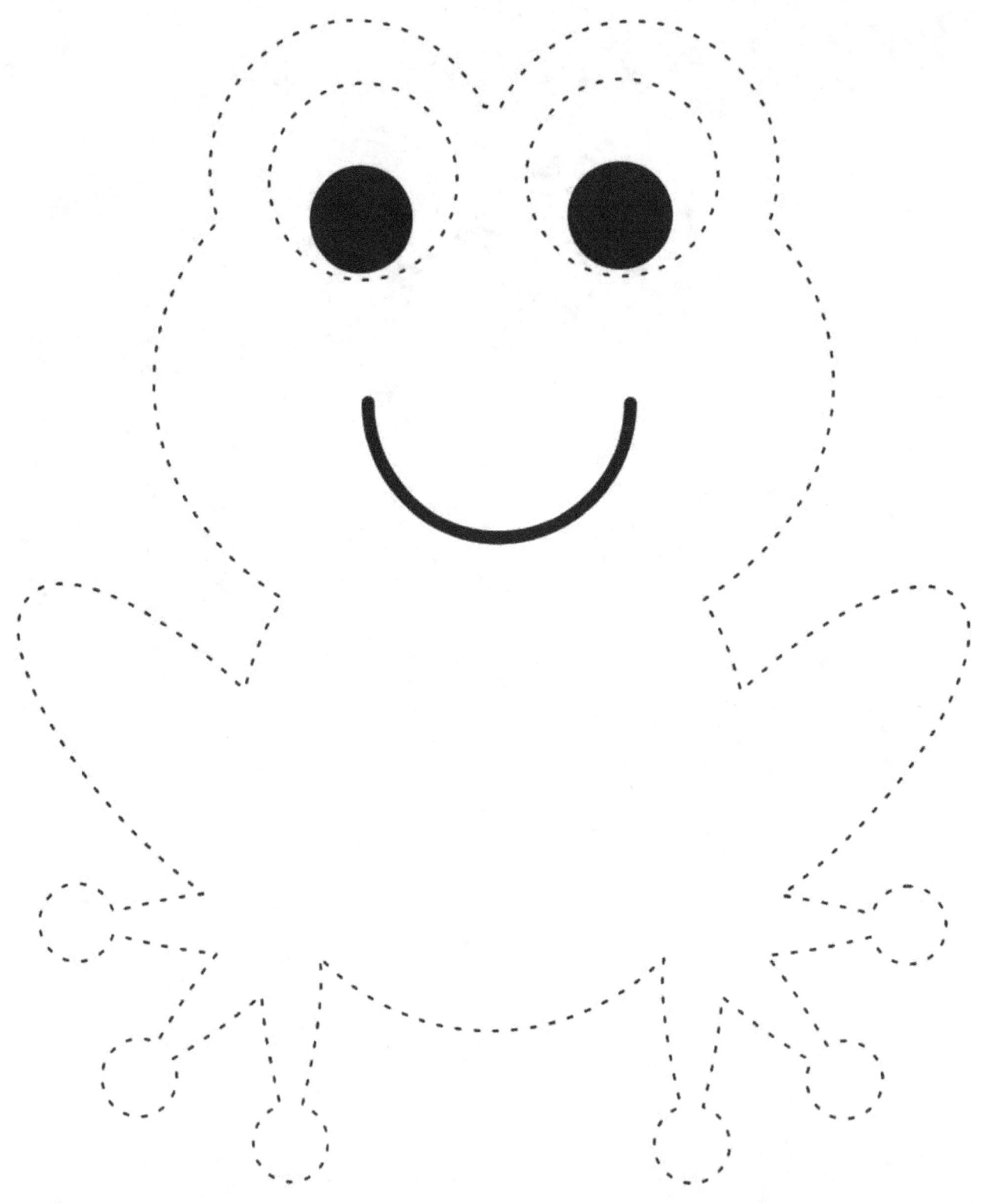

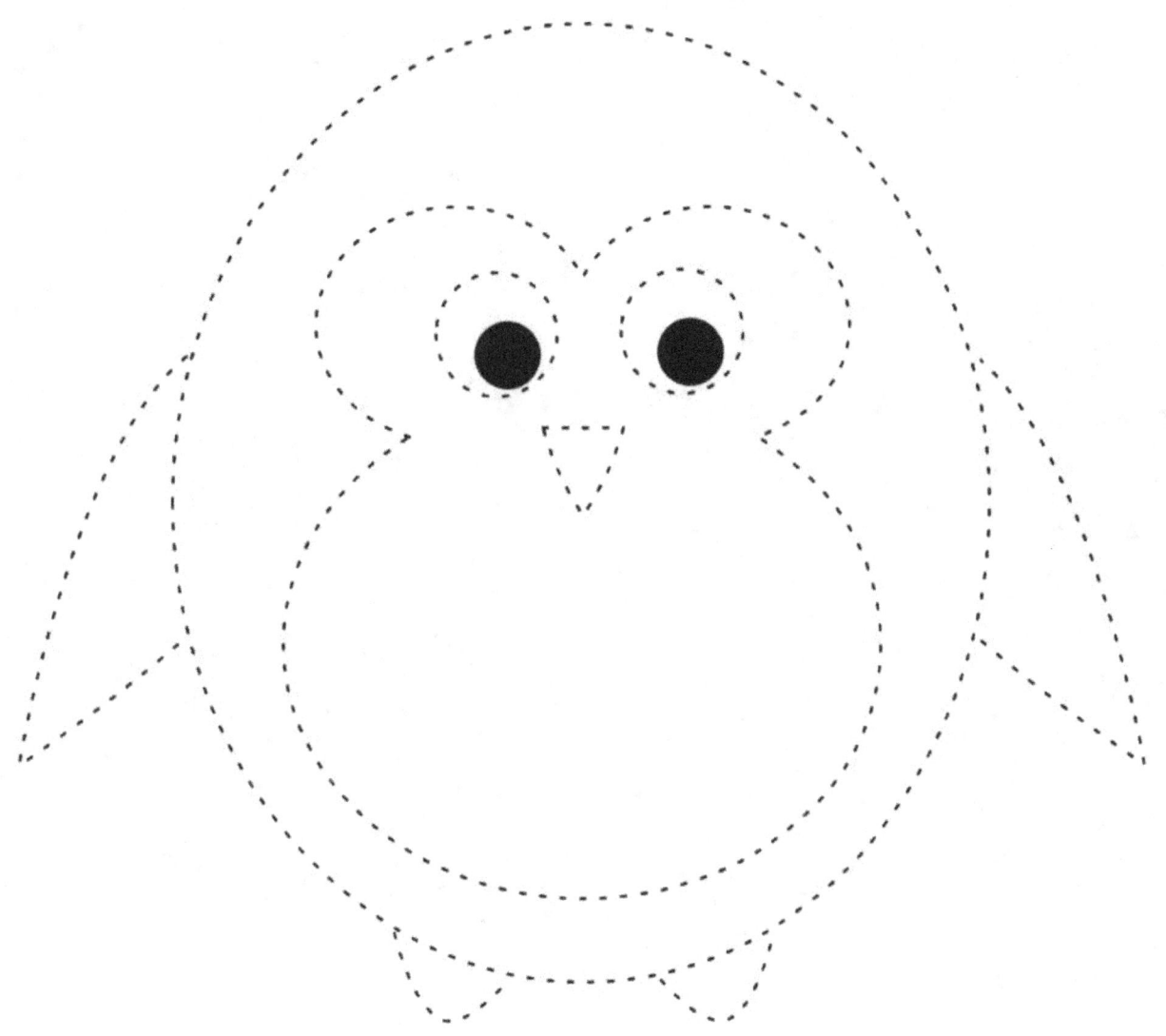

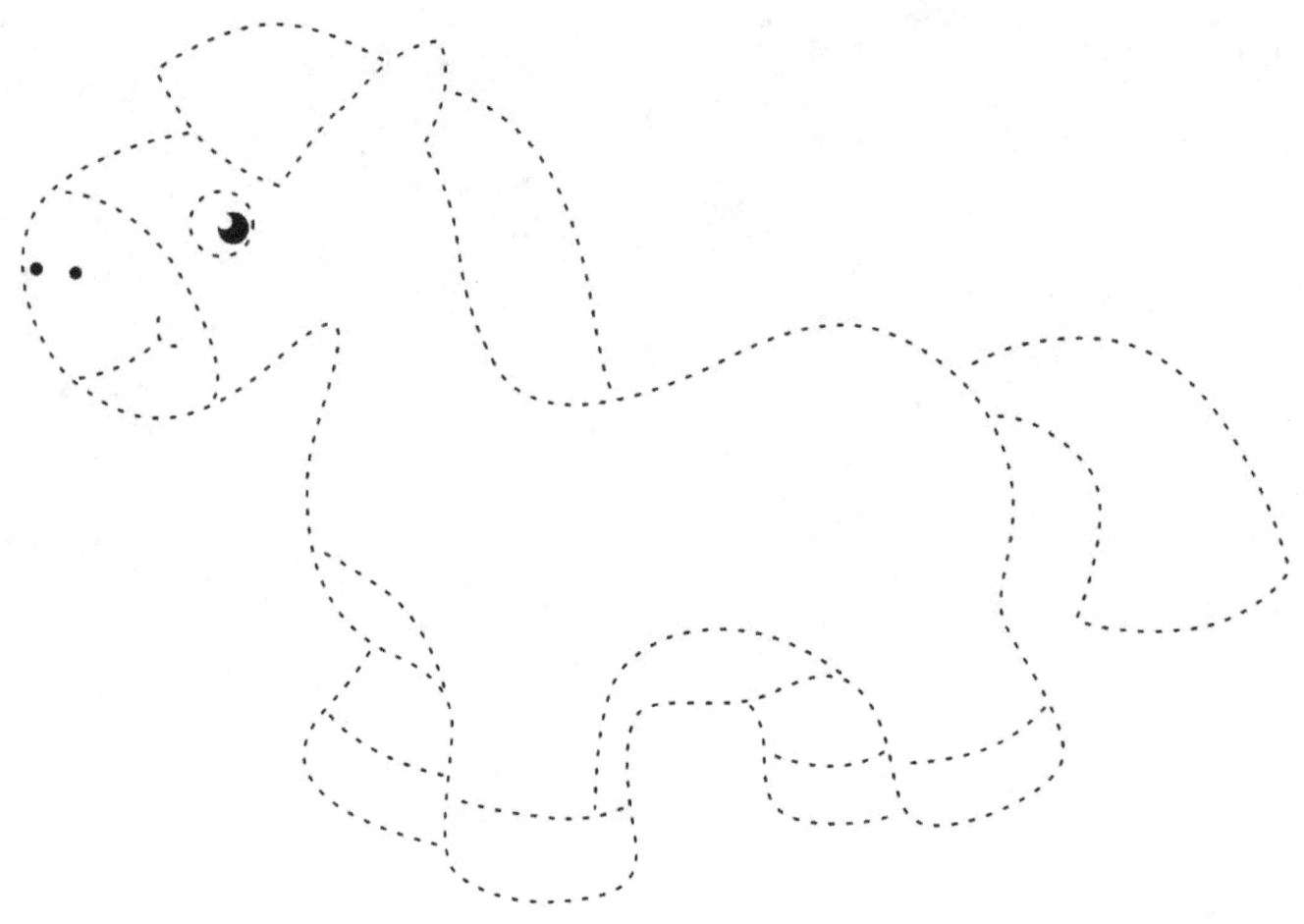

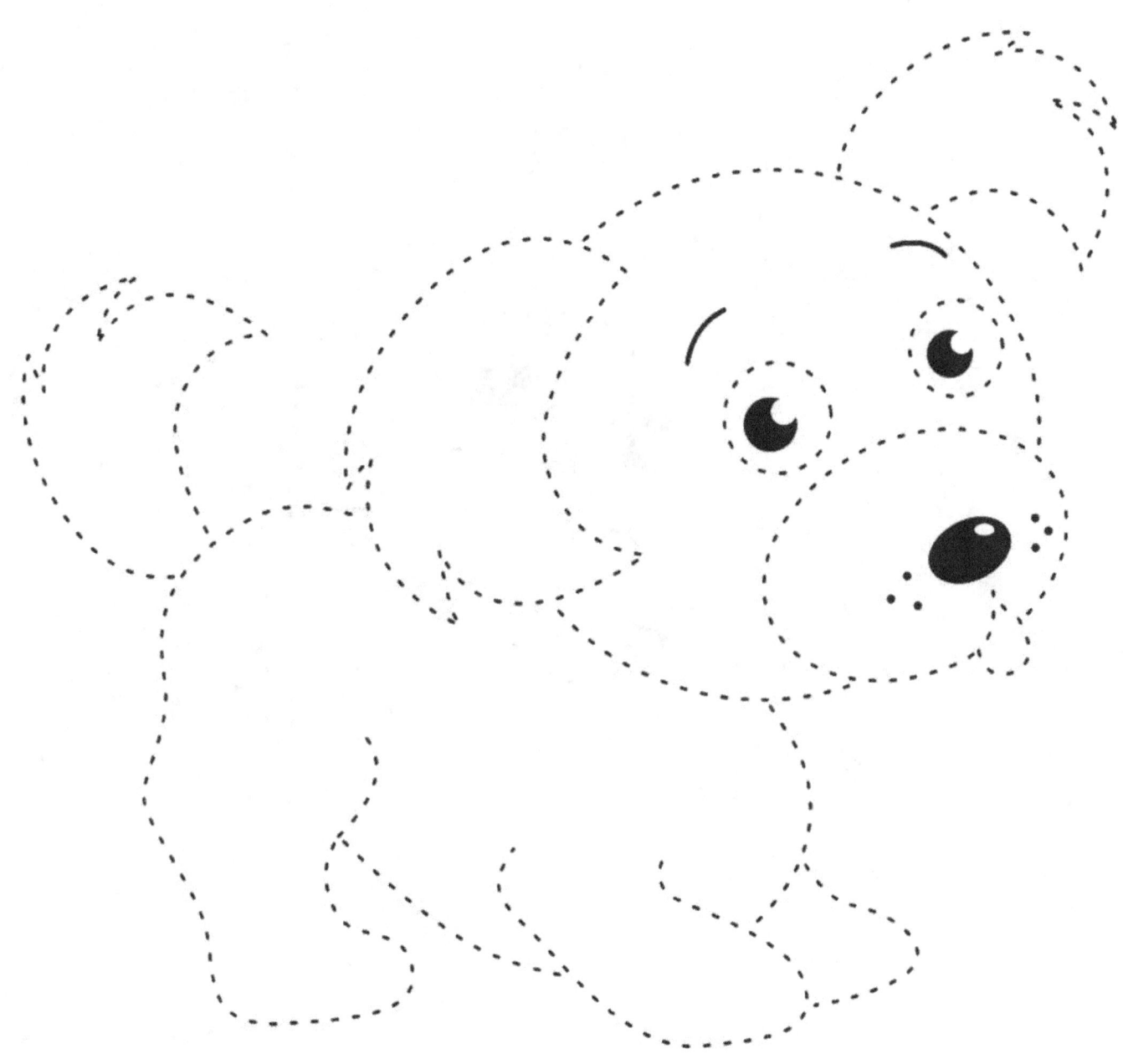

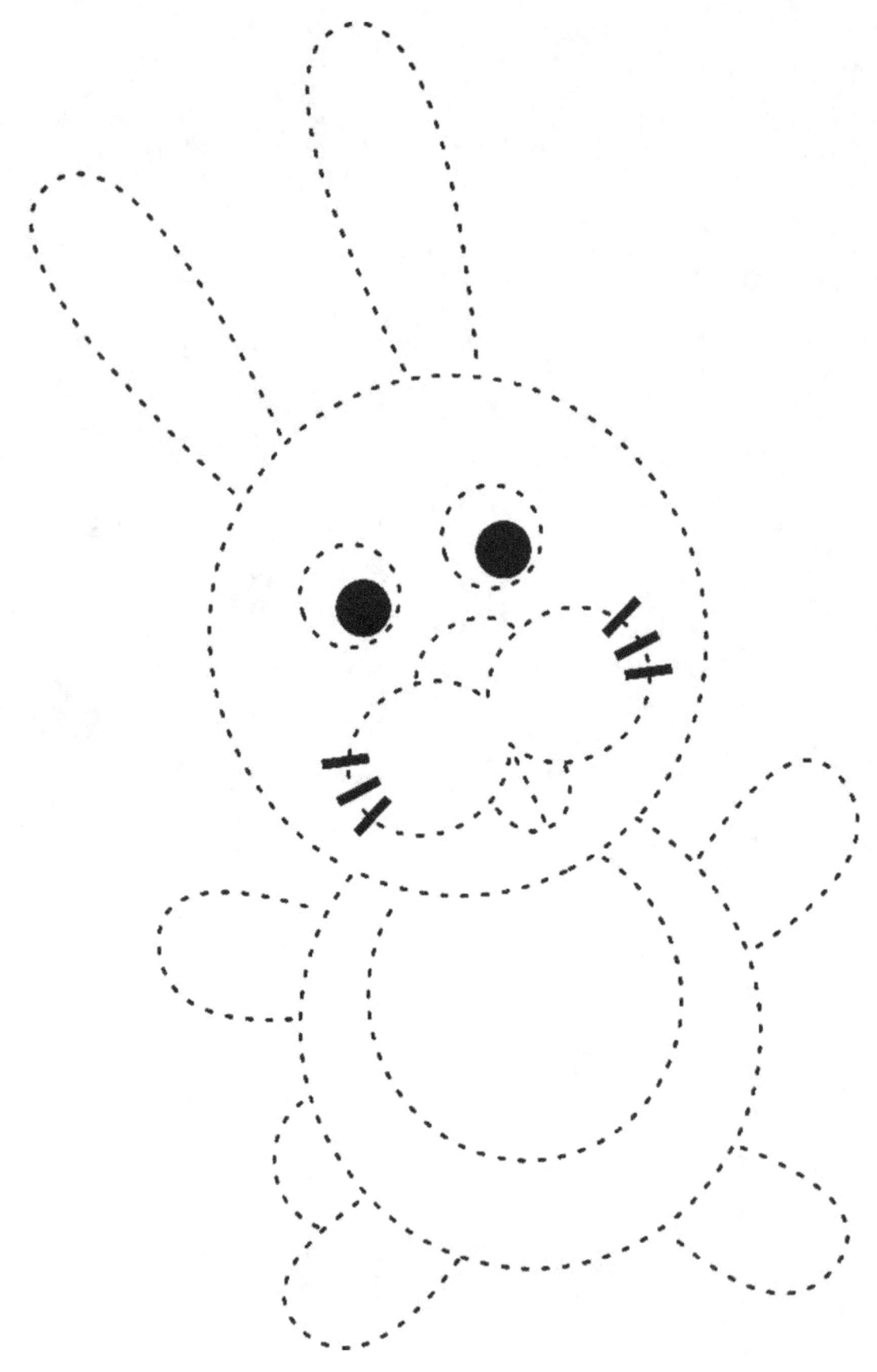

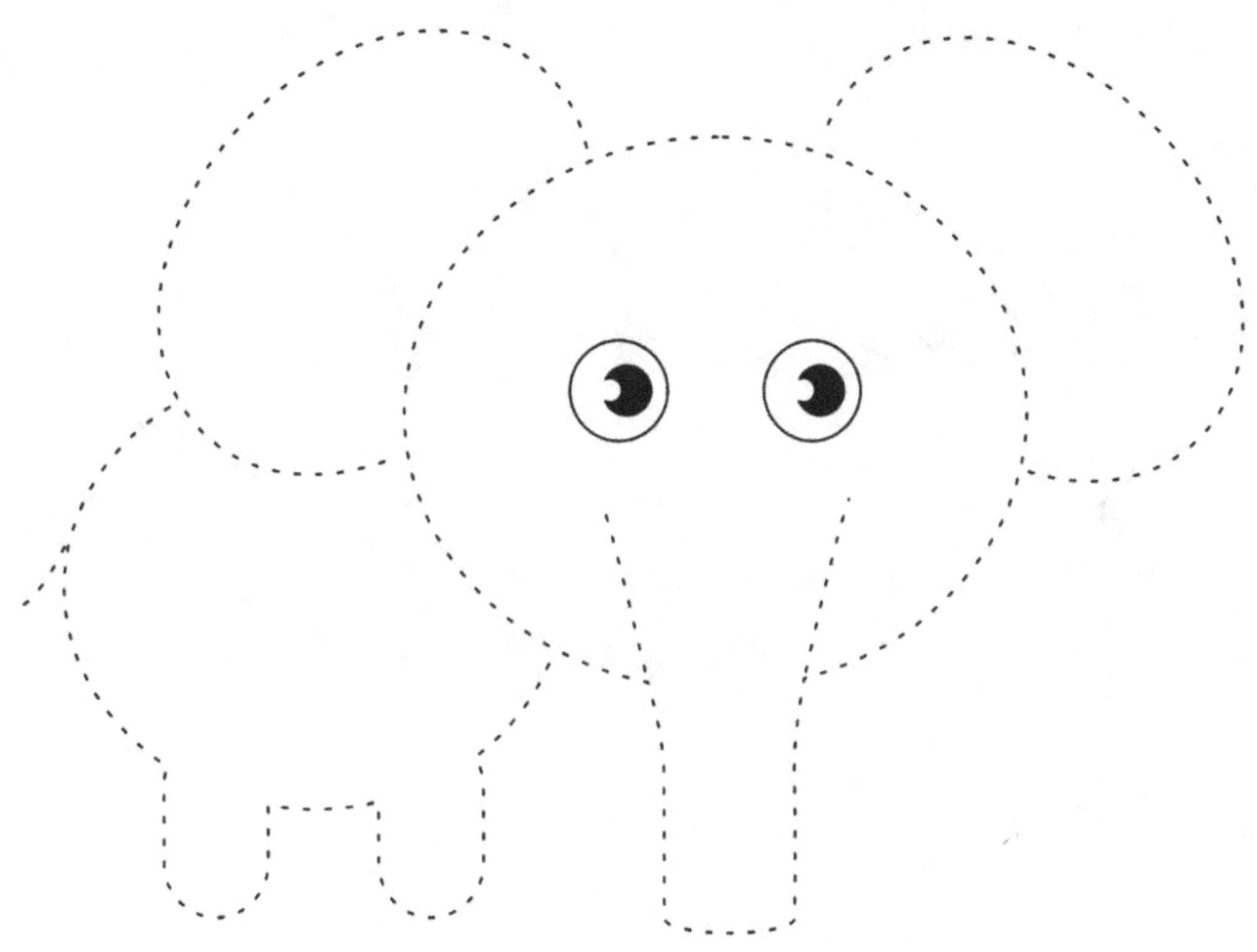

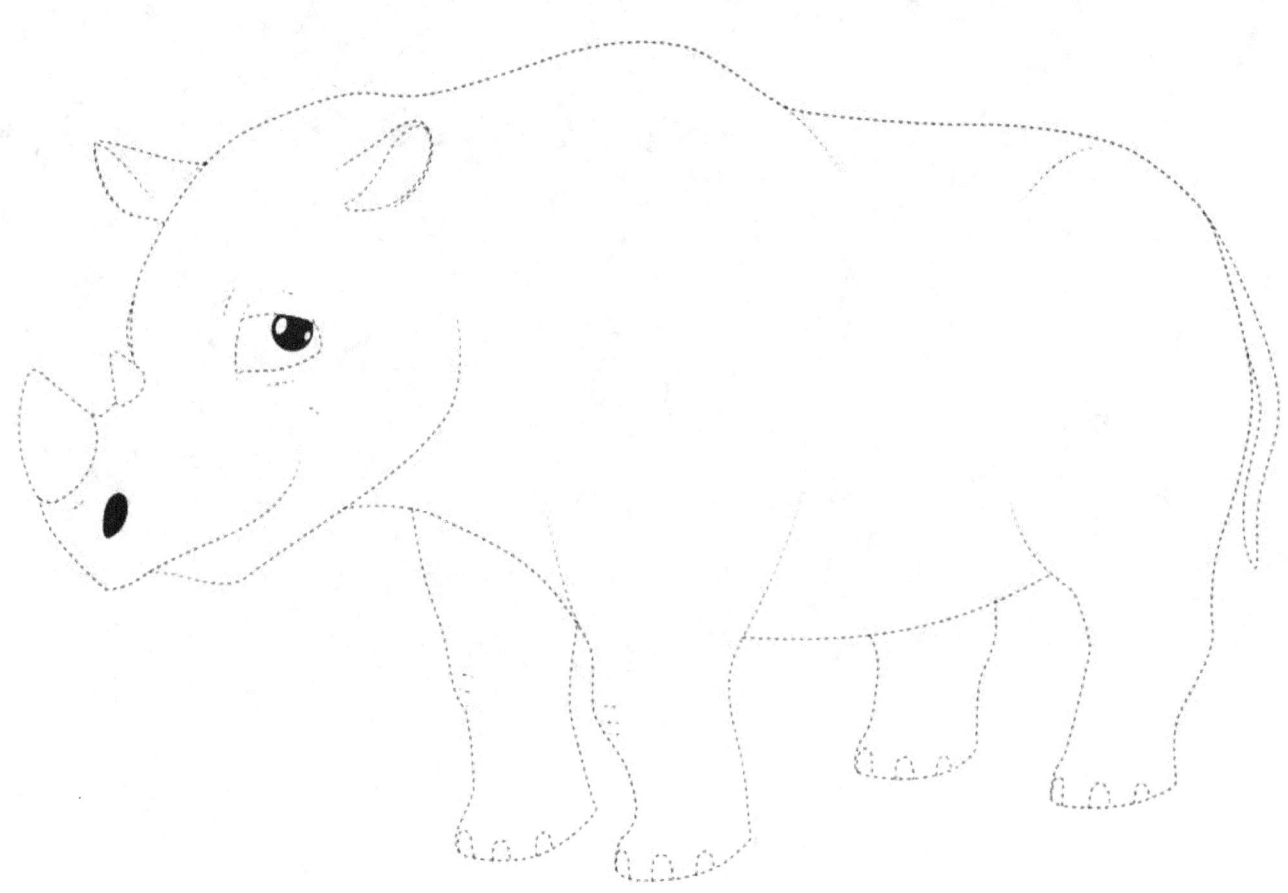

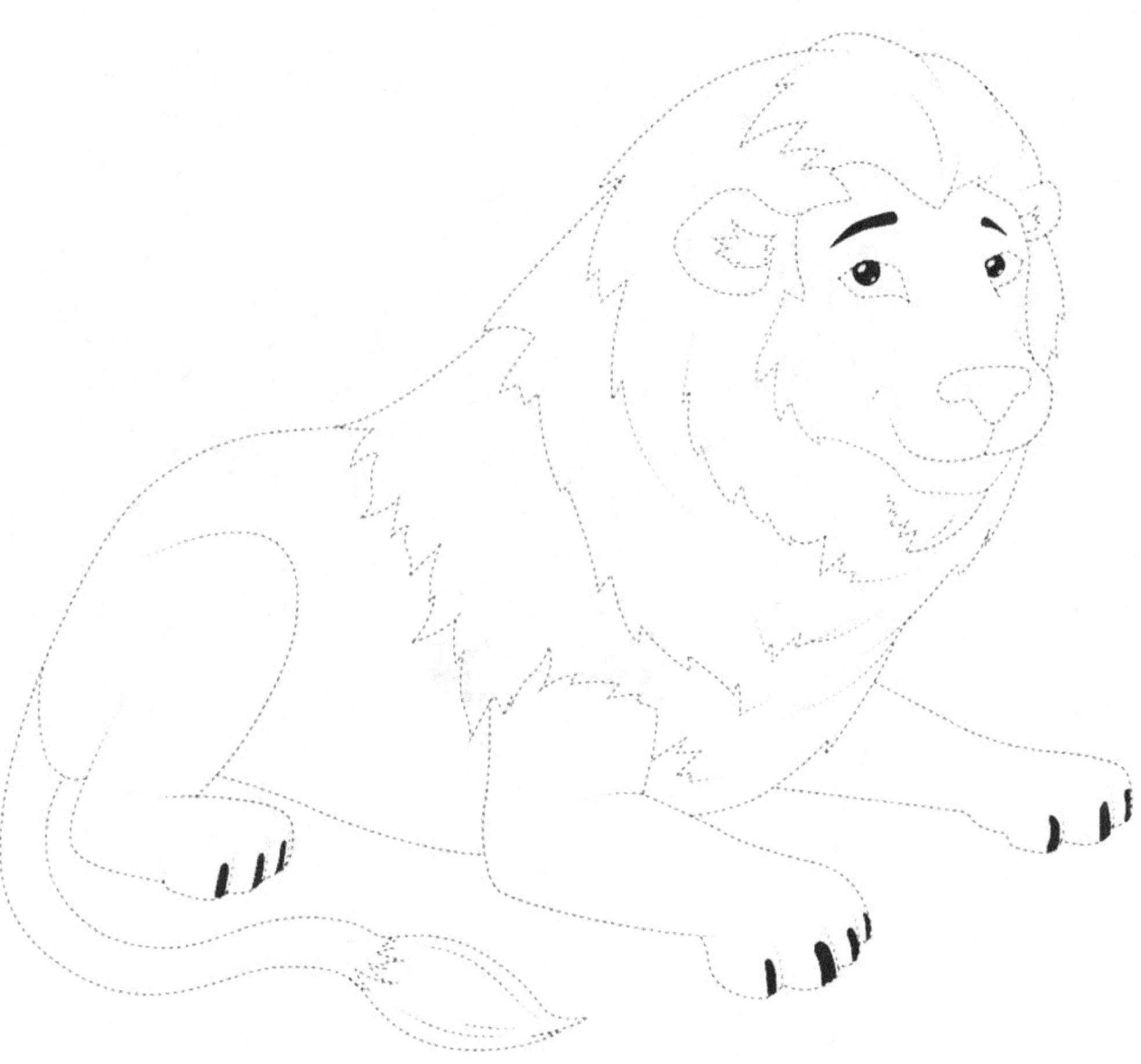

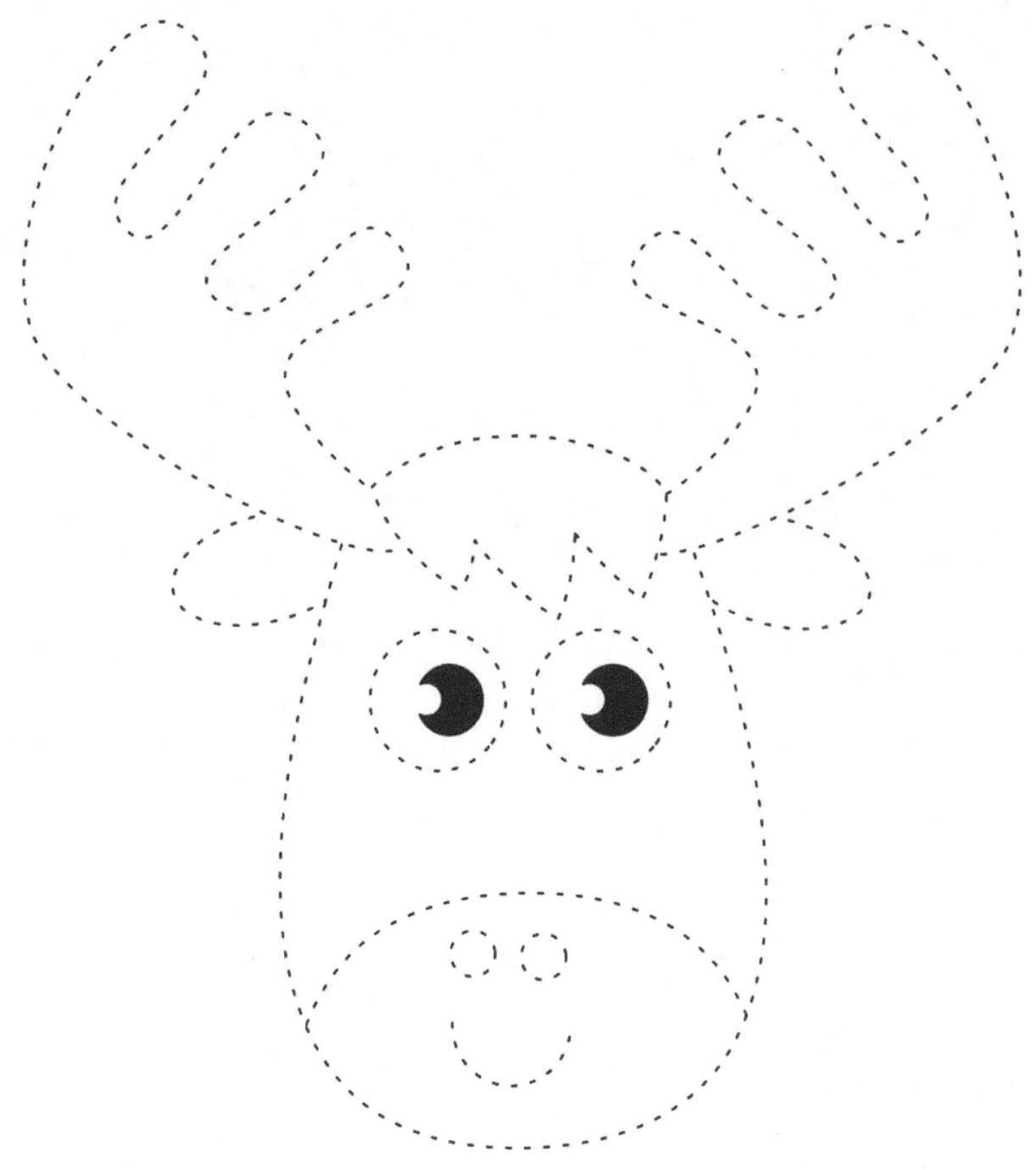

TROVA LA DIFFERENZA GIOCO

TROVA LA DIFFERENZA GIOCO

TROVA E CERCHIA LE 5 DIFFERENZE

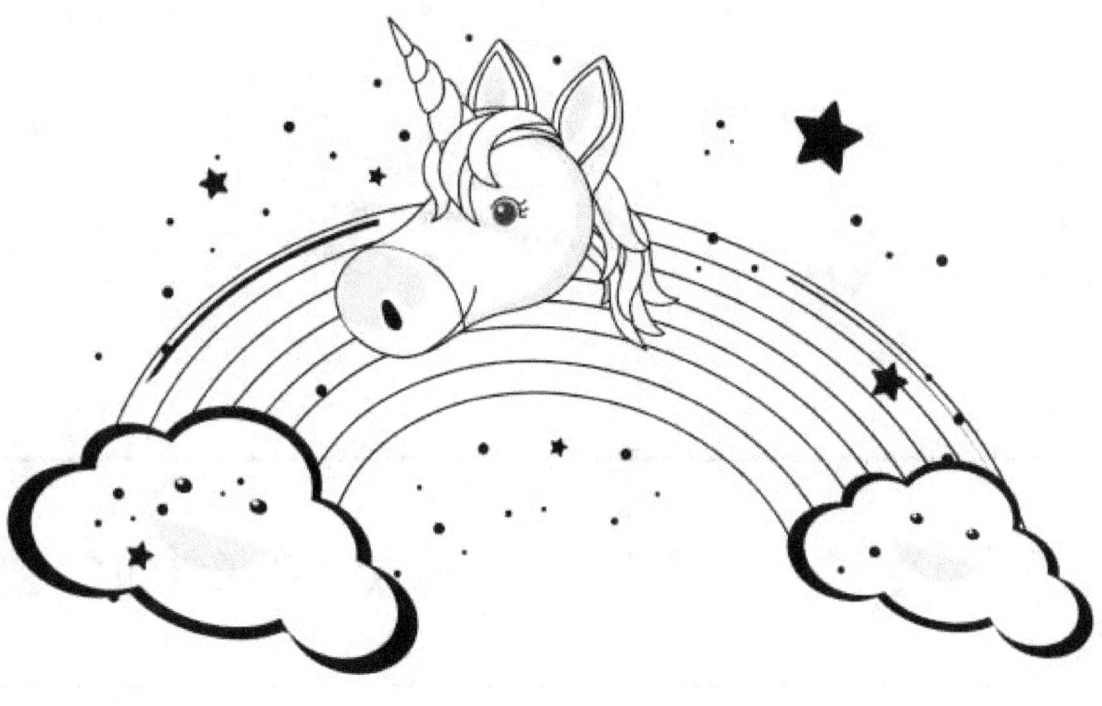

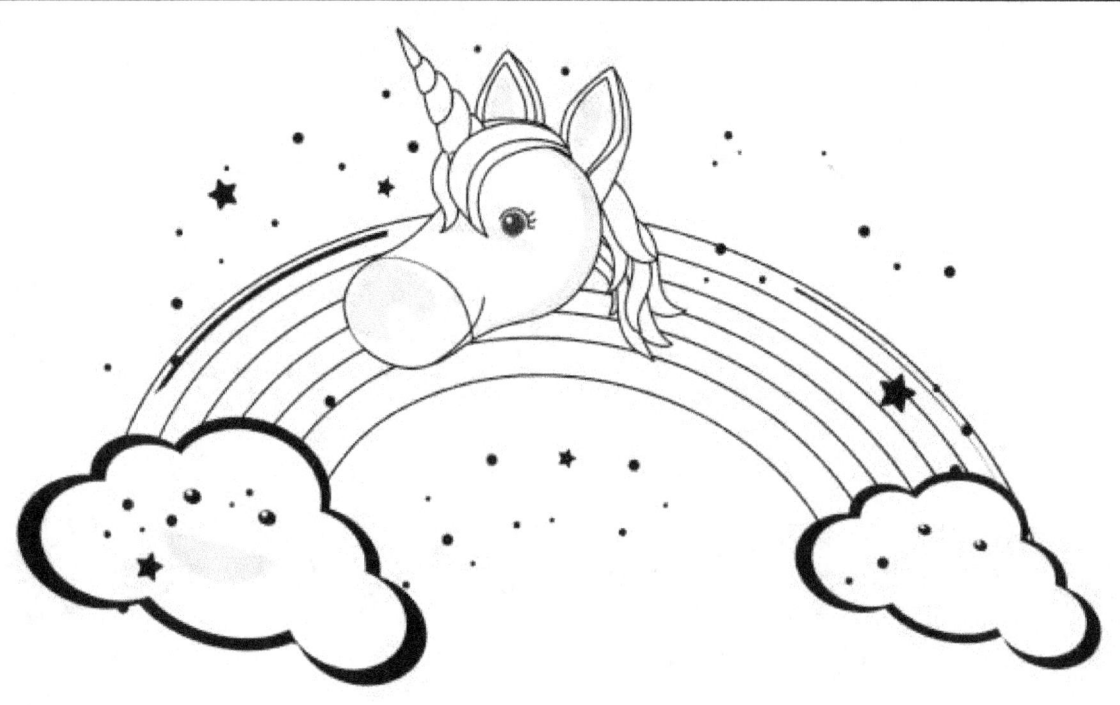

TROVA LA DIFFERENZA GIOCO

TROVA E CERCHIA LE 5 DIFFERENZE

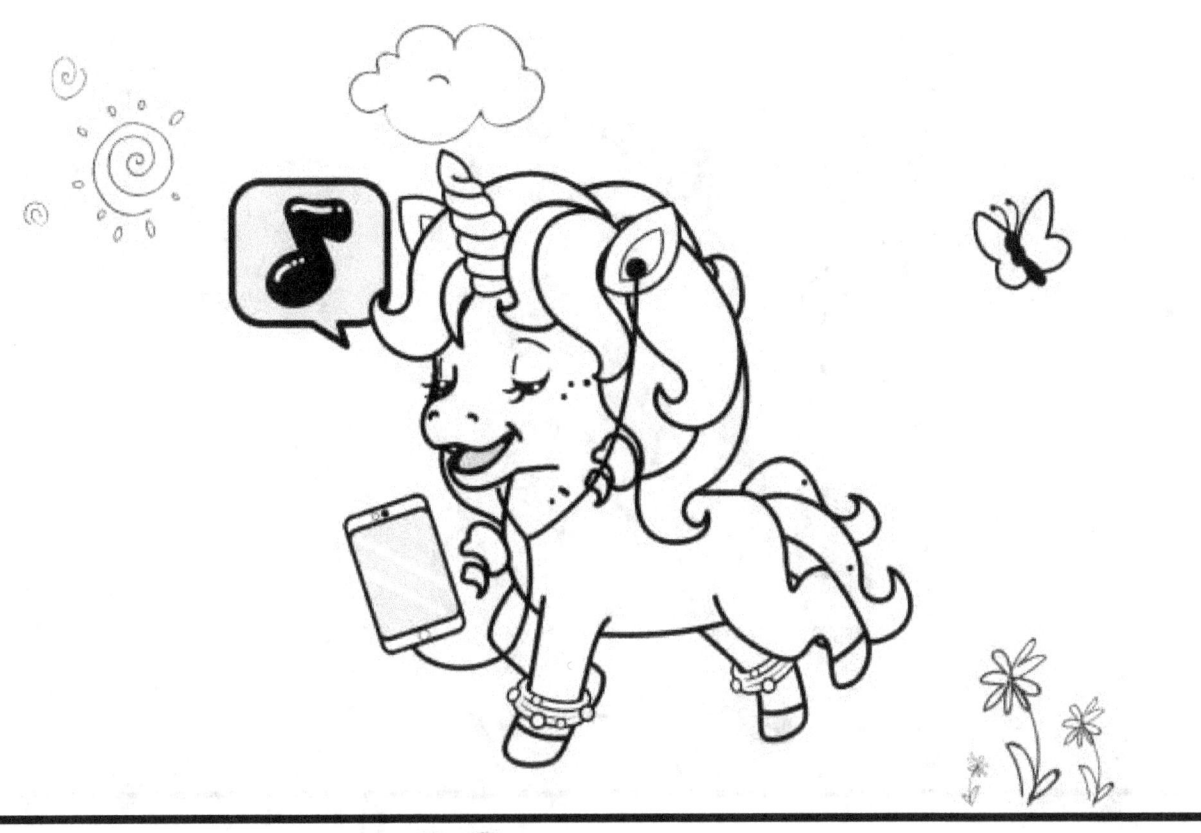

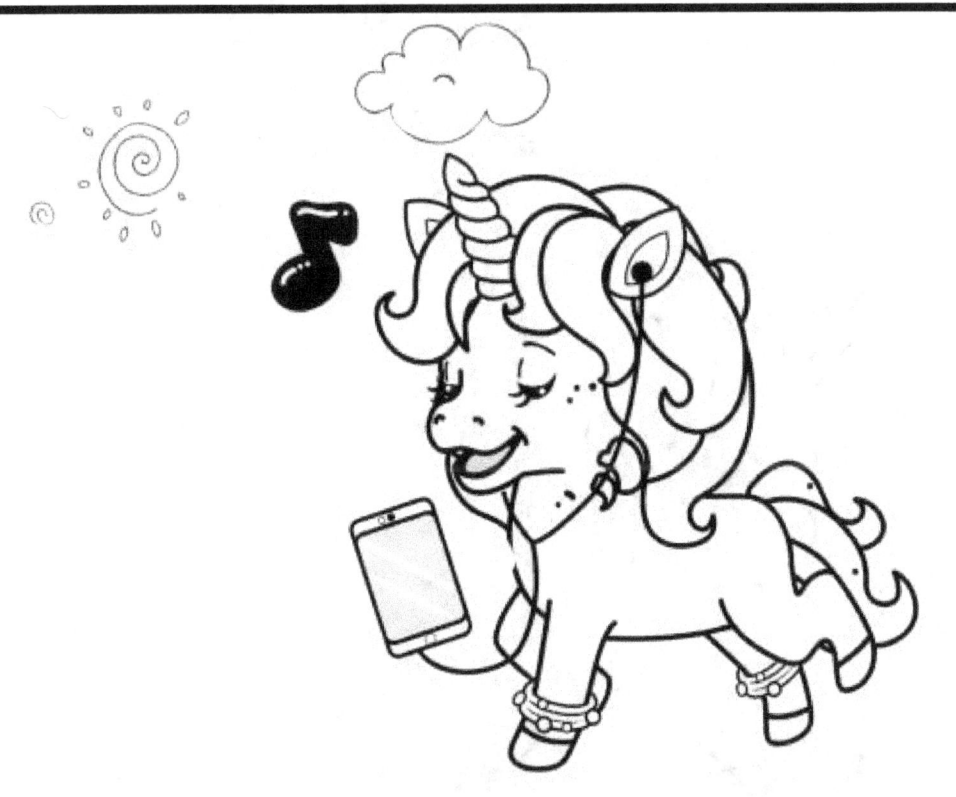

TROVA LA DIFFERENZA GIOCO

TROVA E CERCHIA LE 6 DIFFERENZE

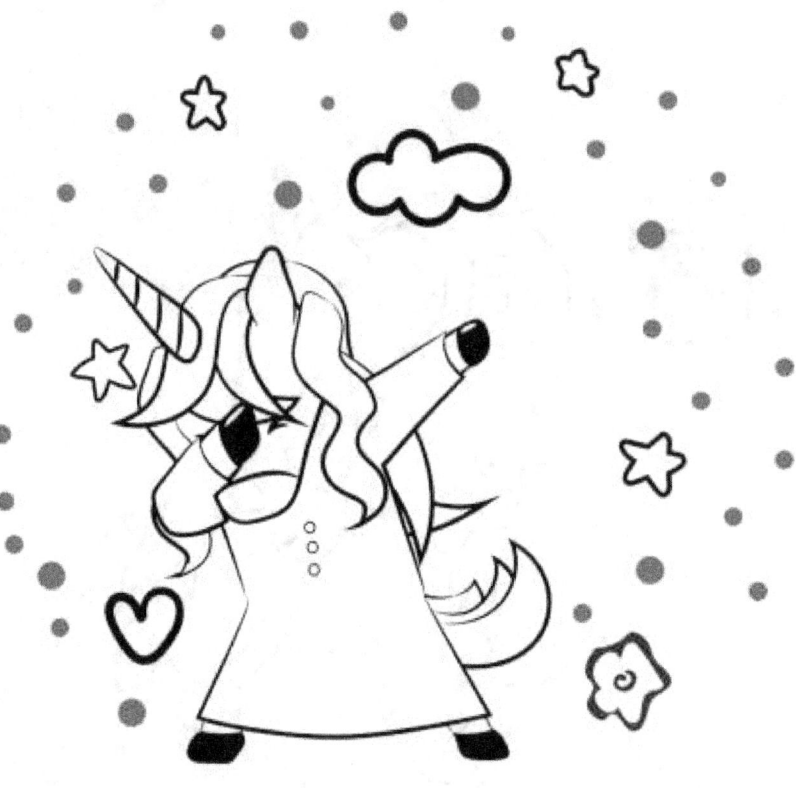

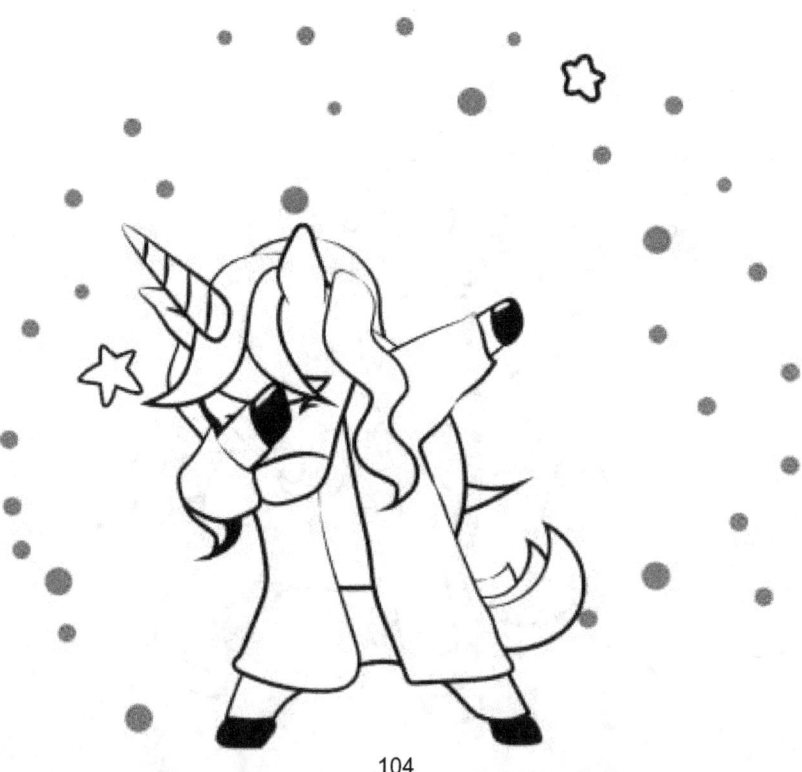

TROVA LA DIFFERENZA GIOCO

TROVA E CERCHIA LE 9 DIFFERENZE

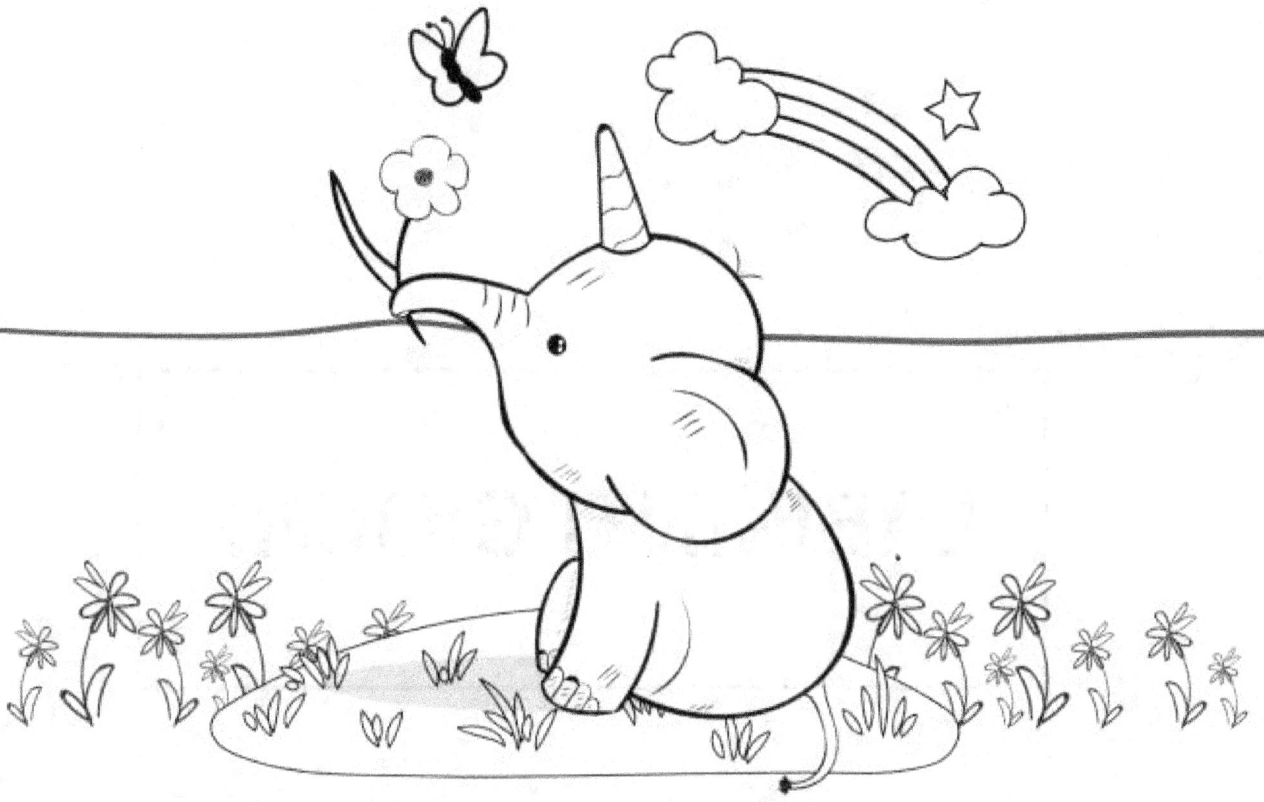

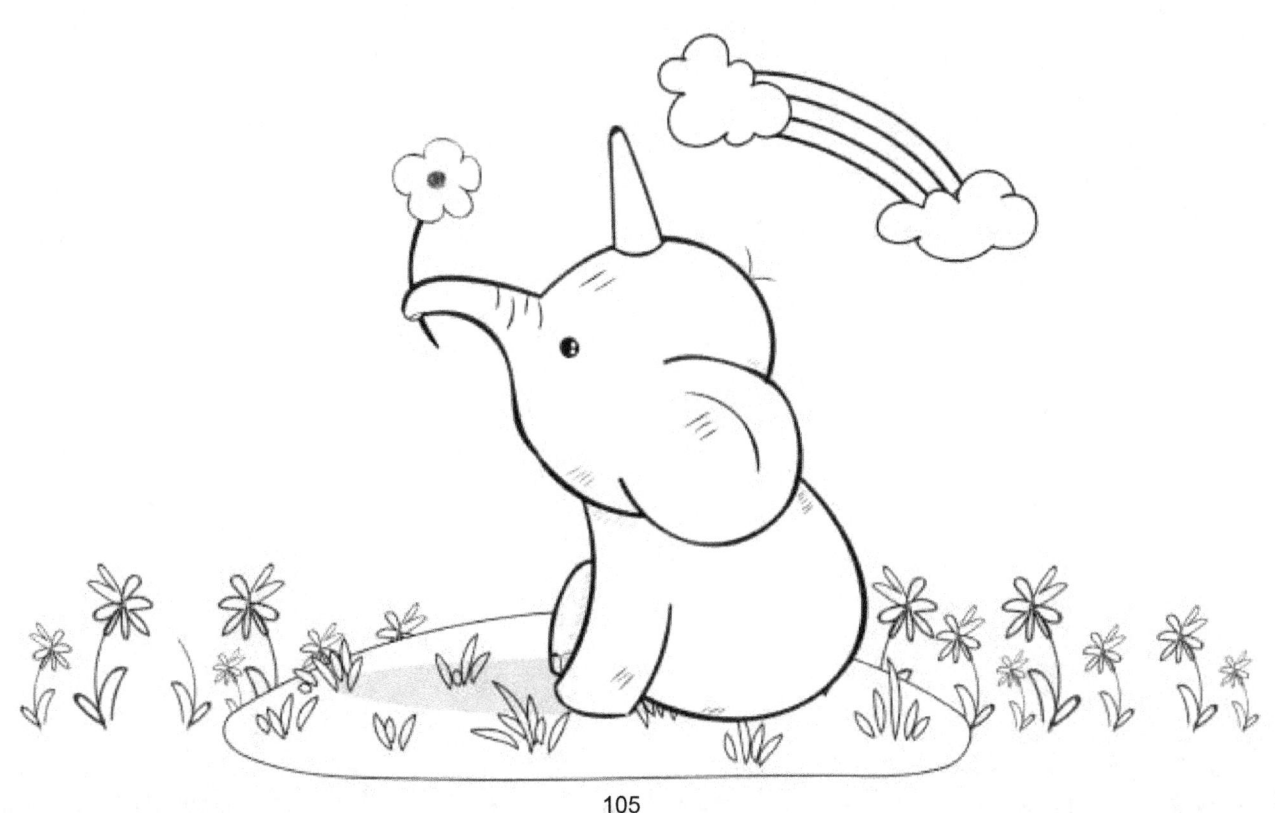

LABIRINTI GIOCHI

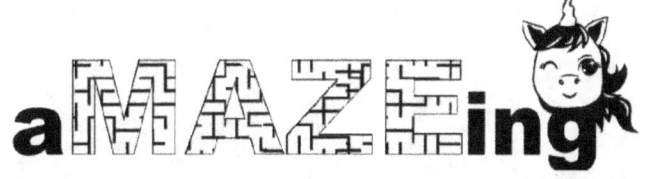

aMAZEing

AIUTA L'UNICORNO A TROVARE L'OMBRELLO

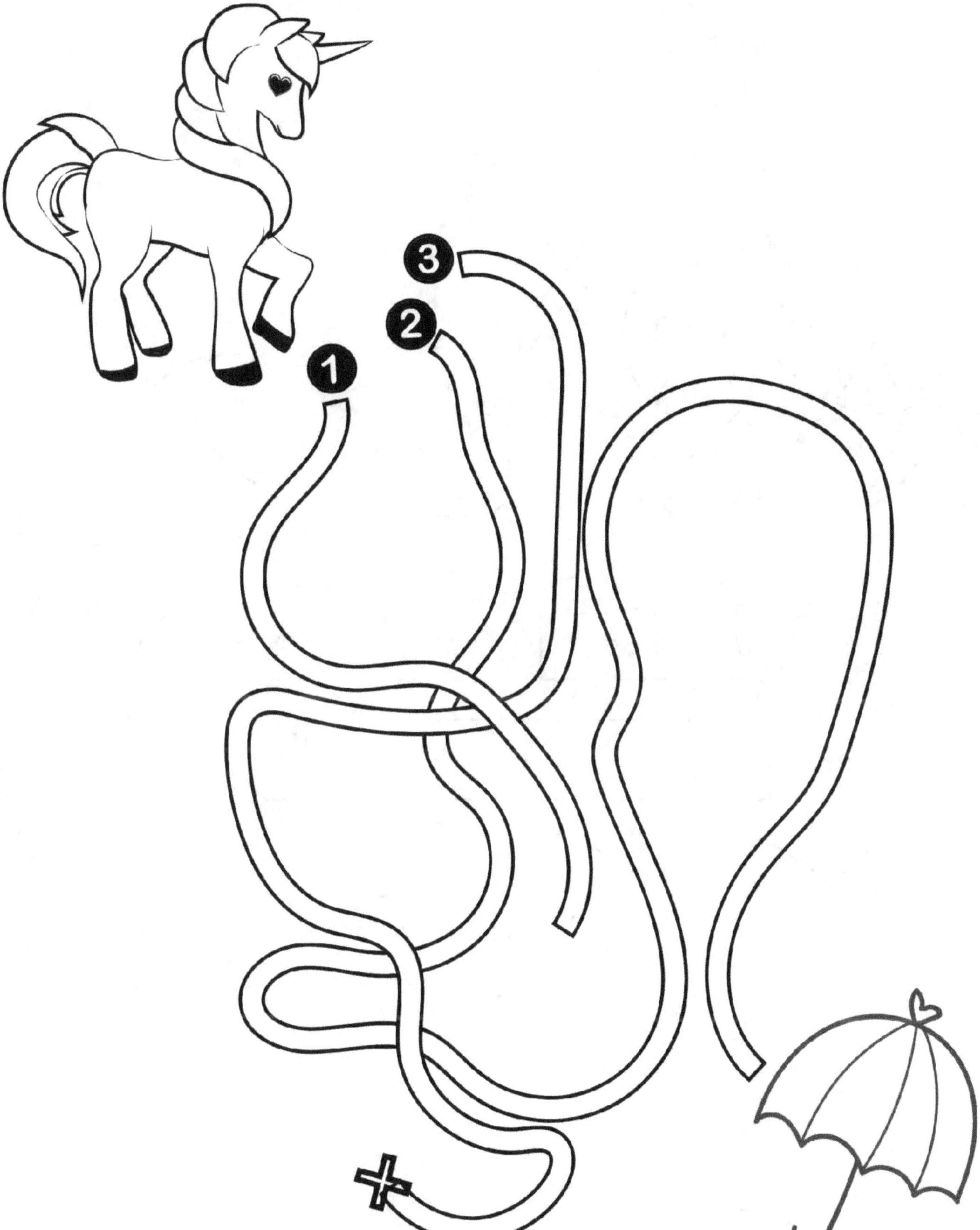

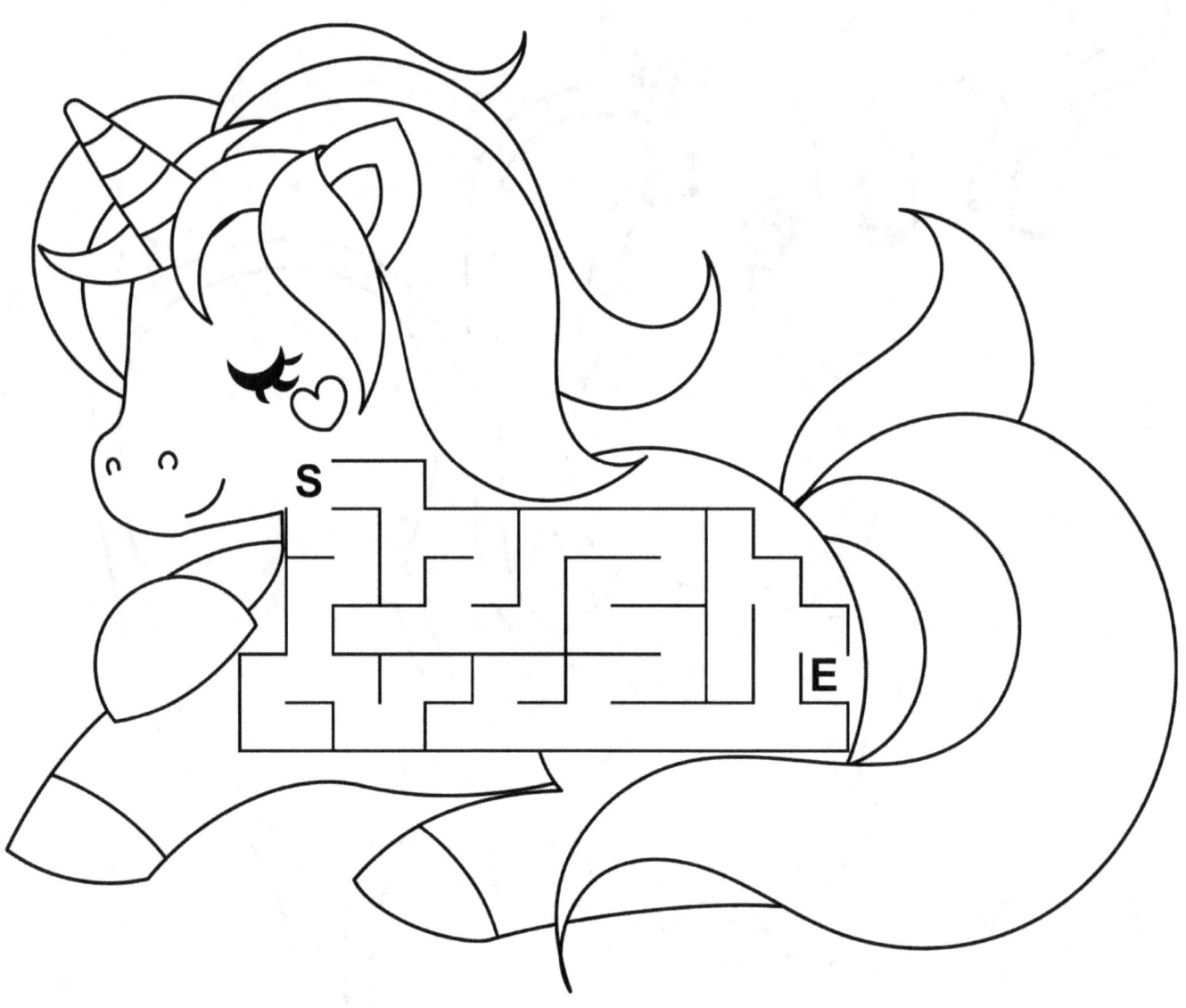

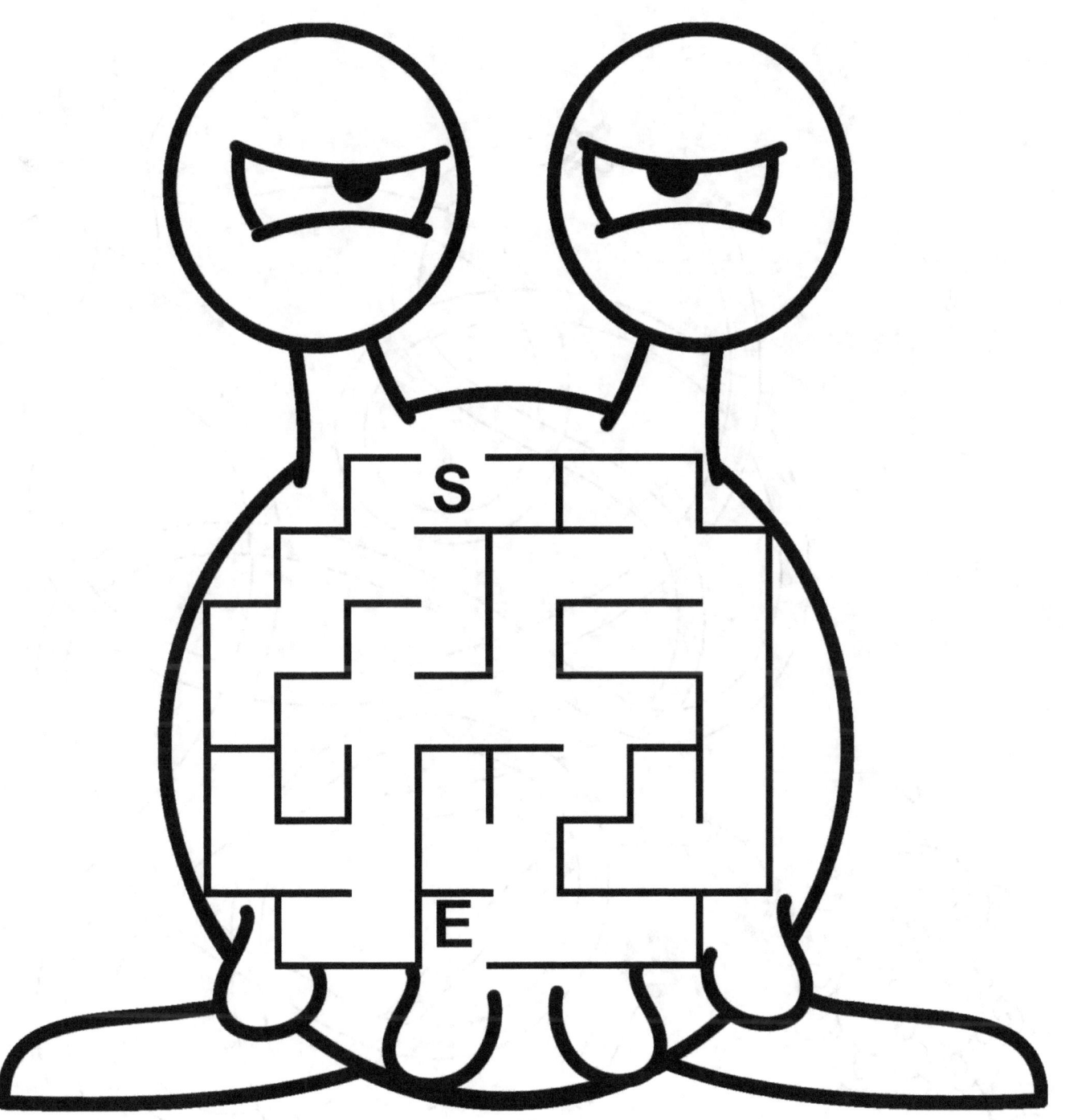

aMAZEing

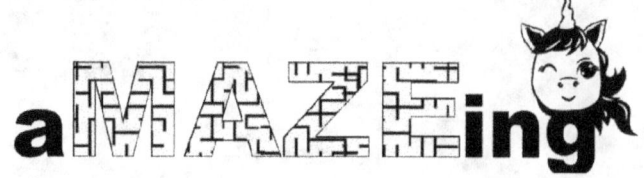

AIUTA L'UNICORNO A TROVARE IL CUORE

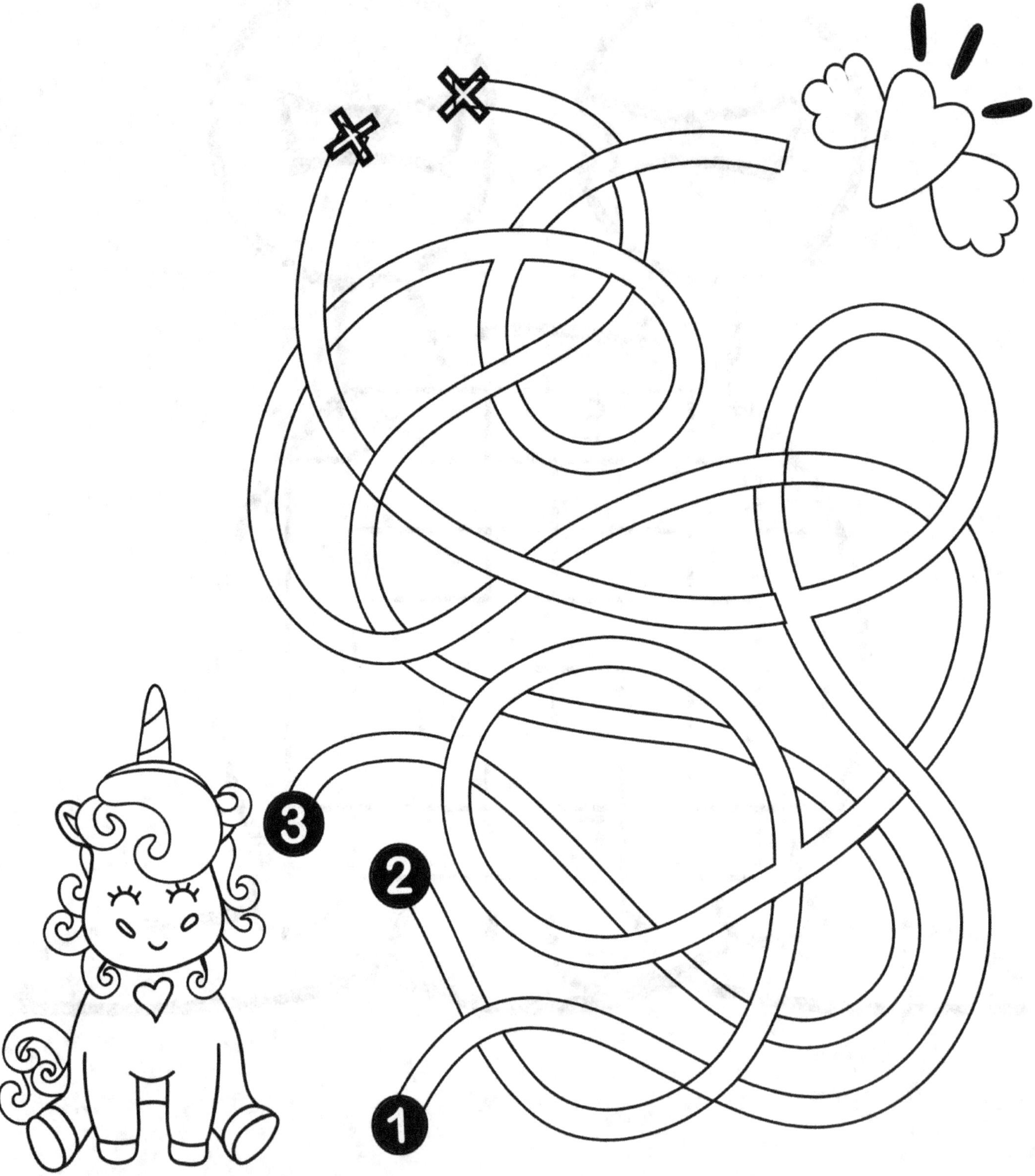

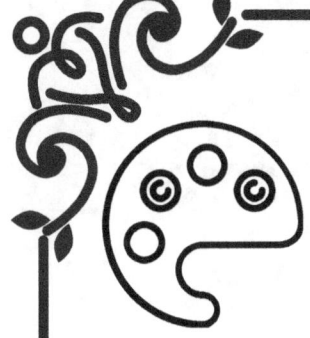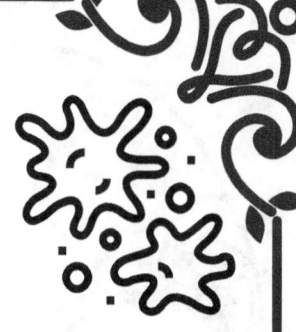

22 Disegni
di Uccelli da colorare

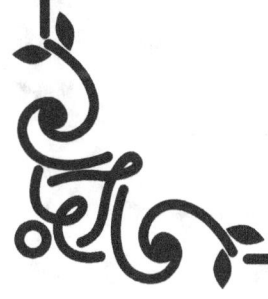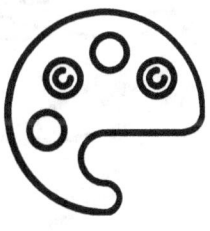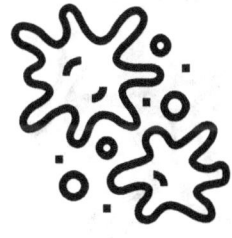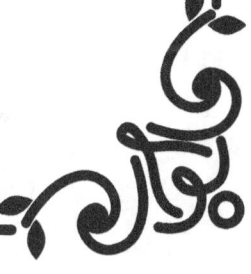

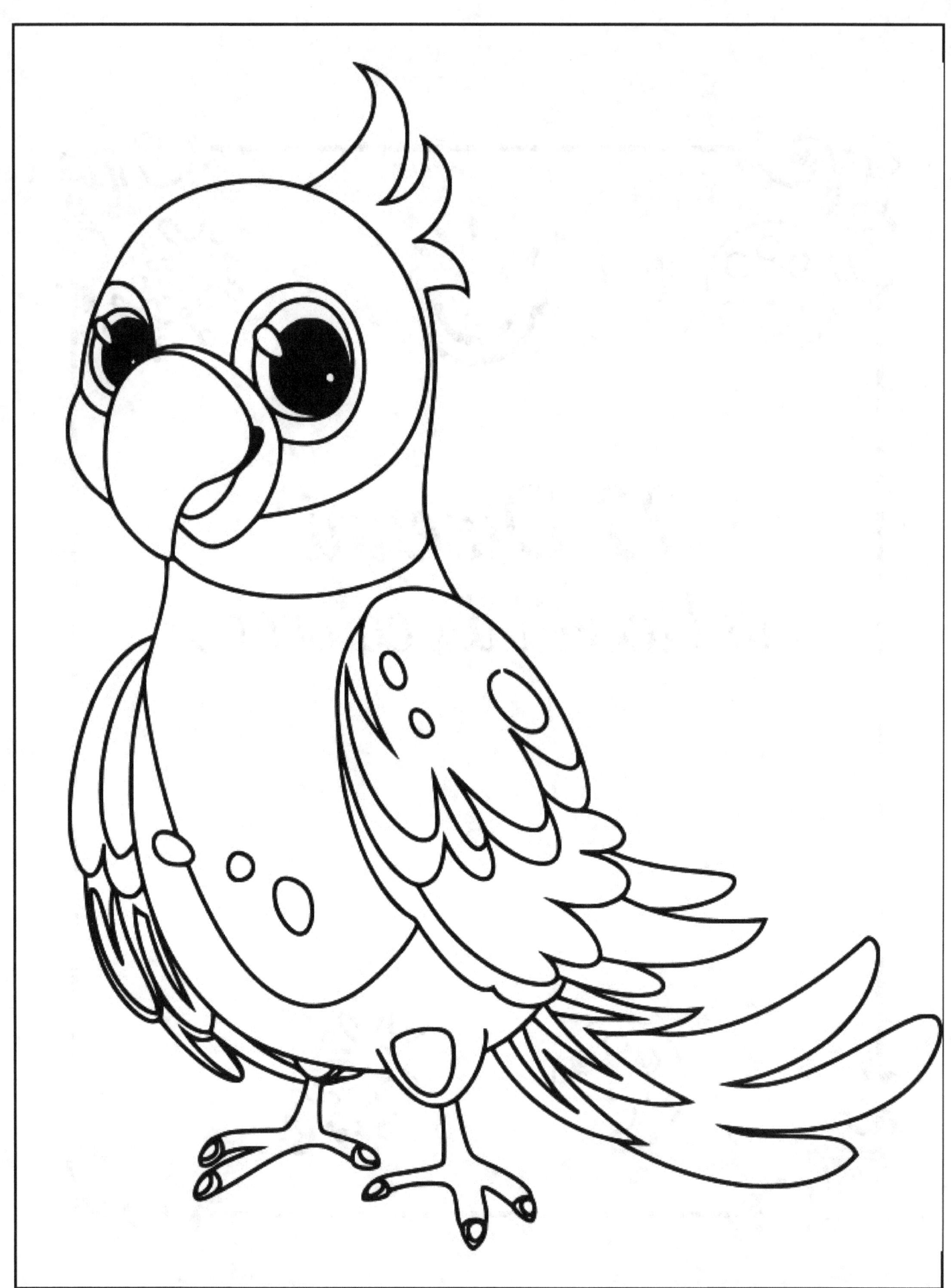

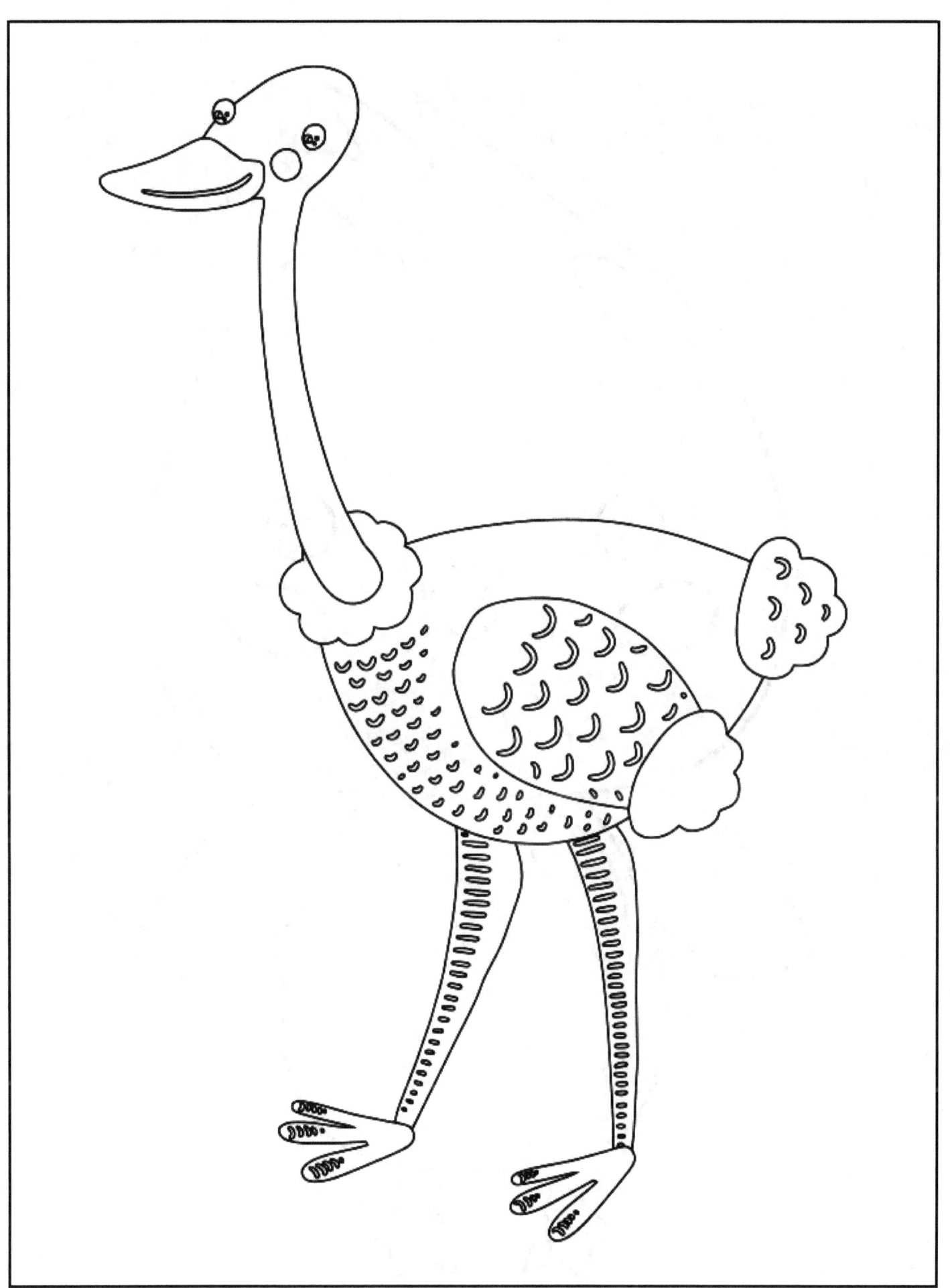

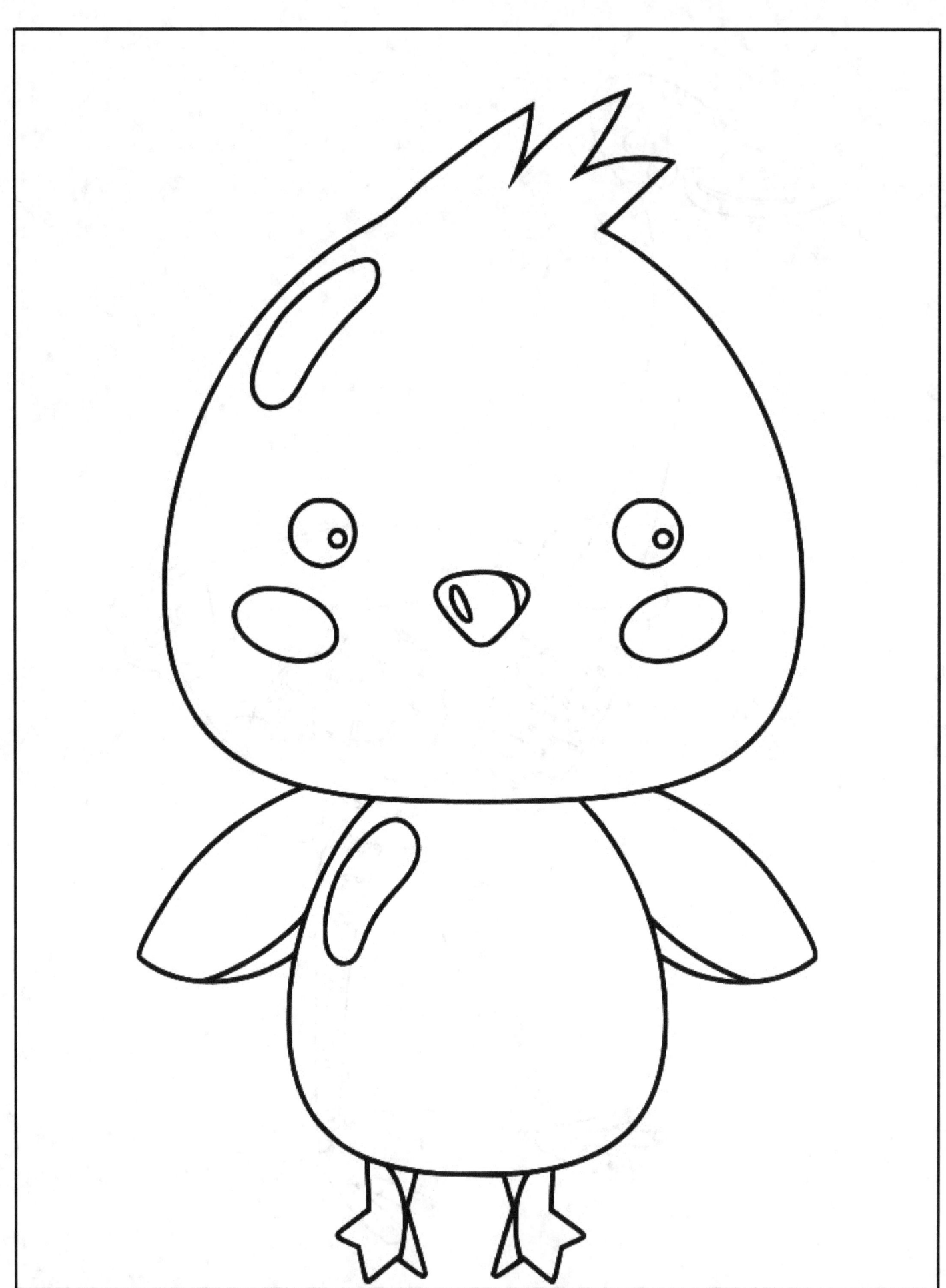

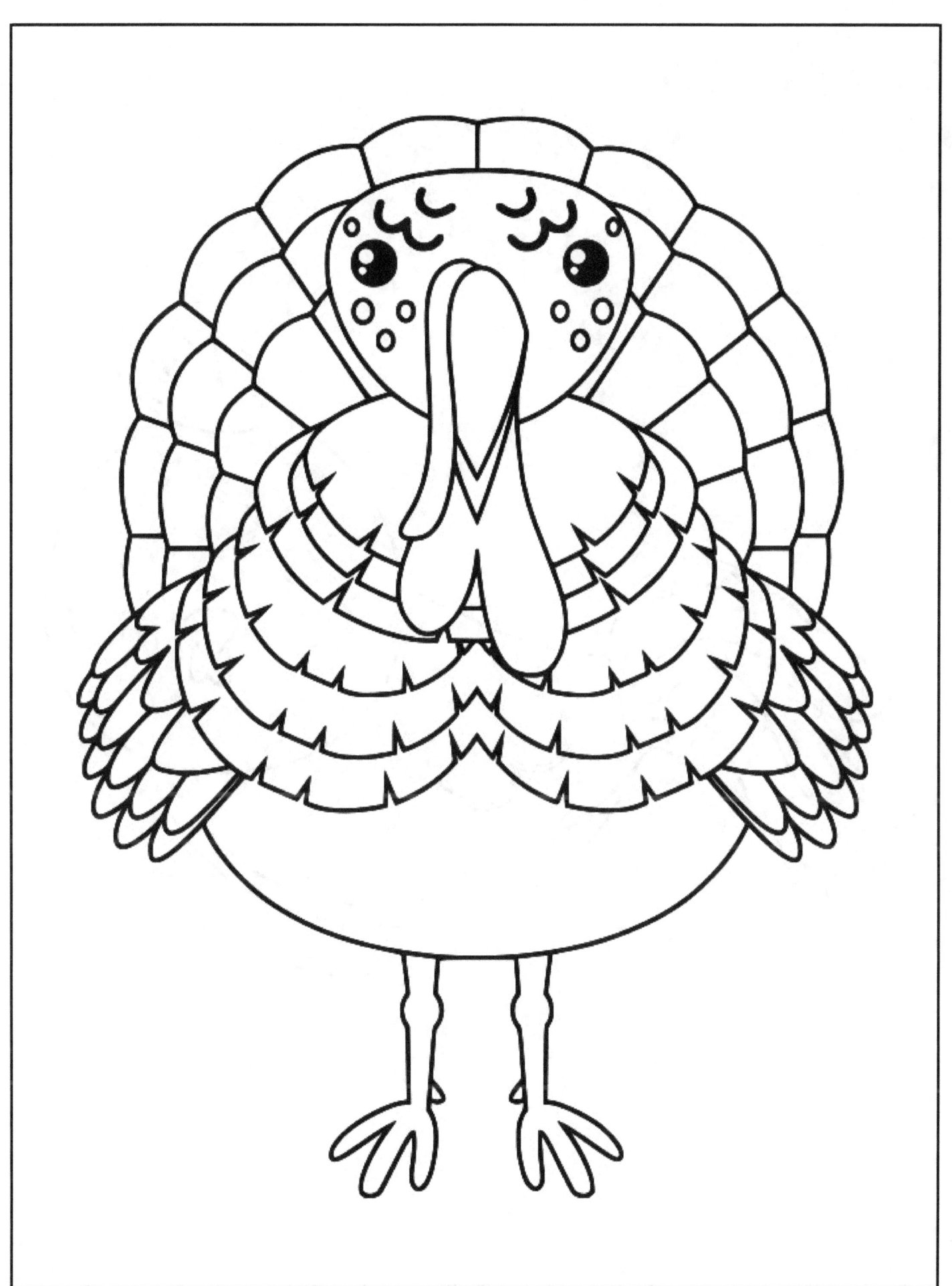

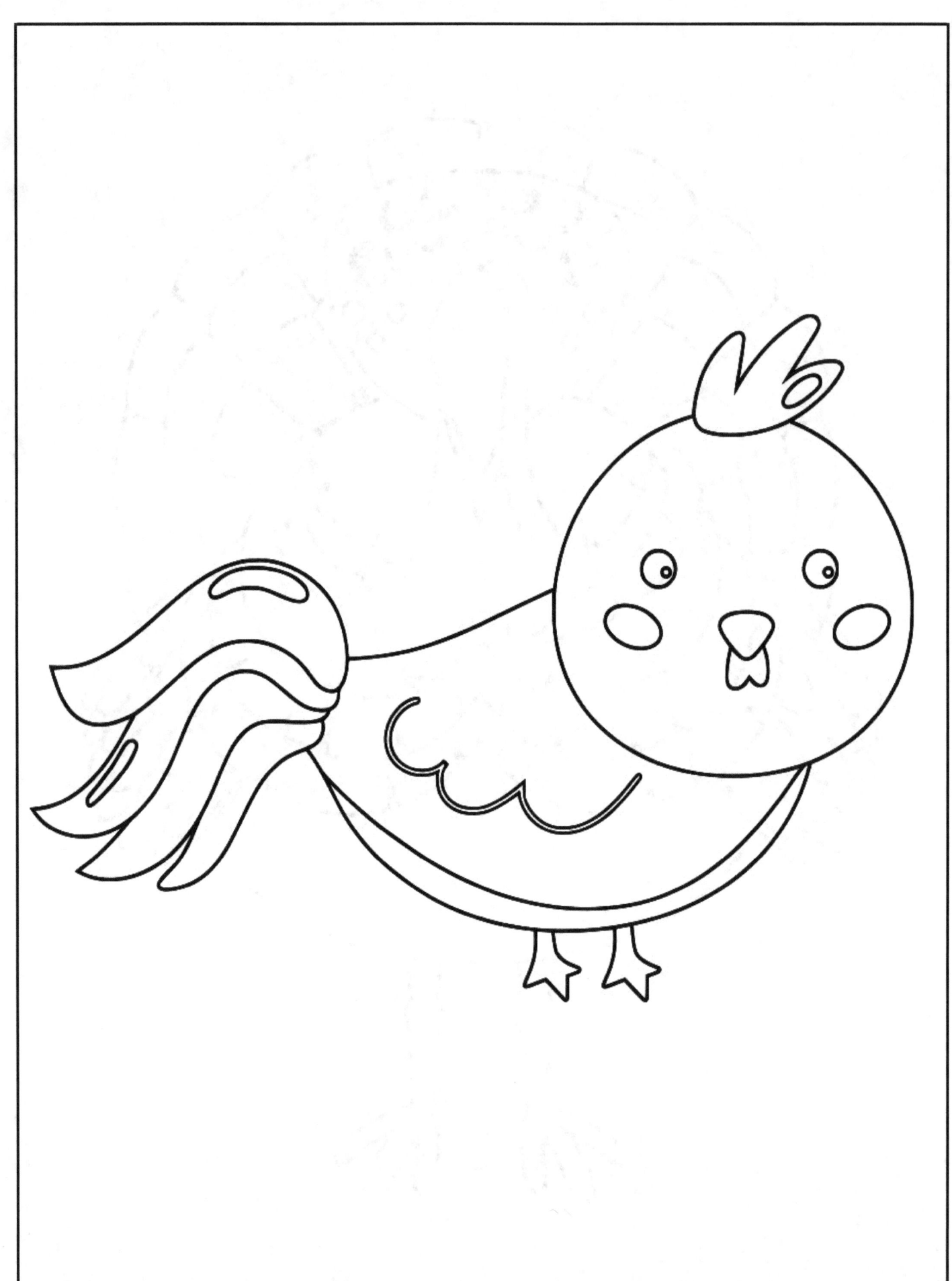

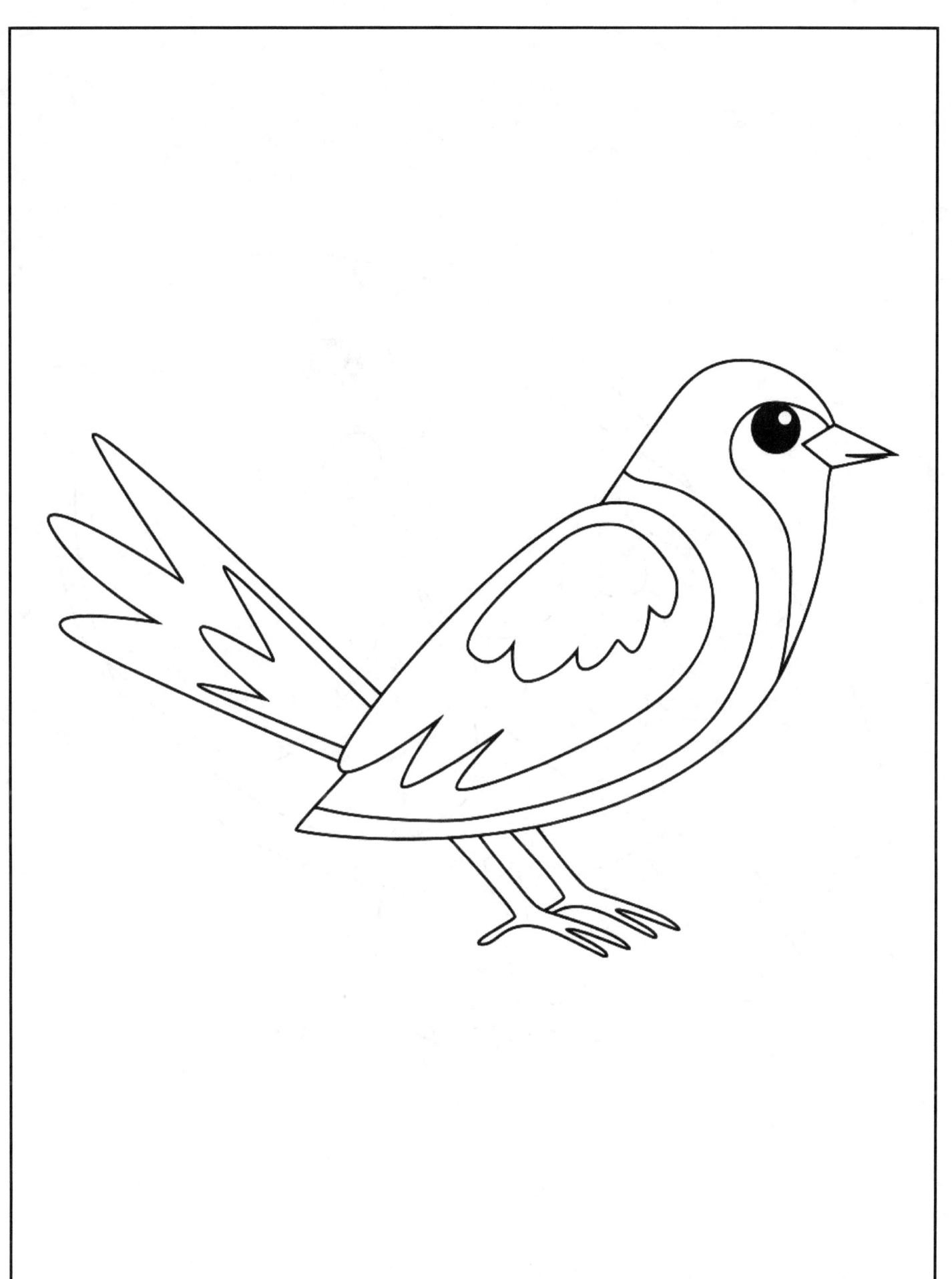

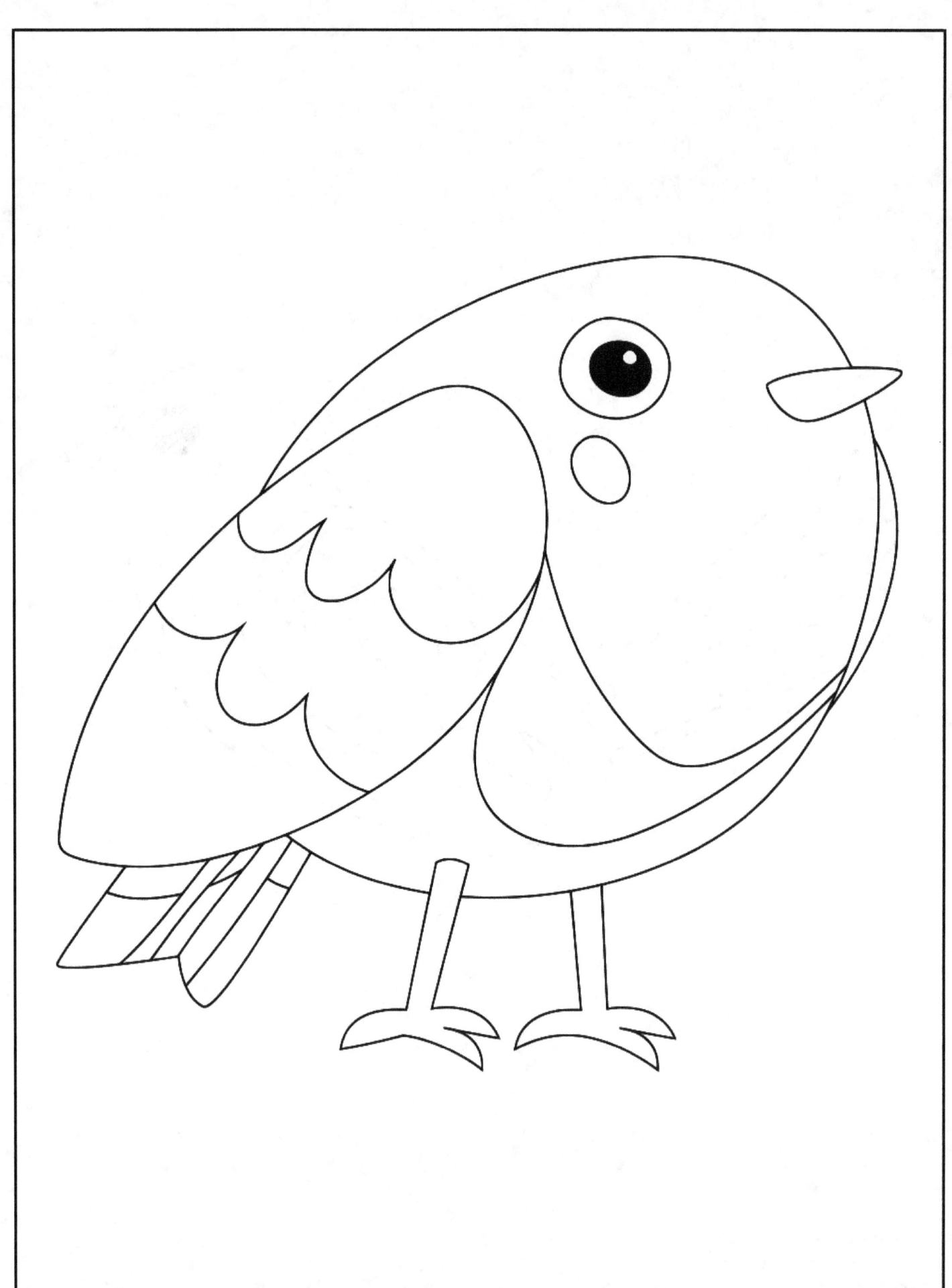

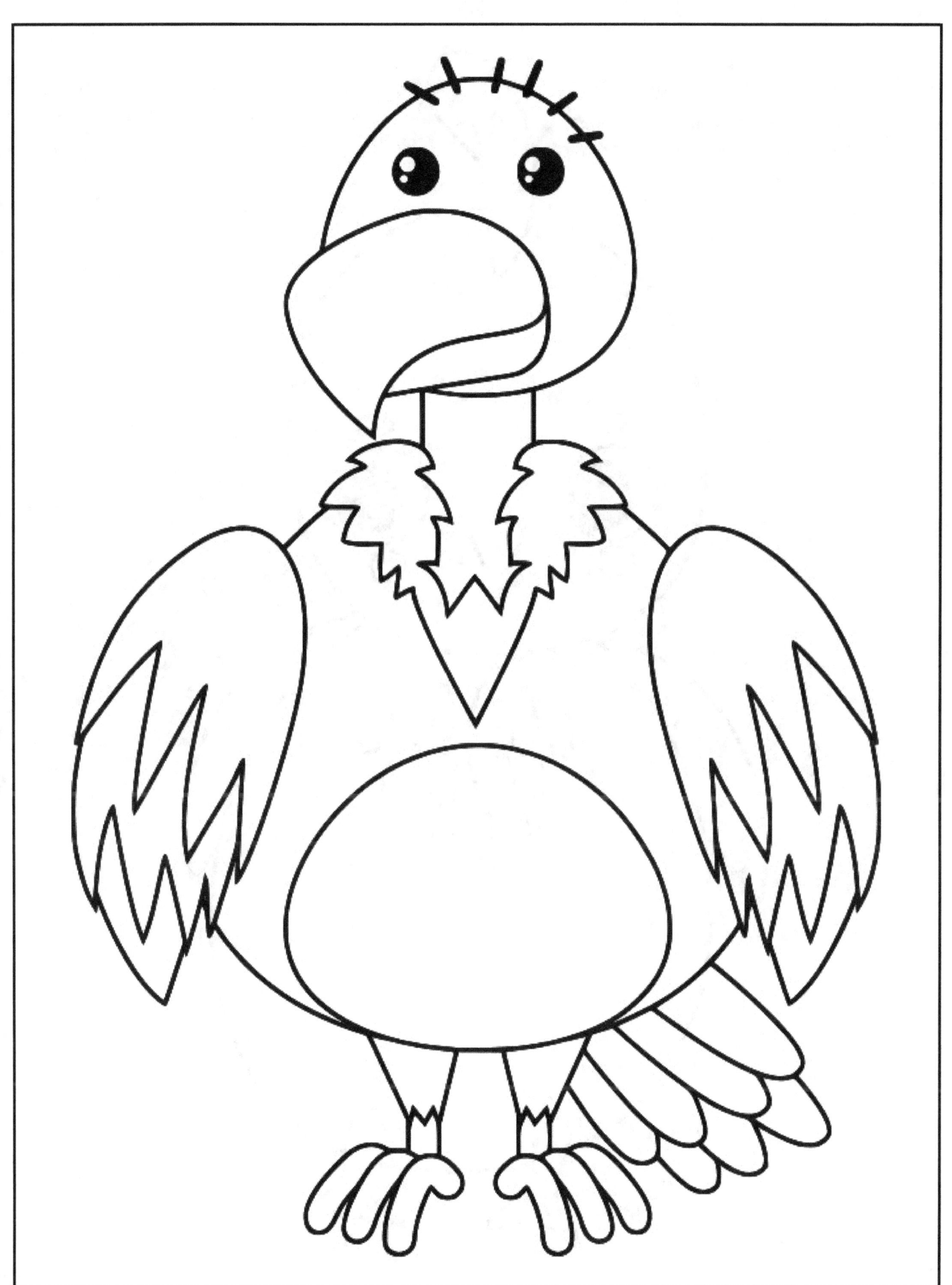

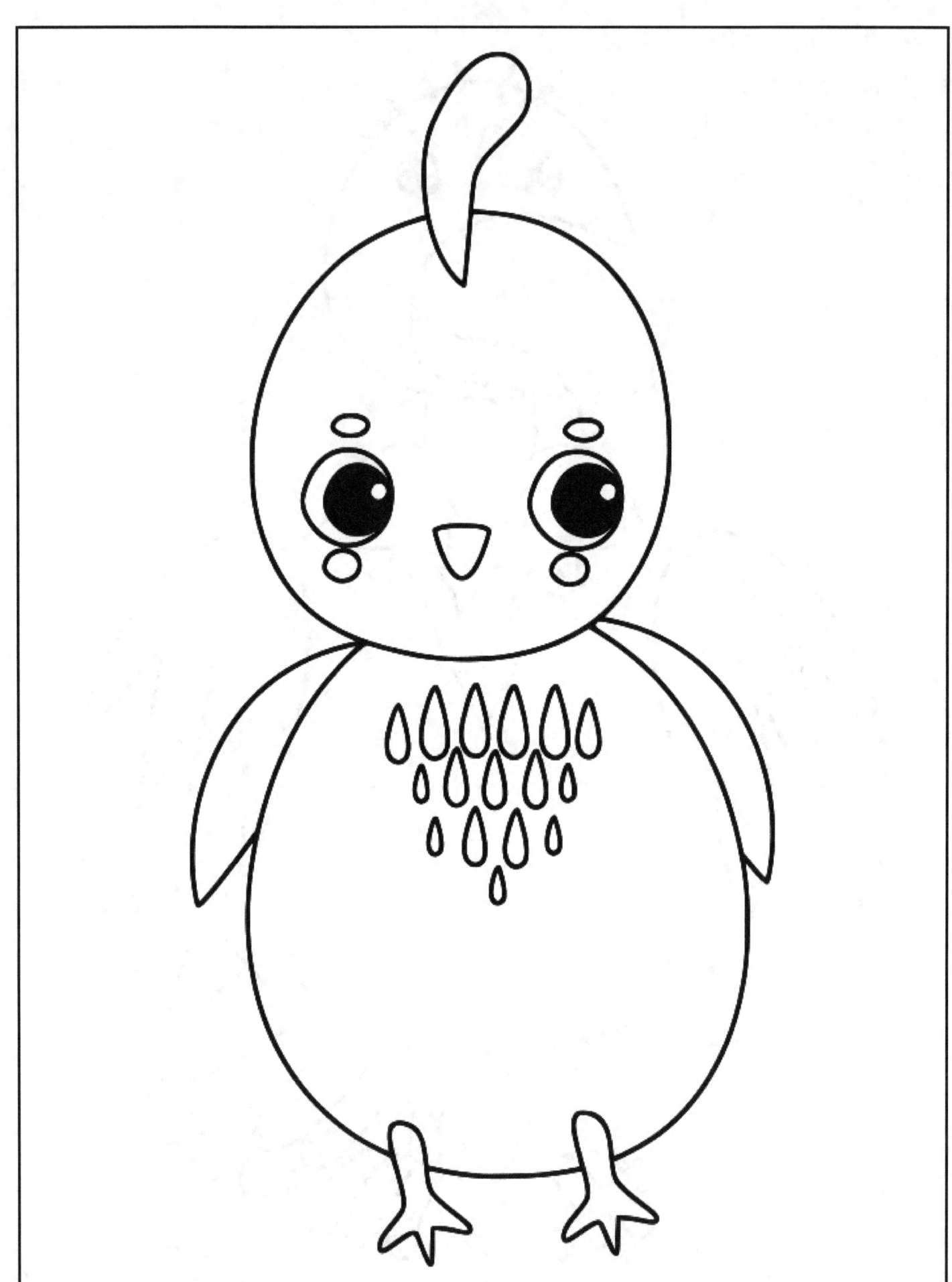

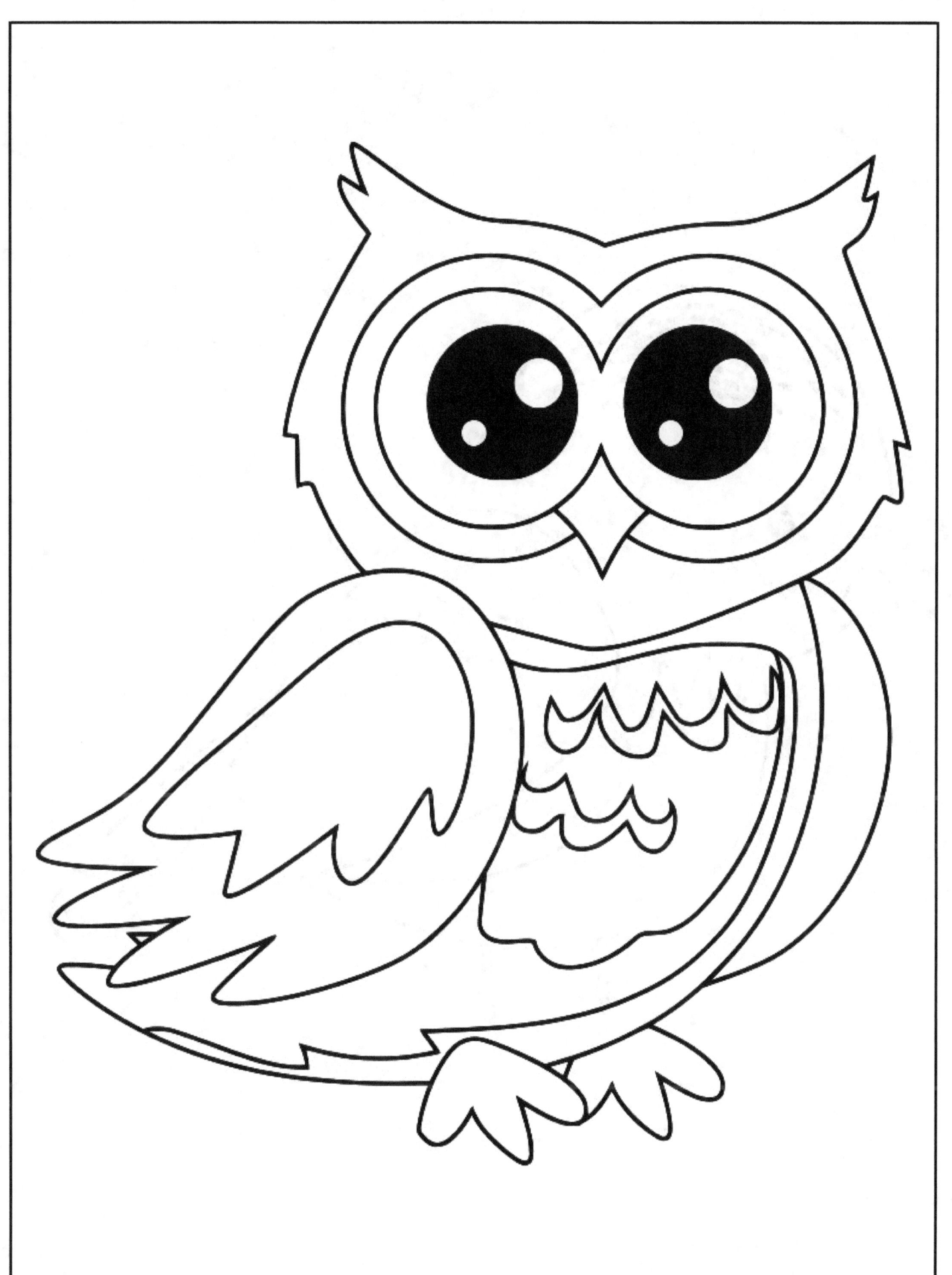

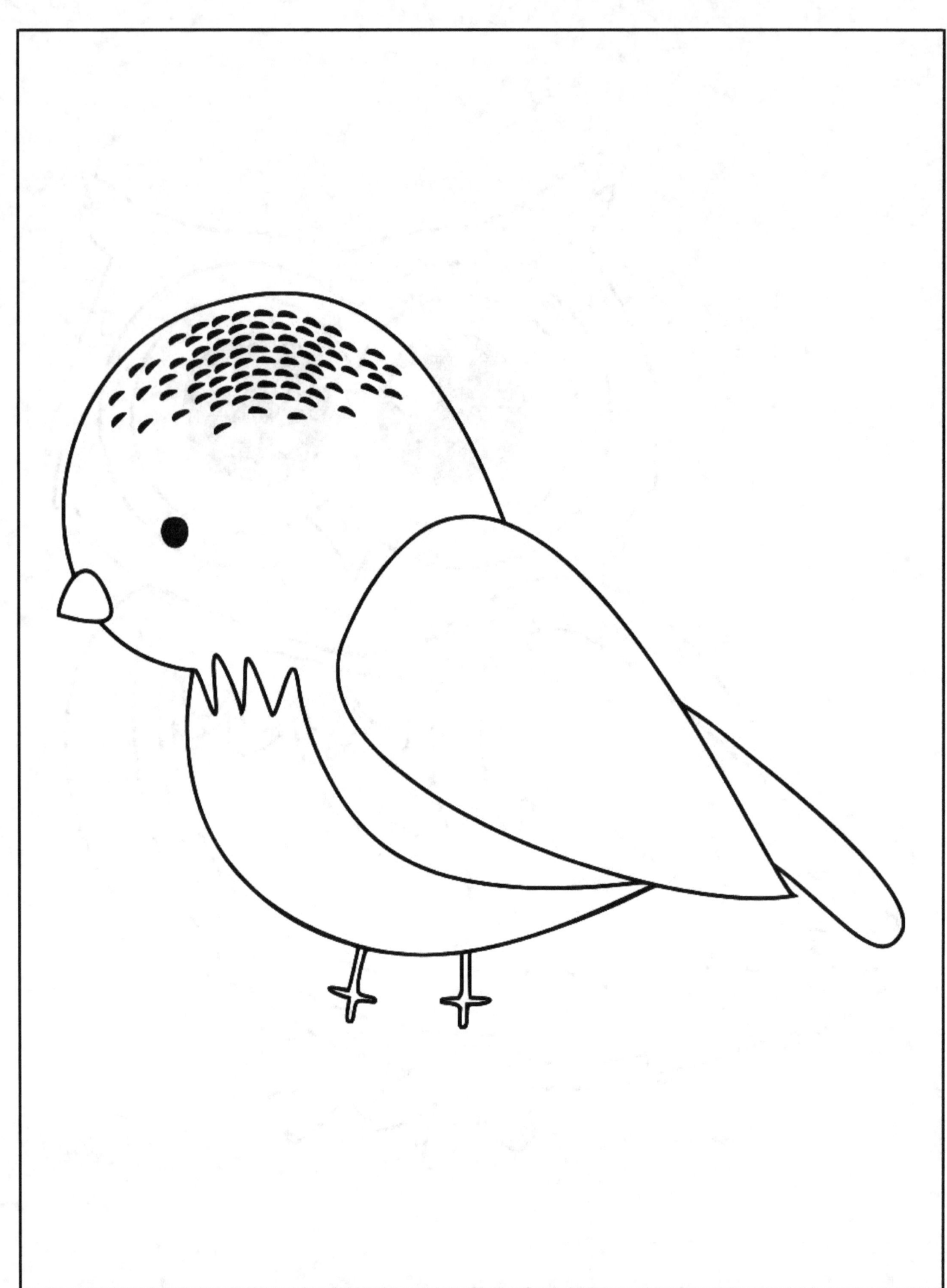

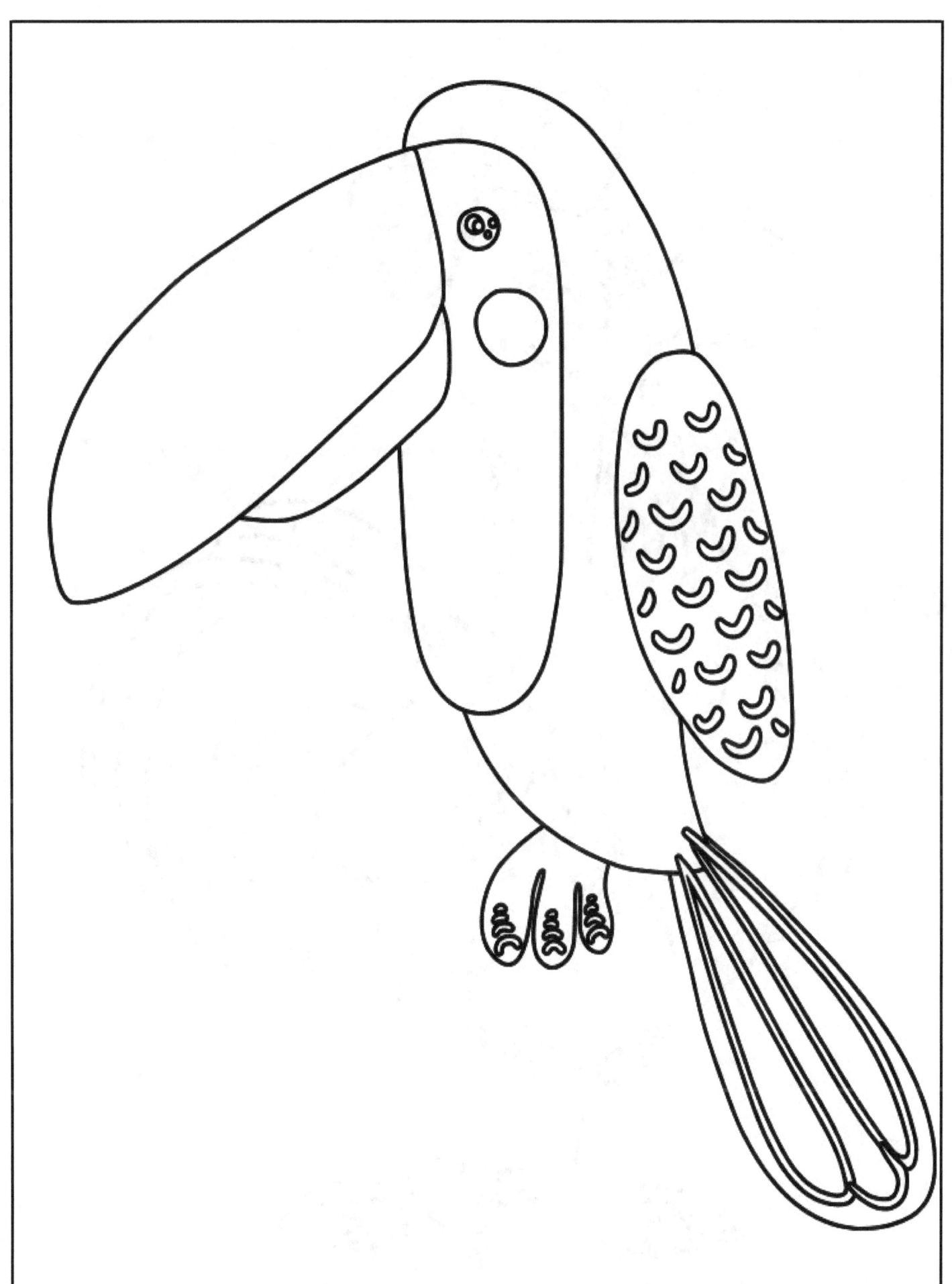

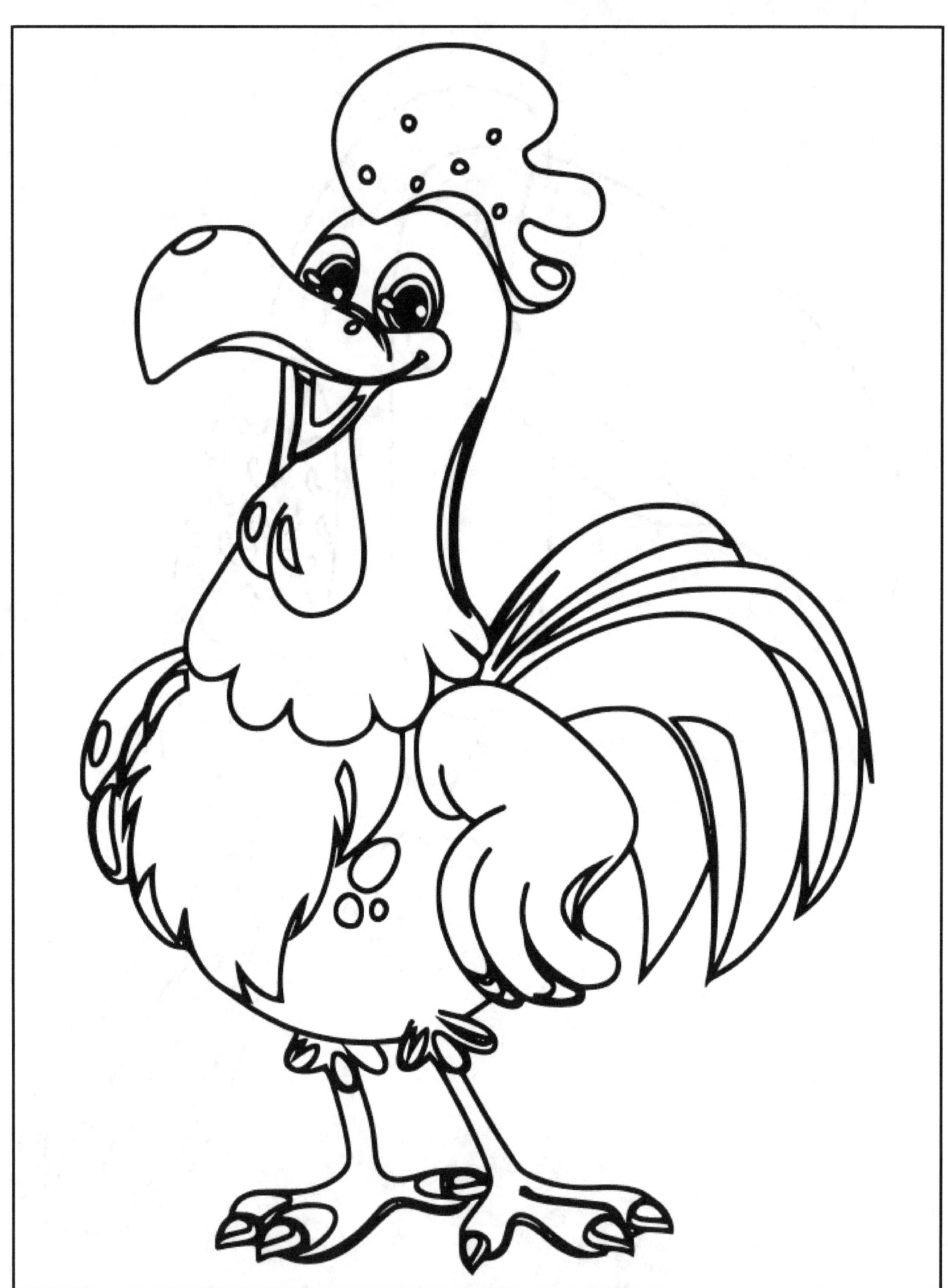

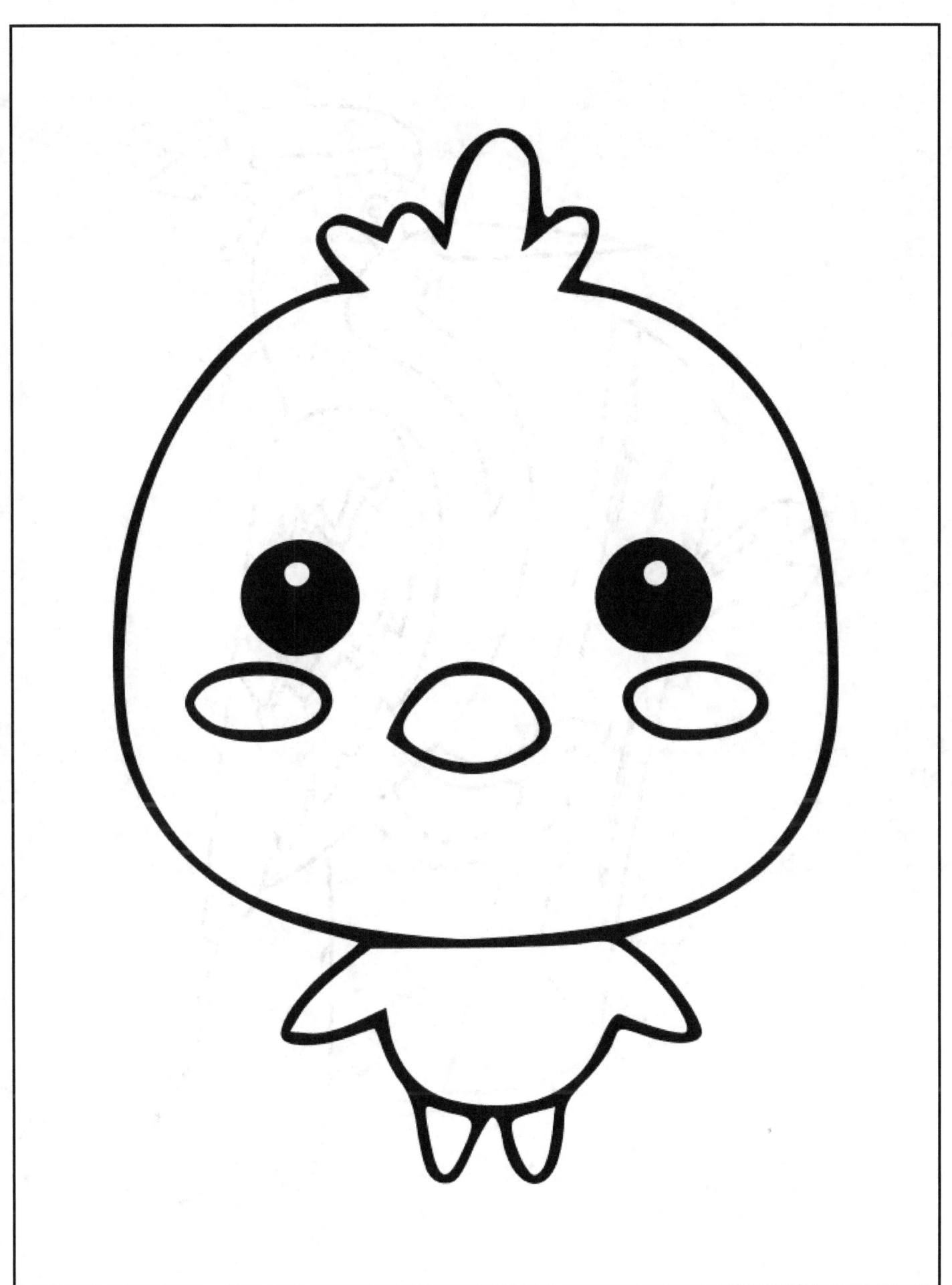

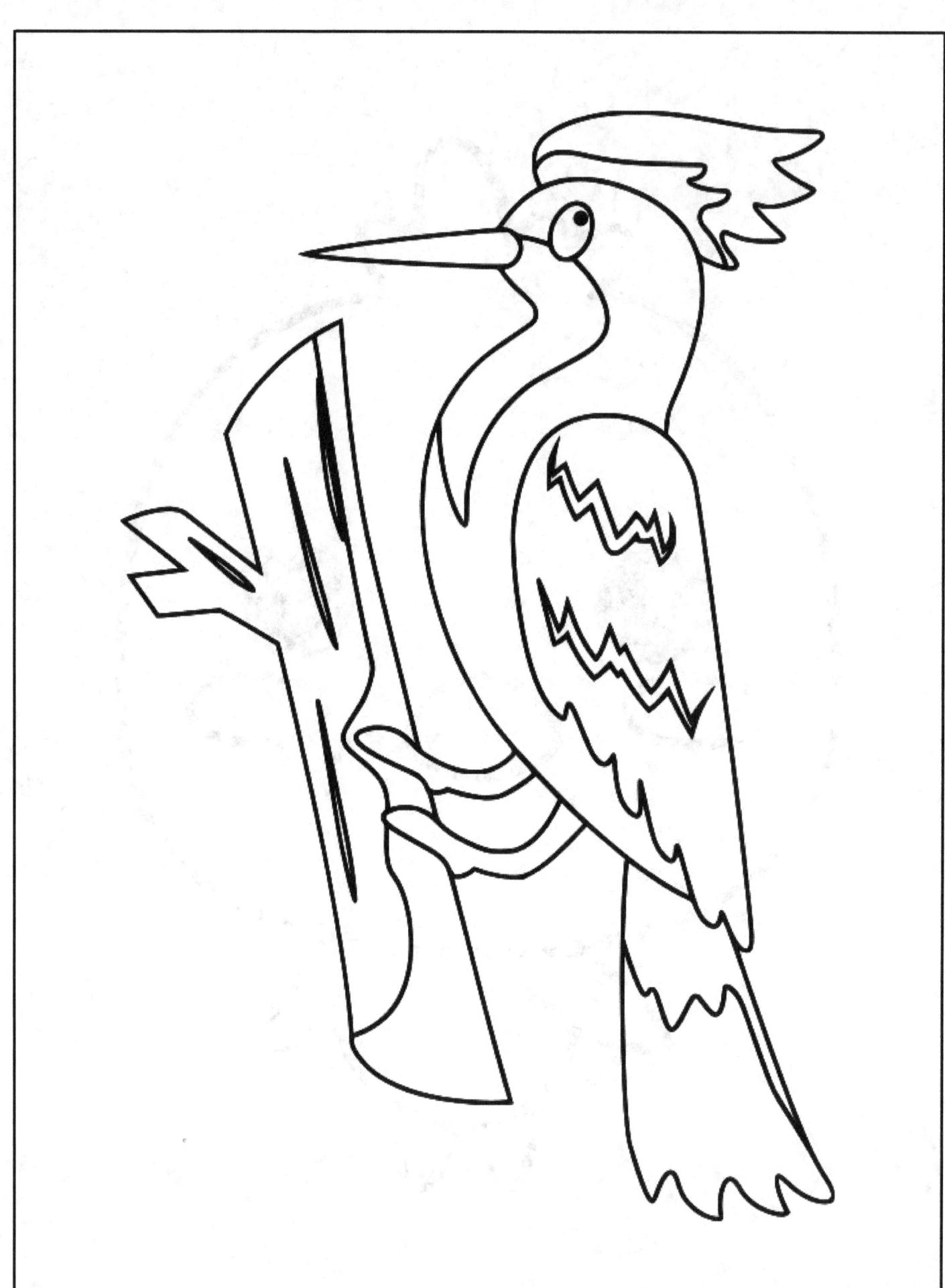

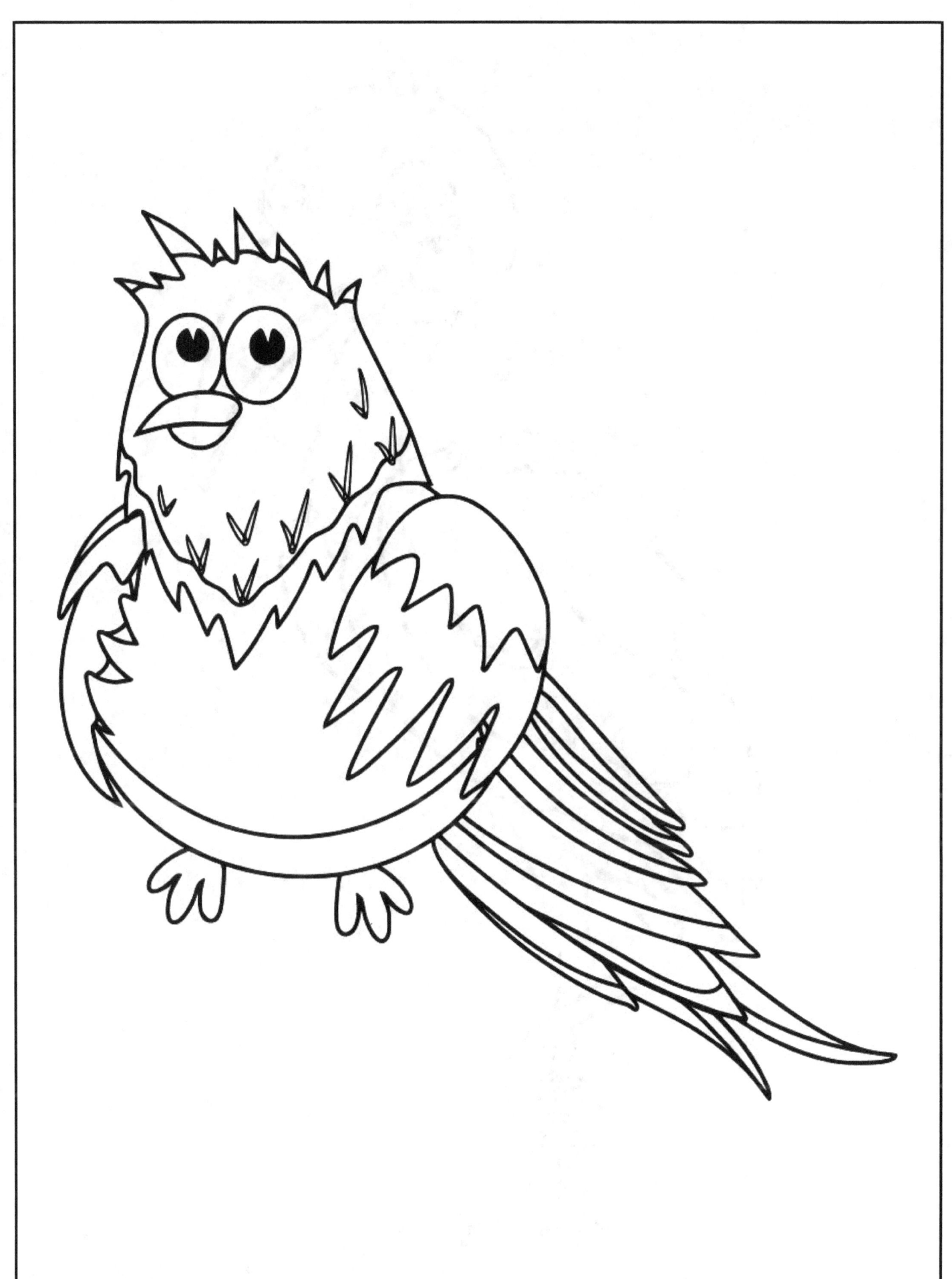

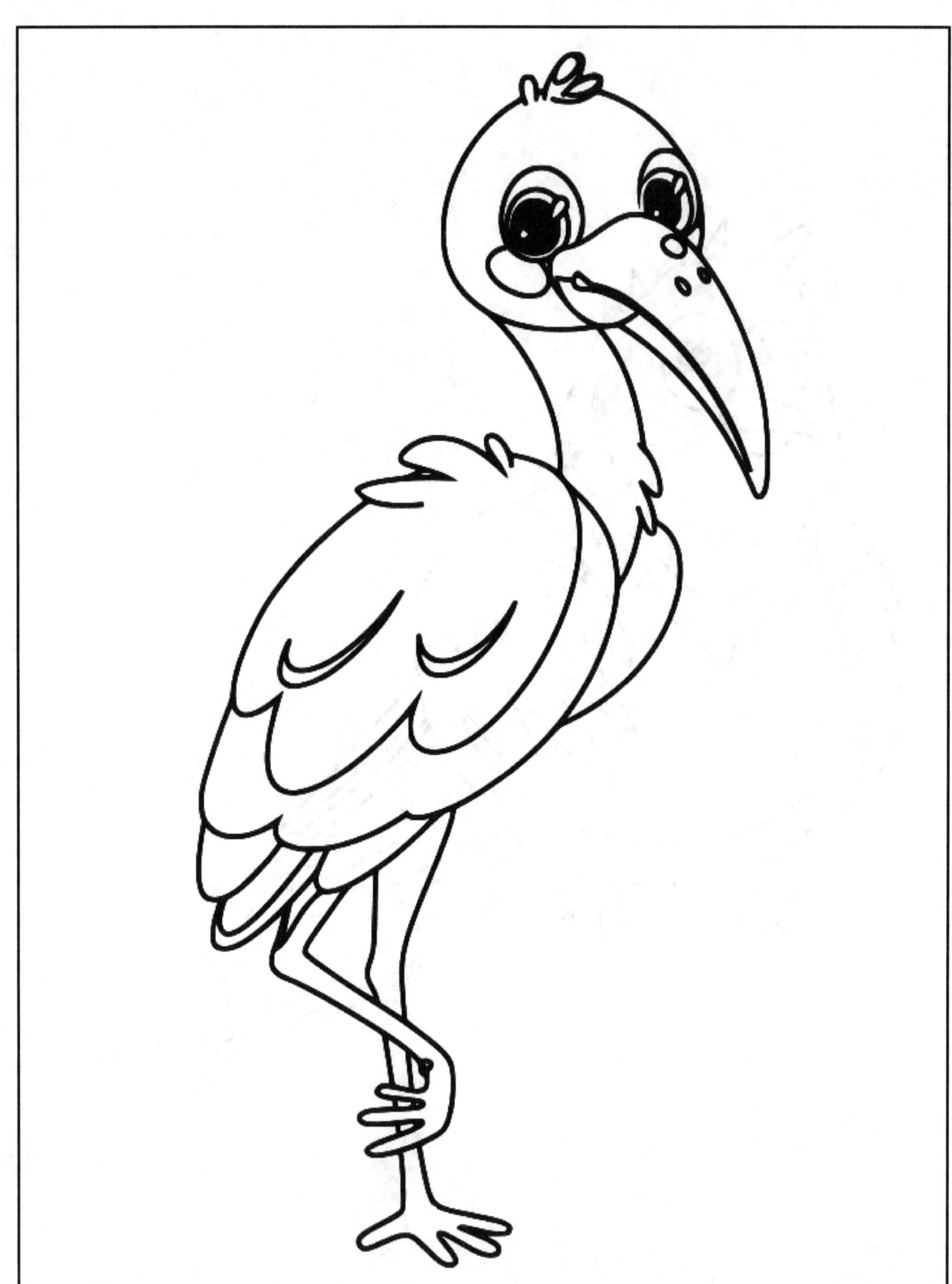

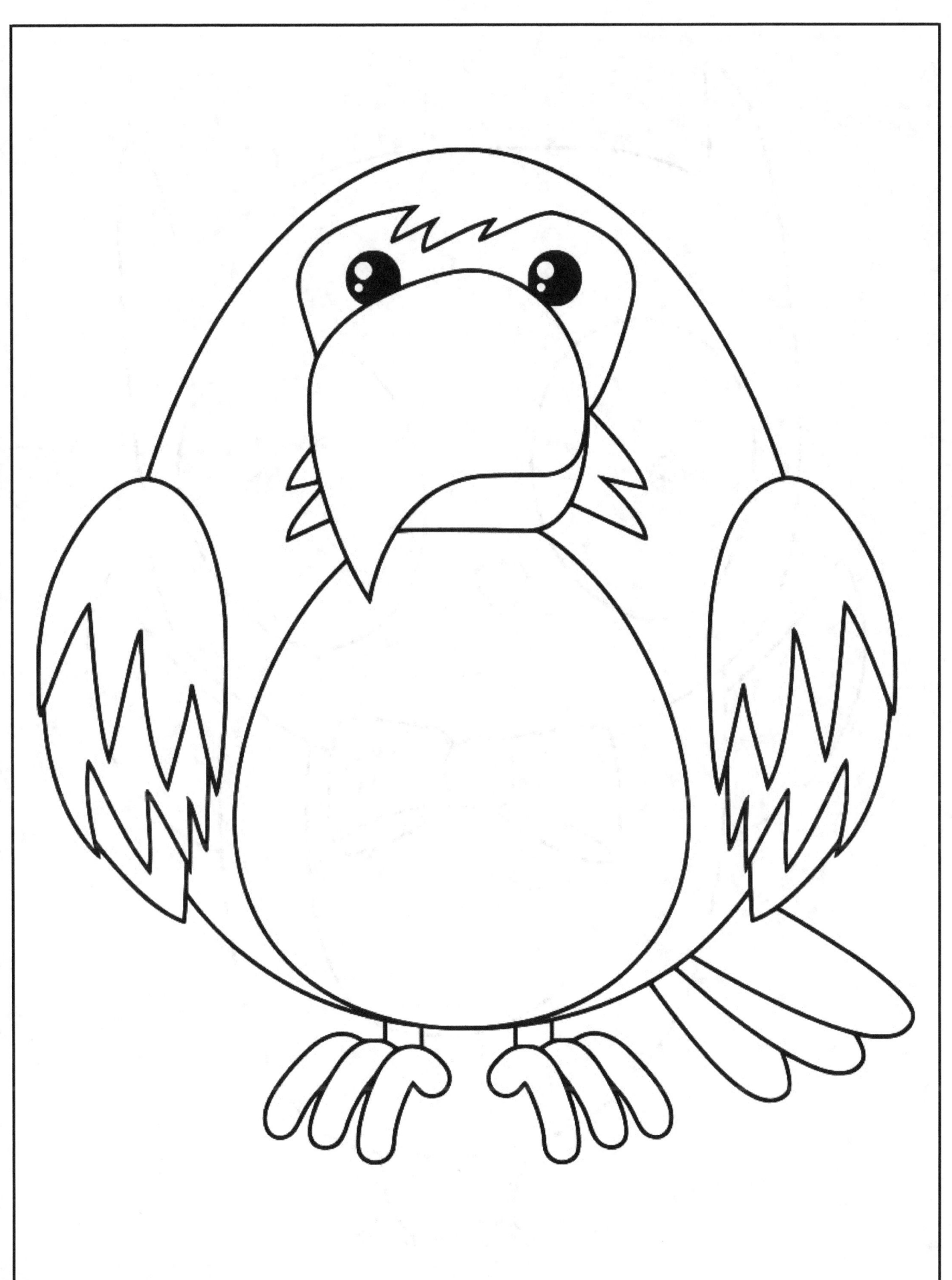

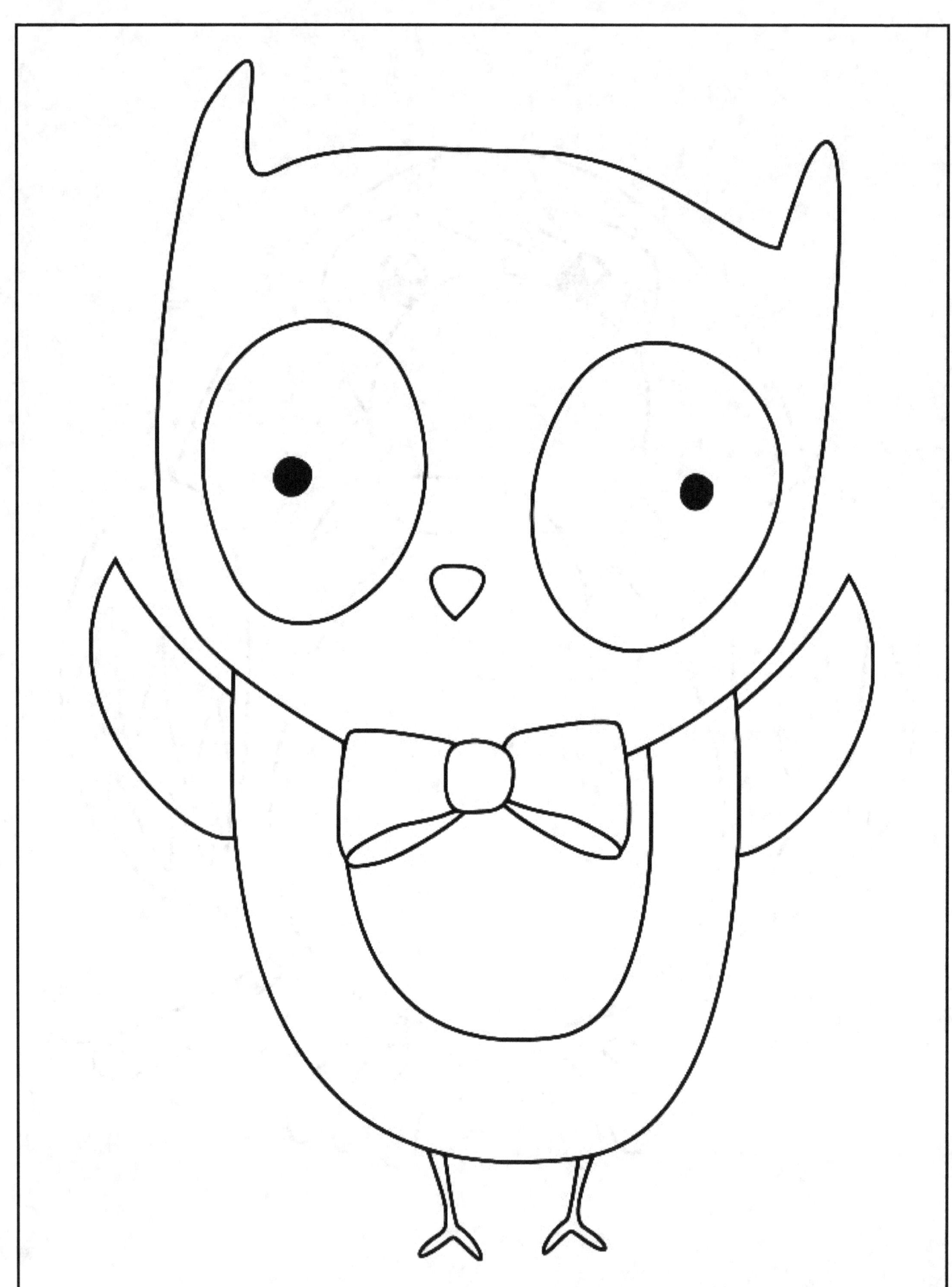

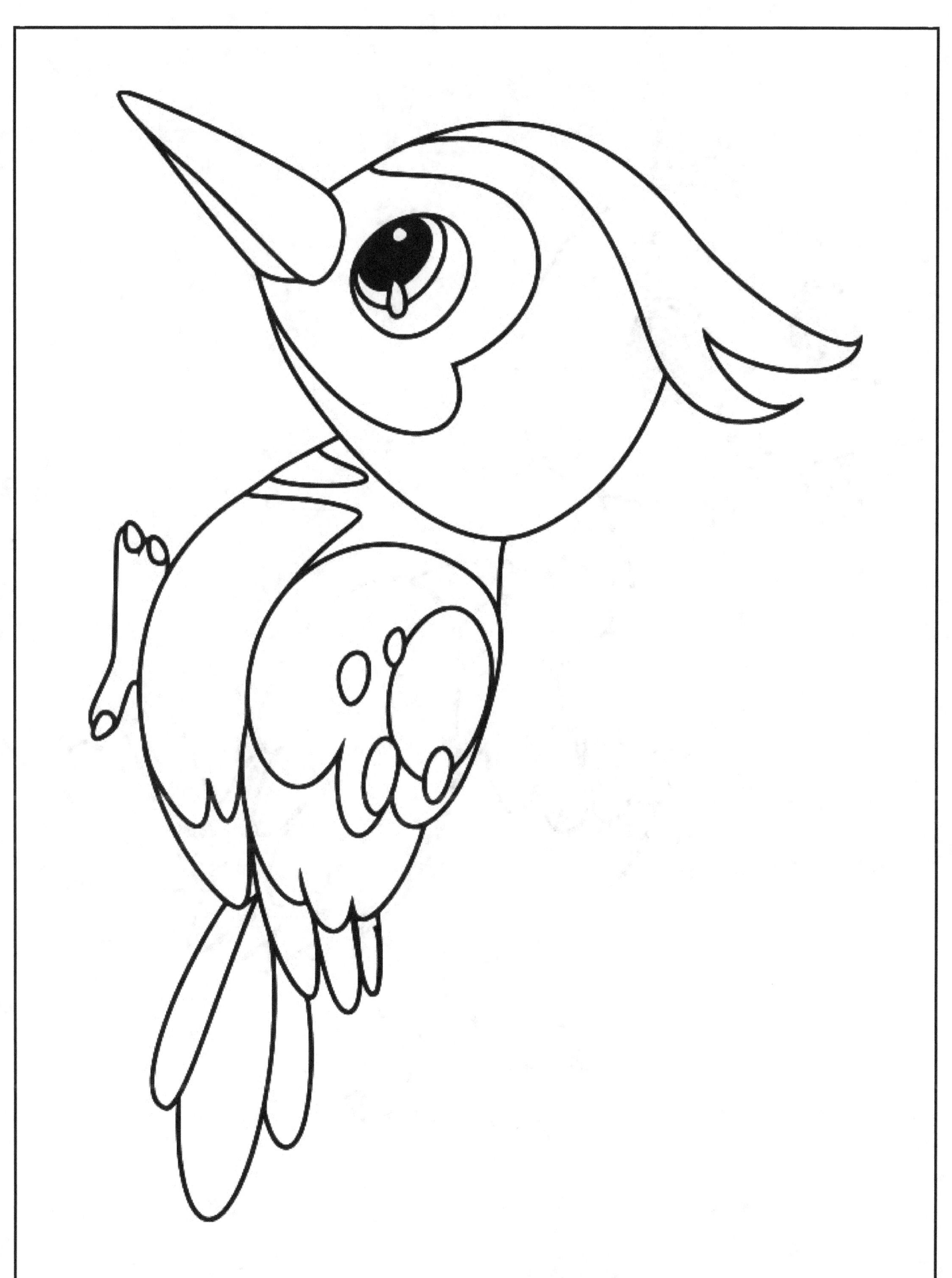

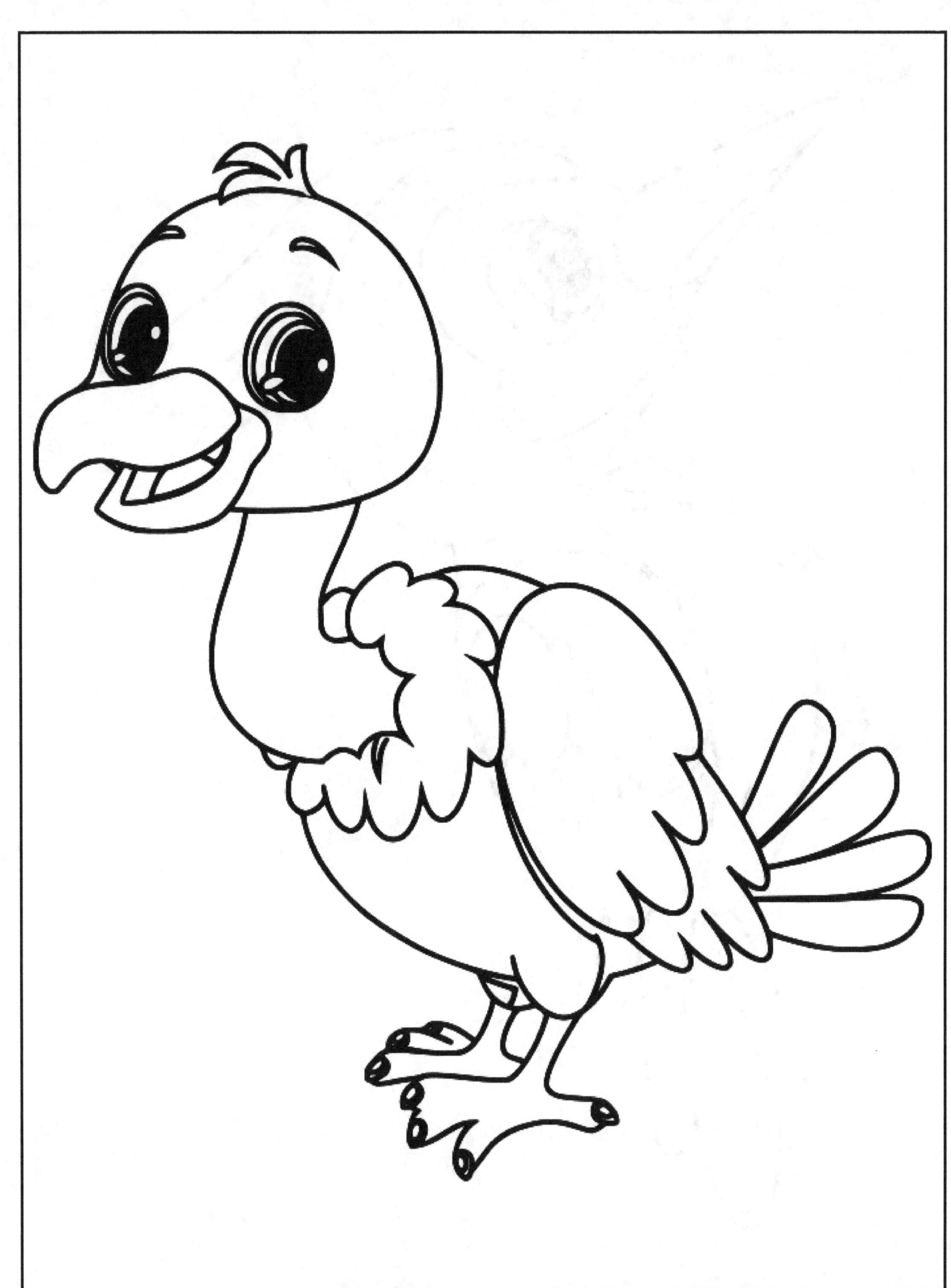

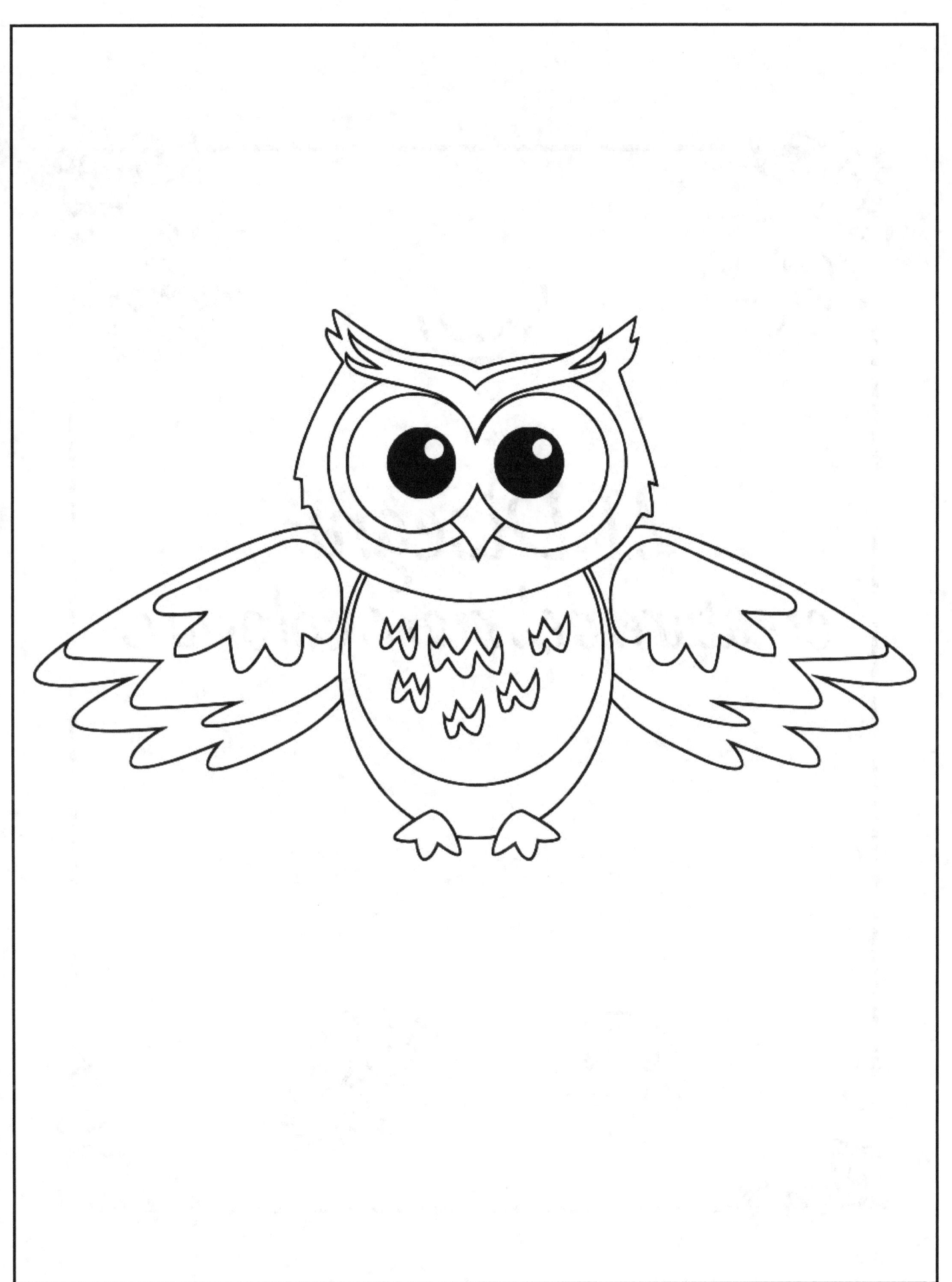

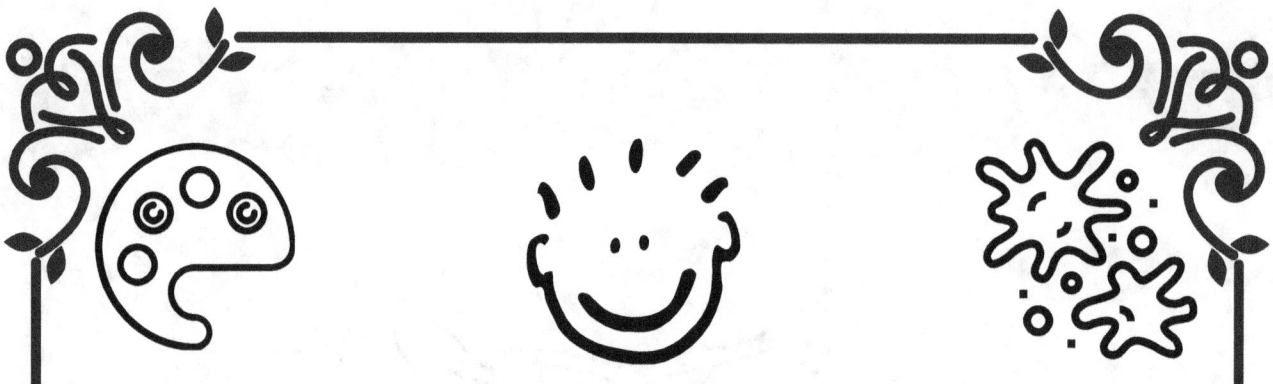

21 Disegni
creature del mare colorare

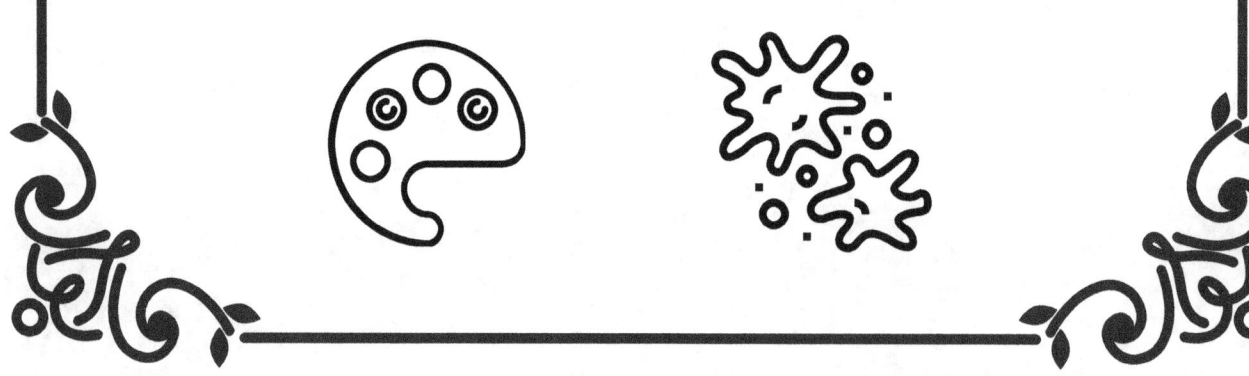

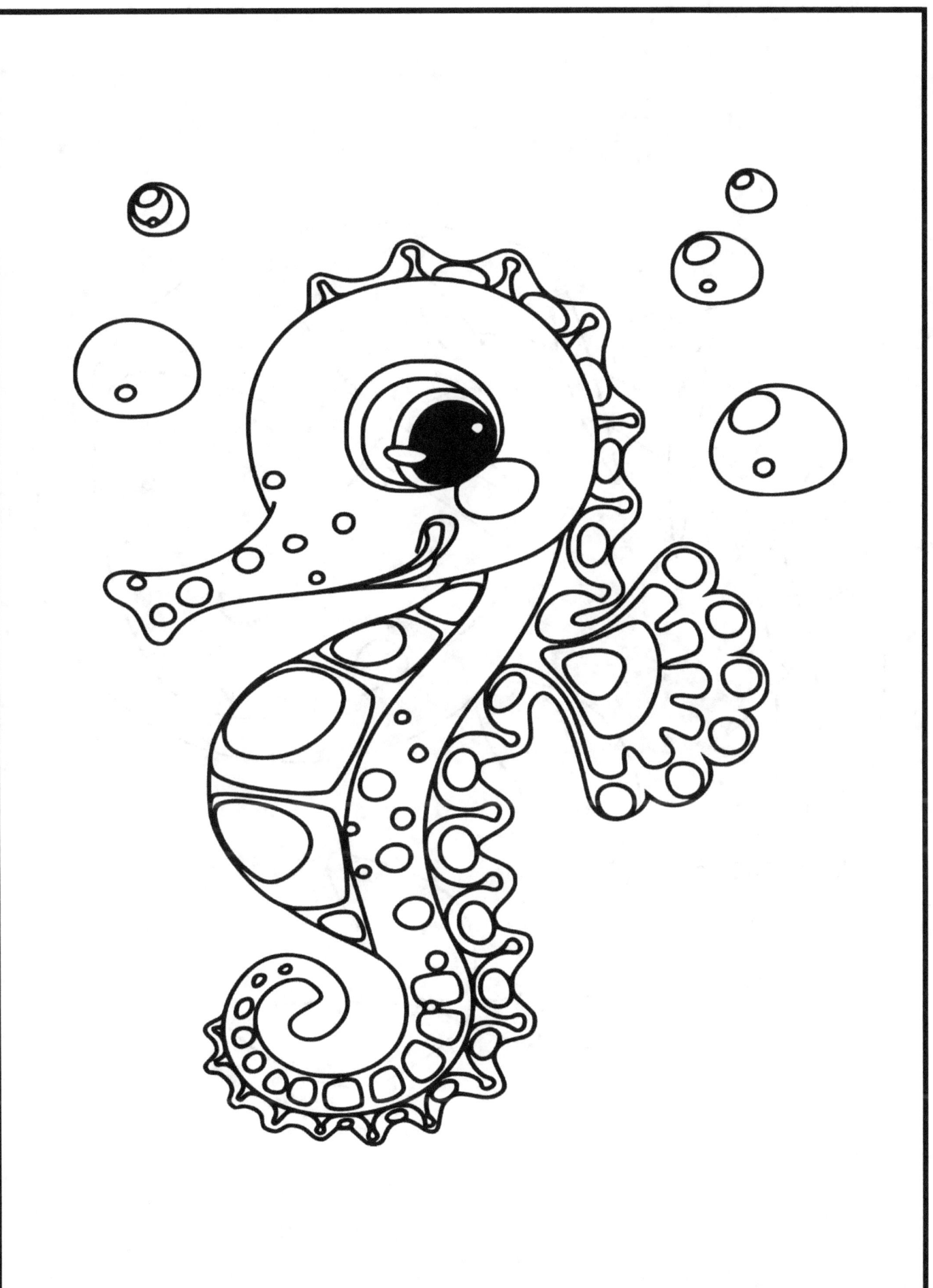

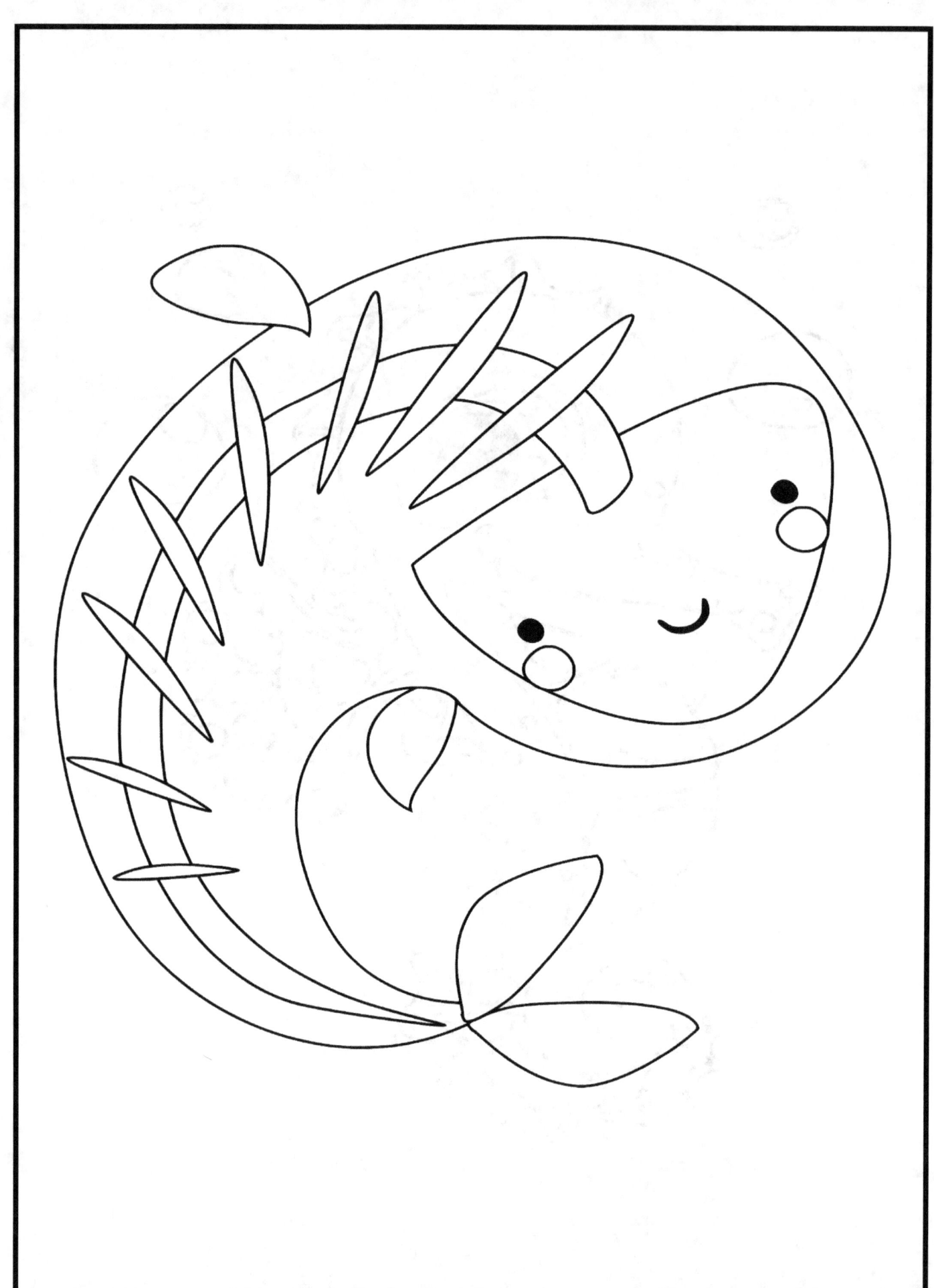

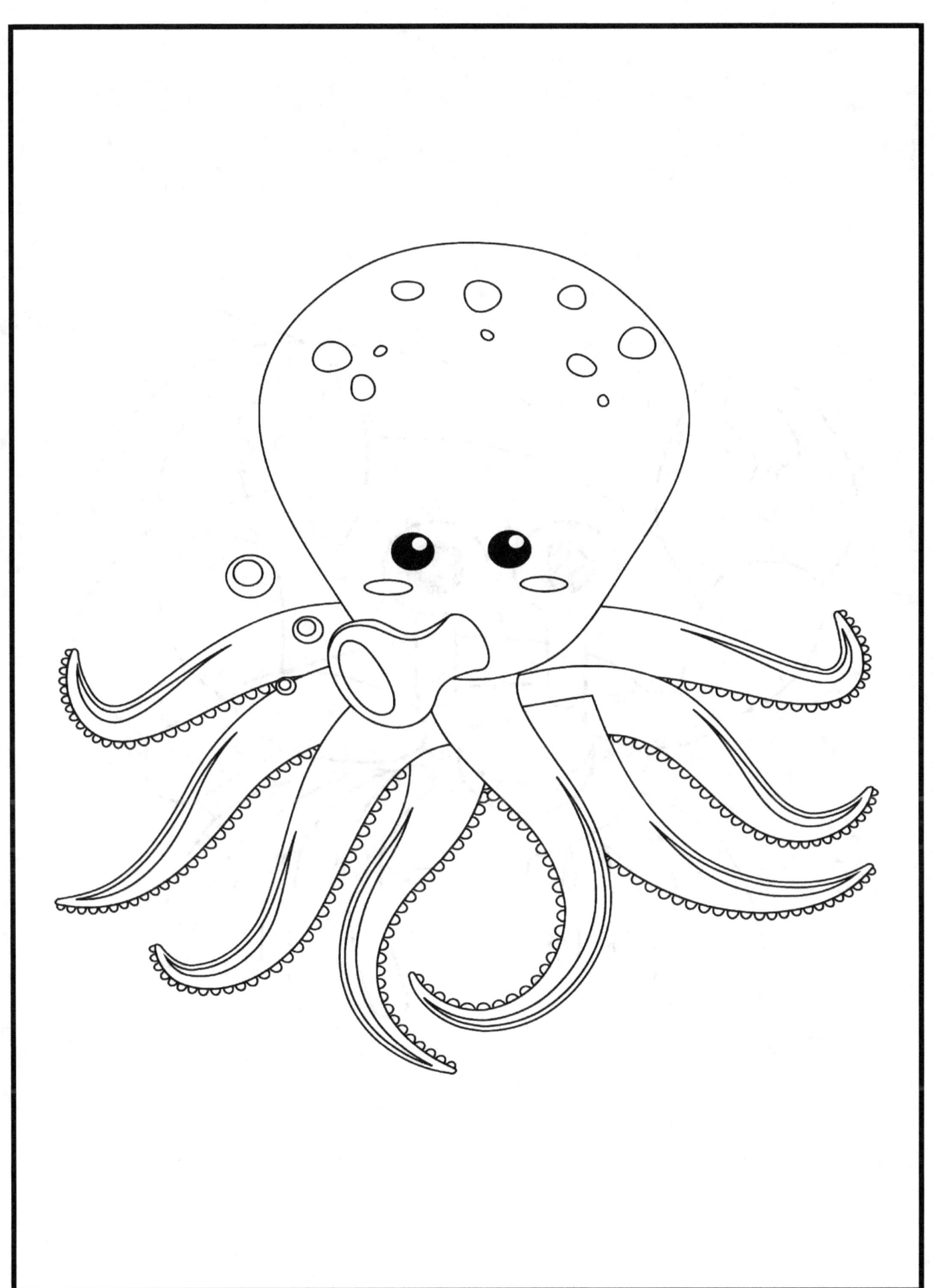

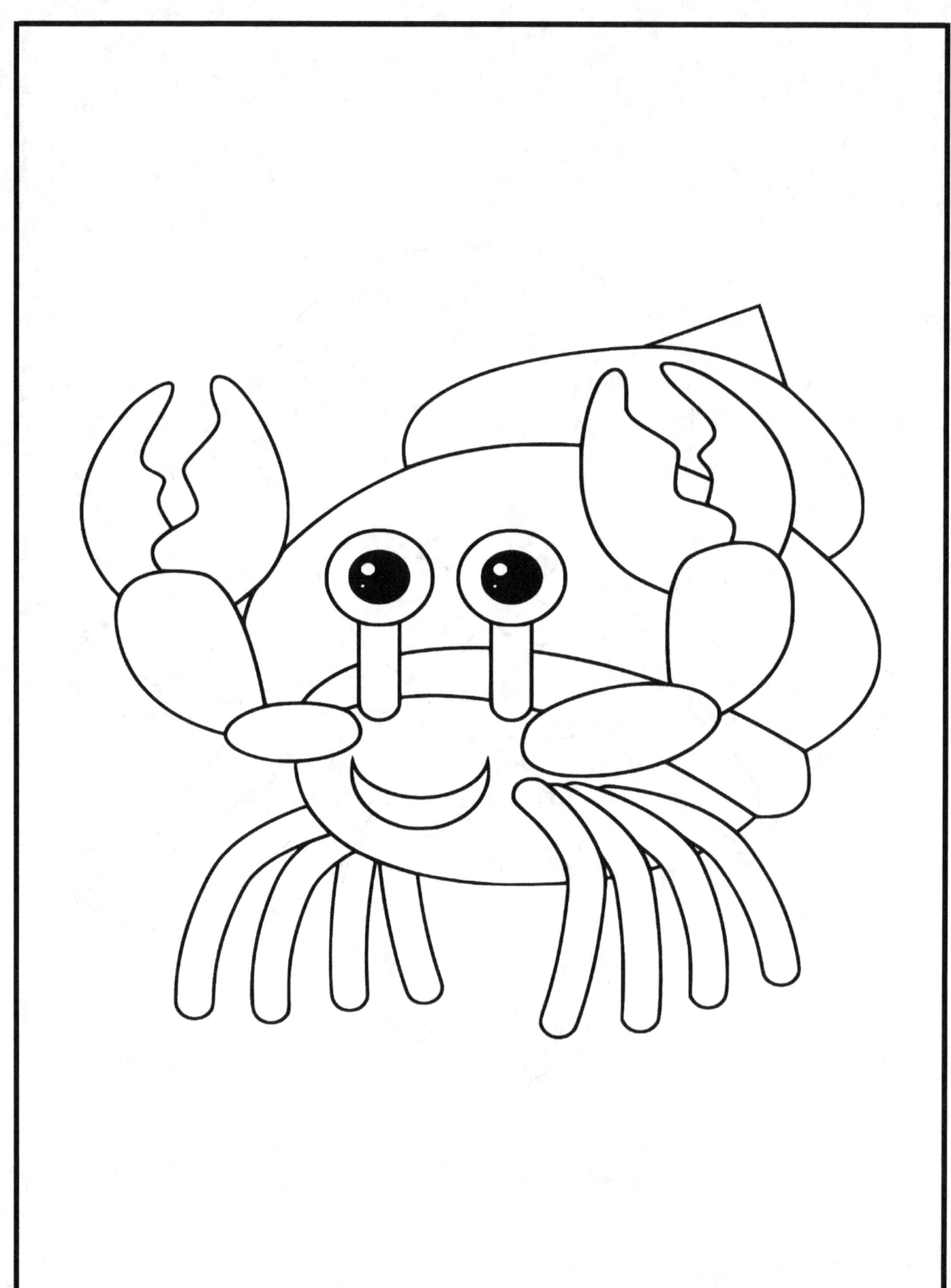

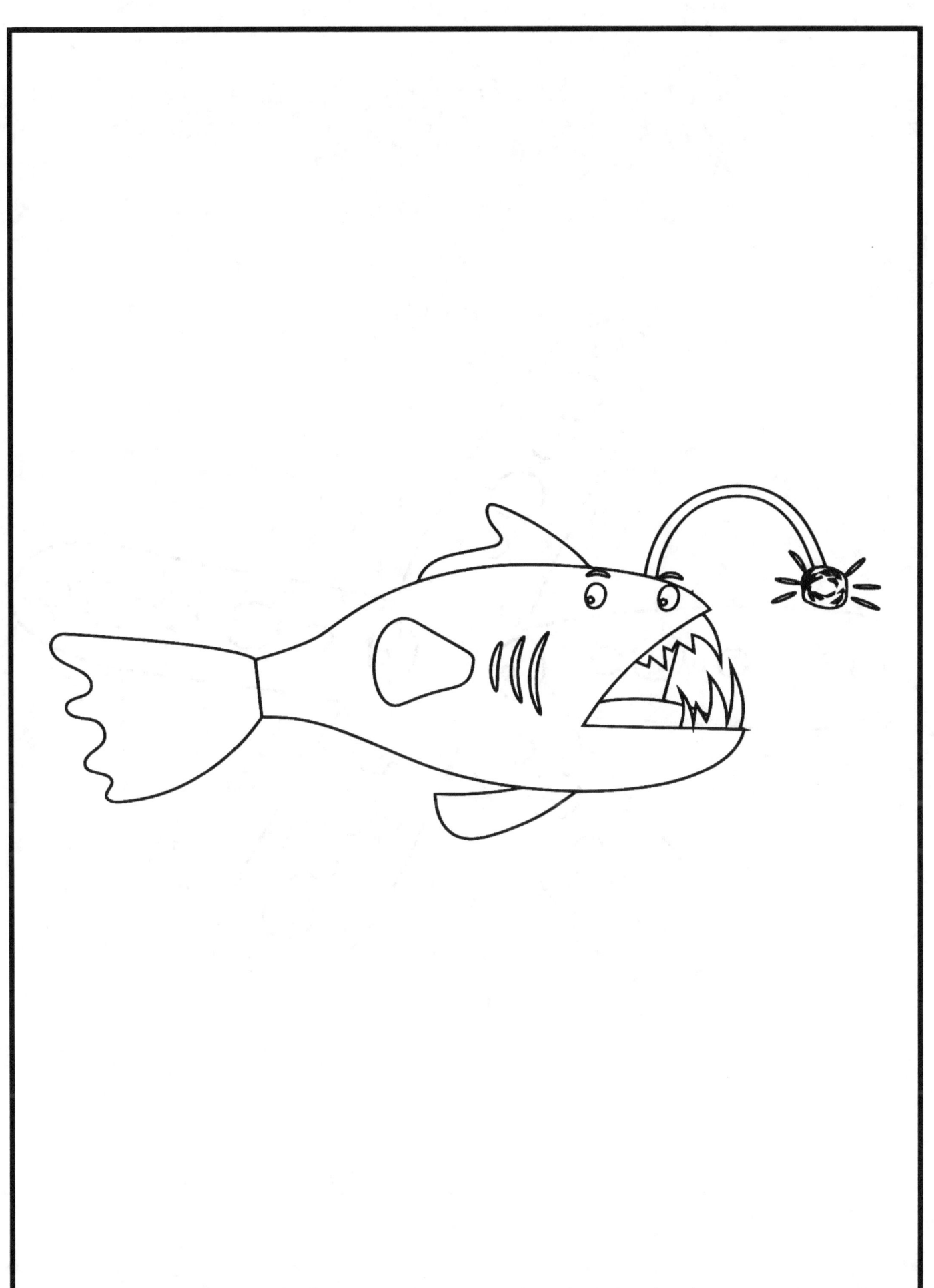

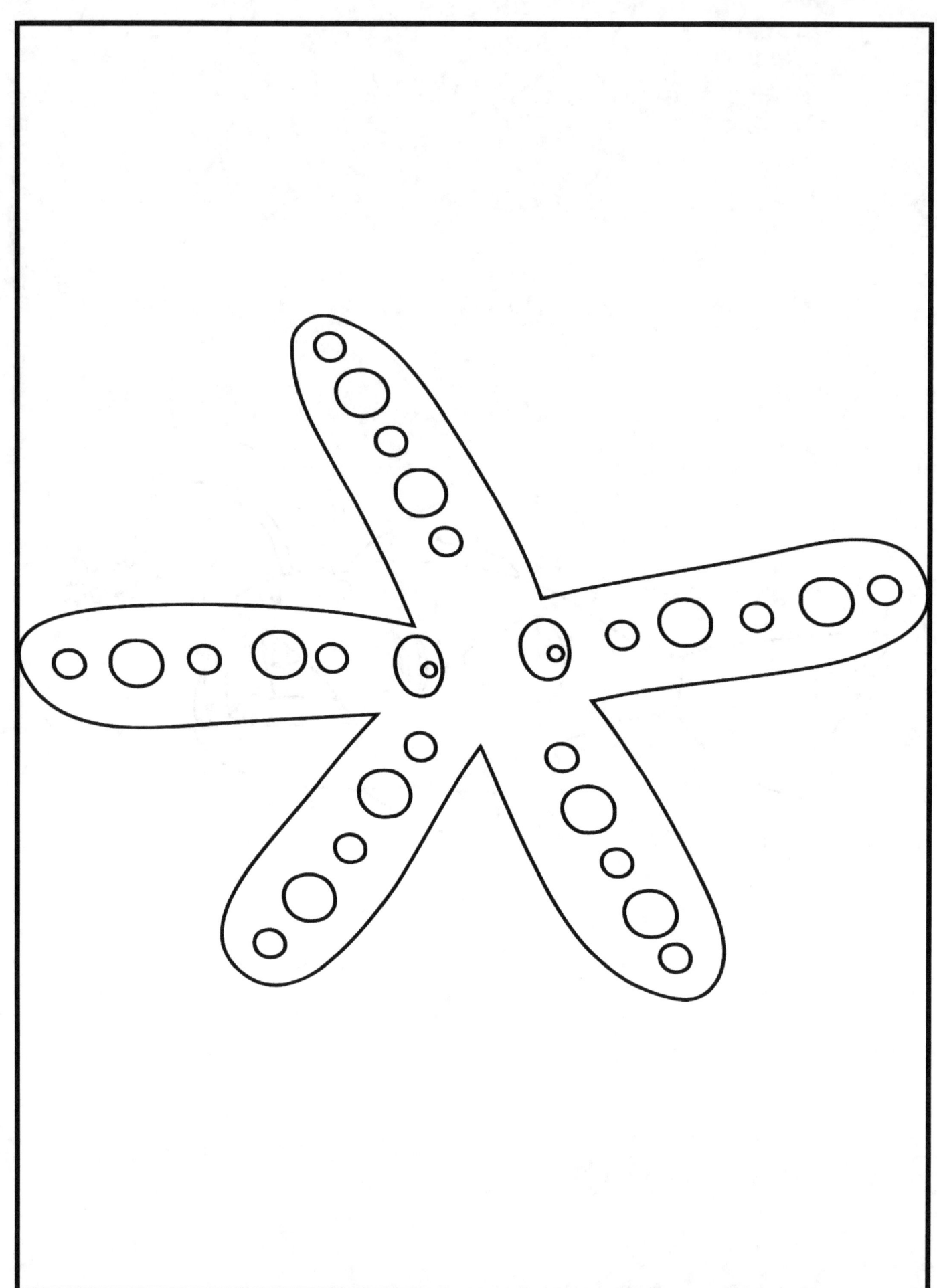

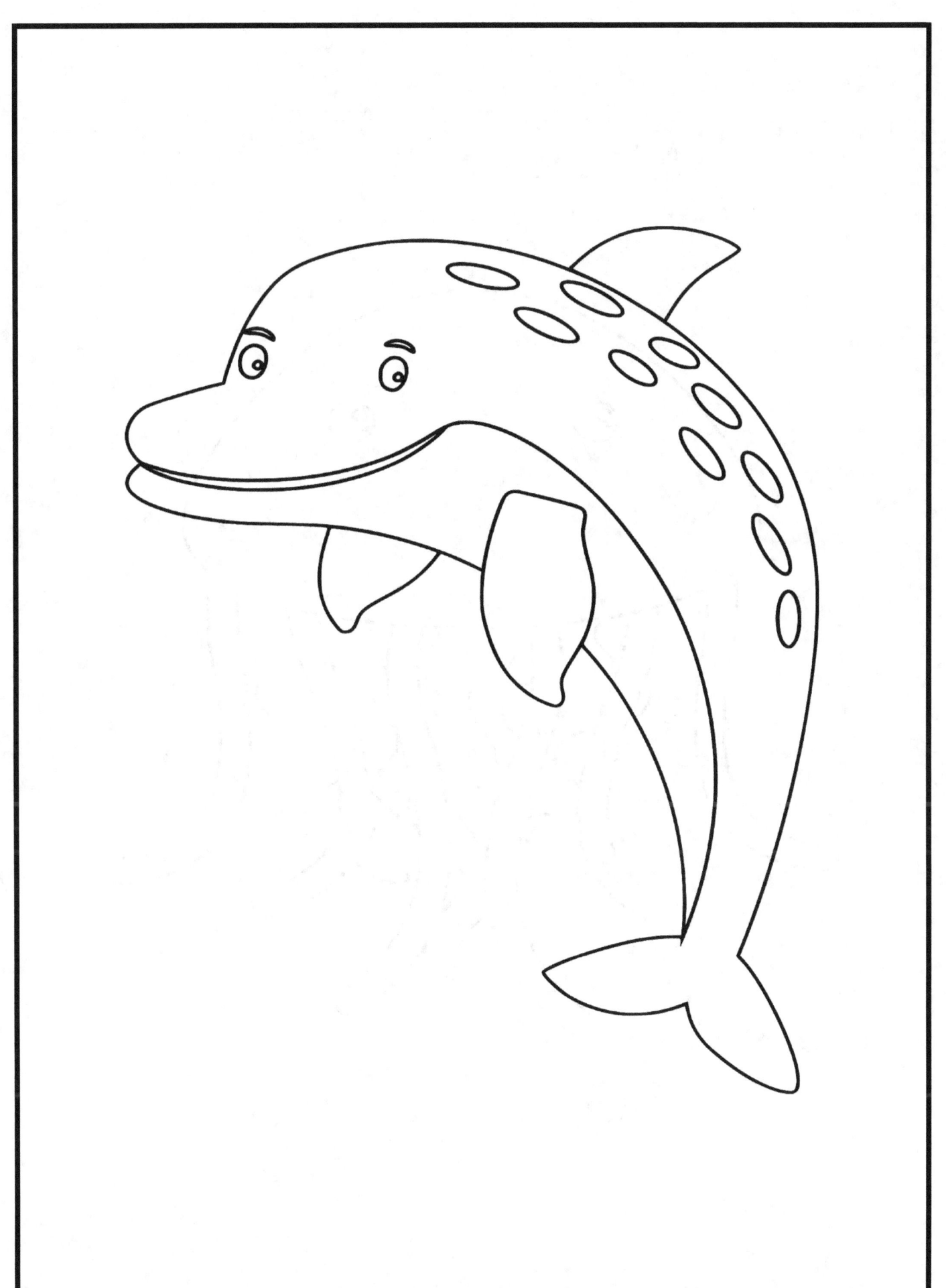

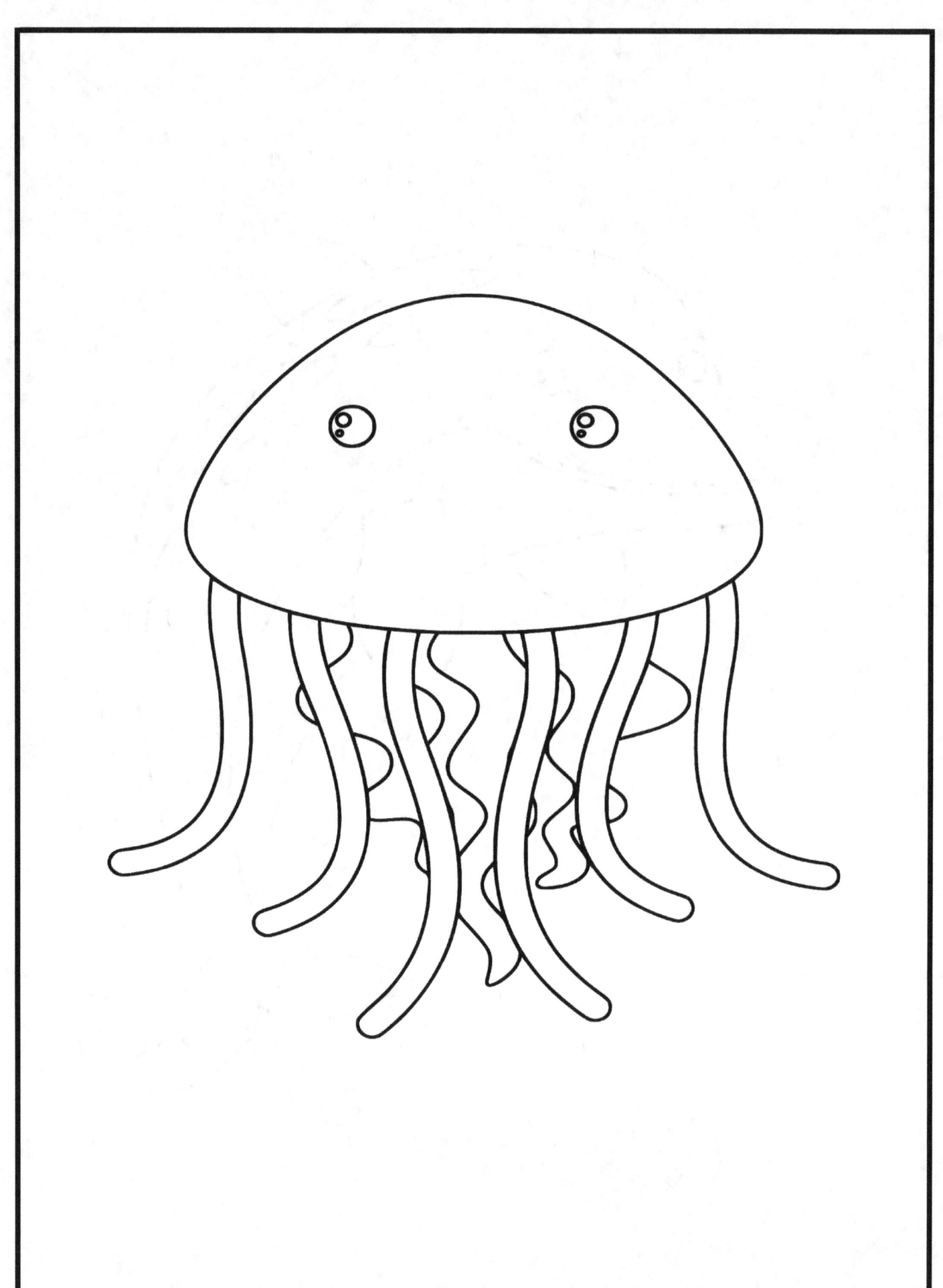

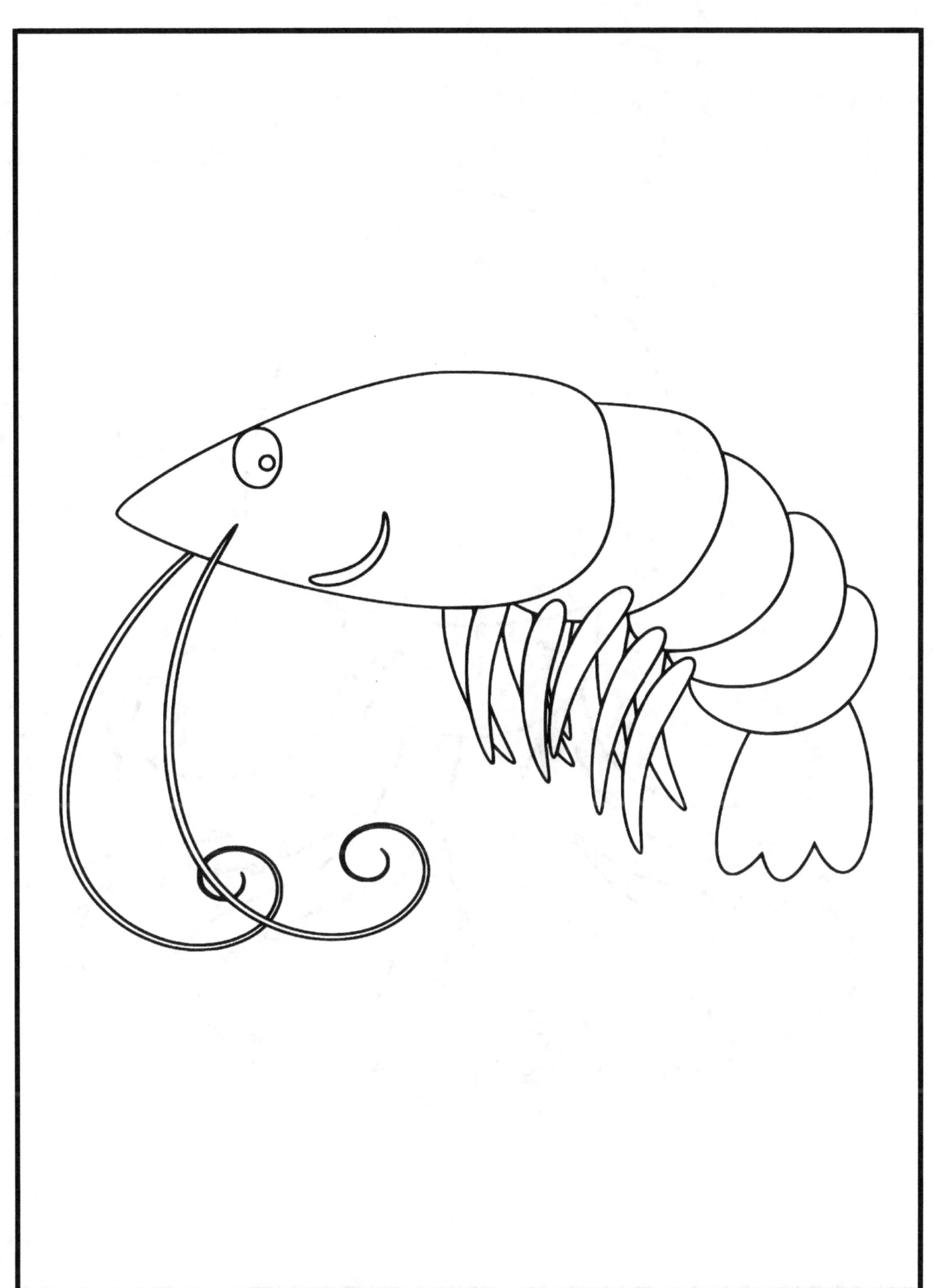

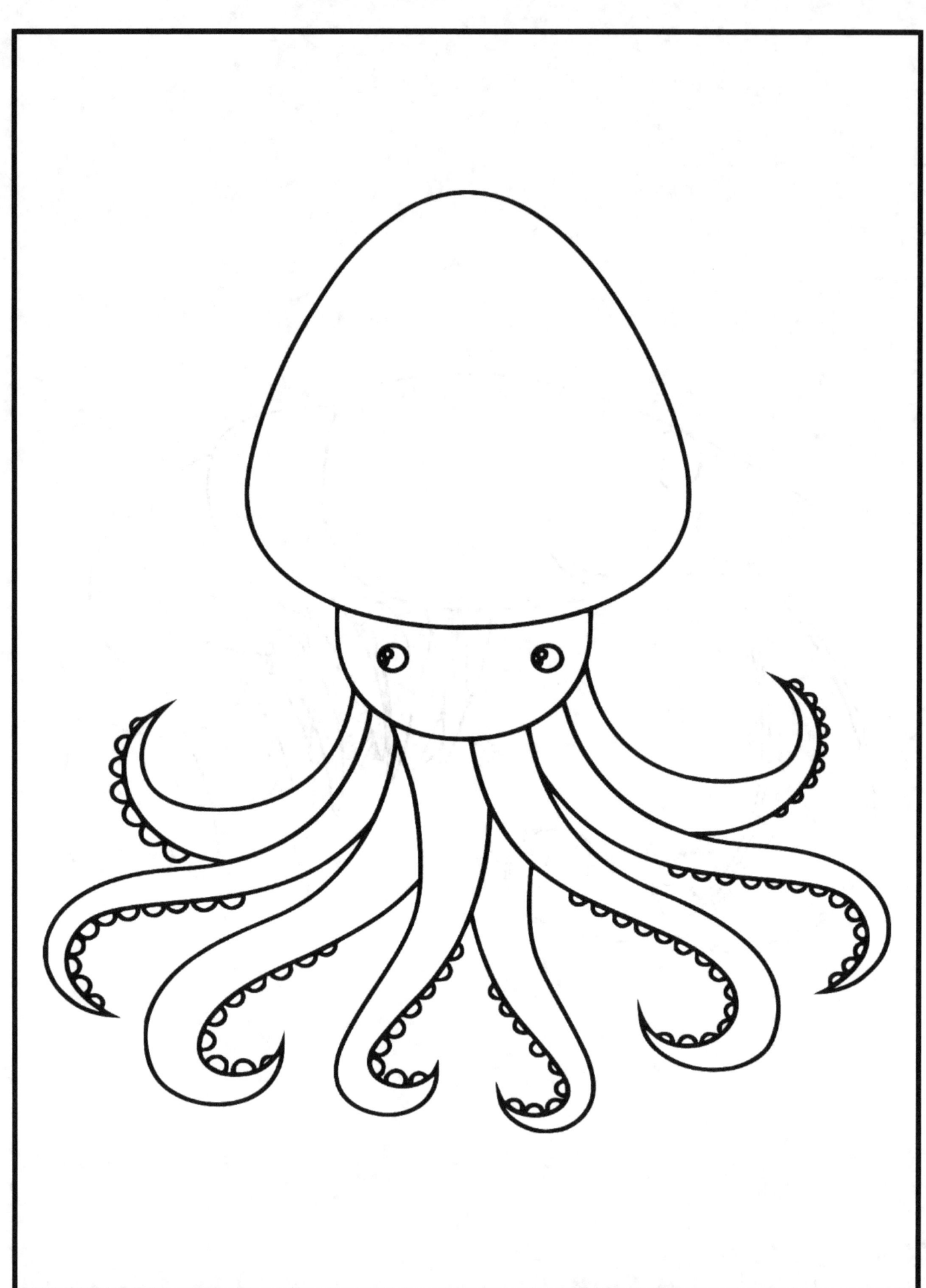

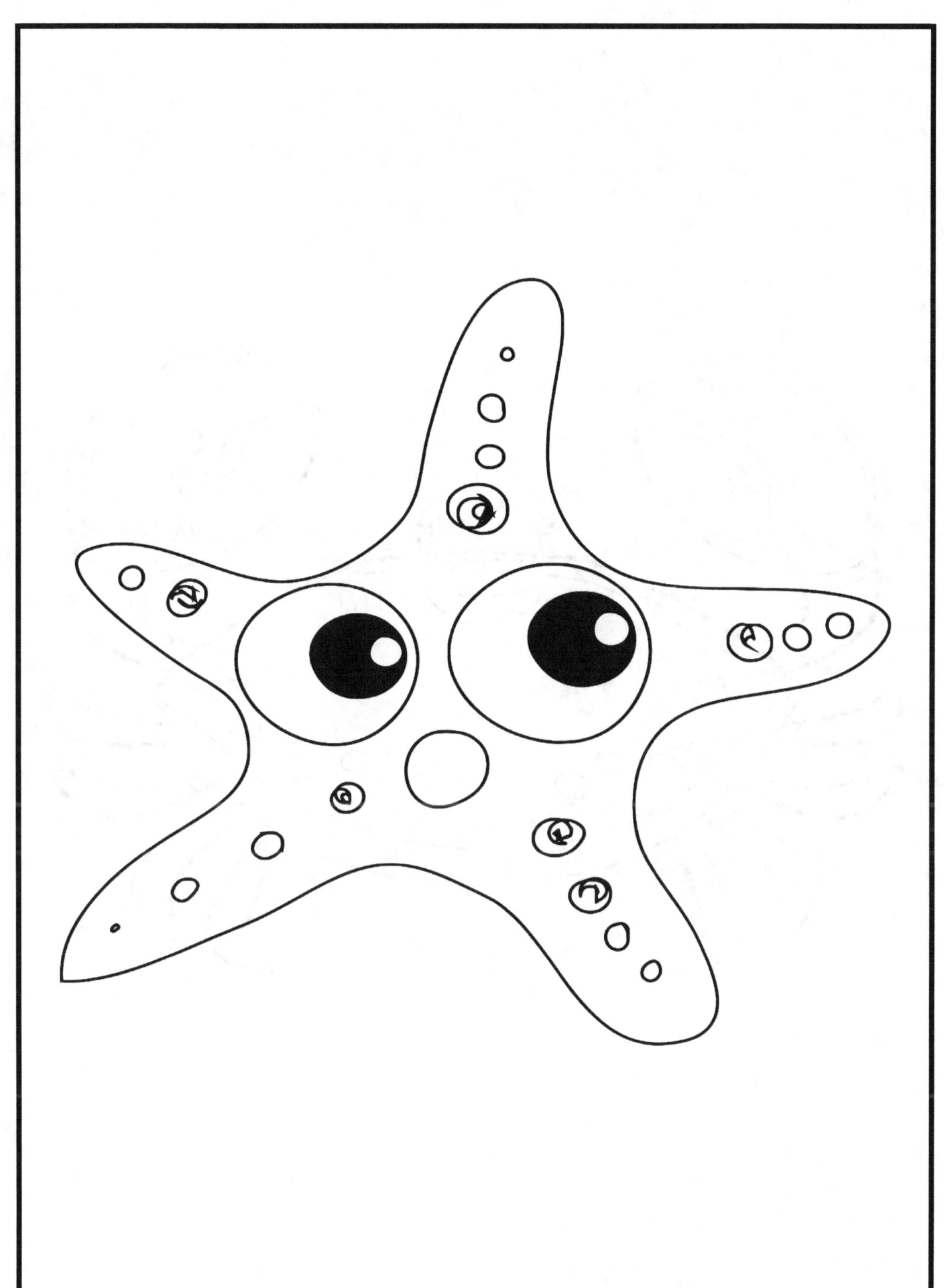

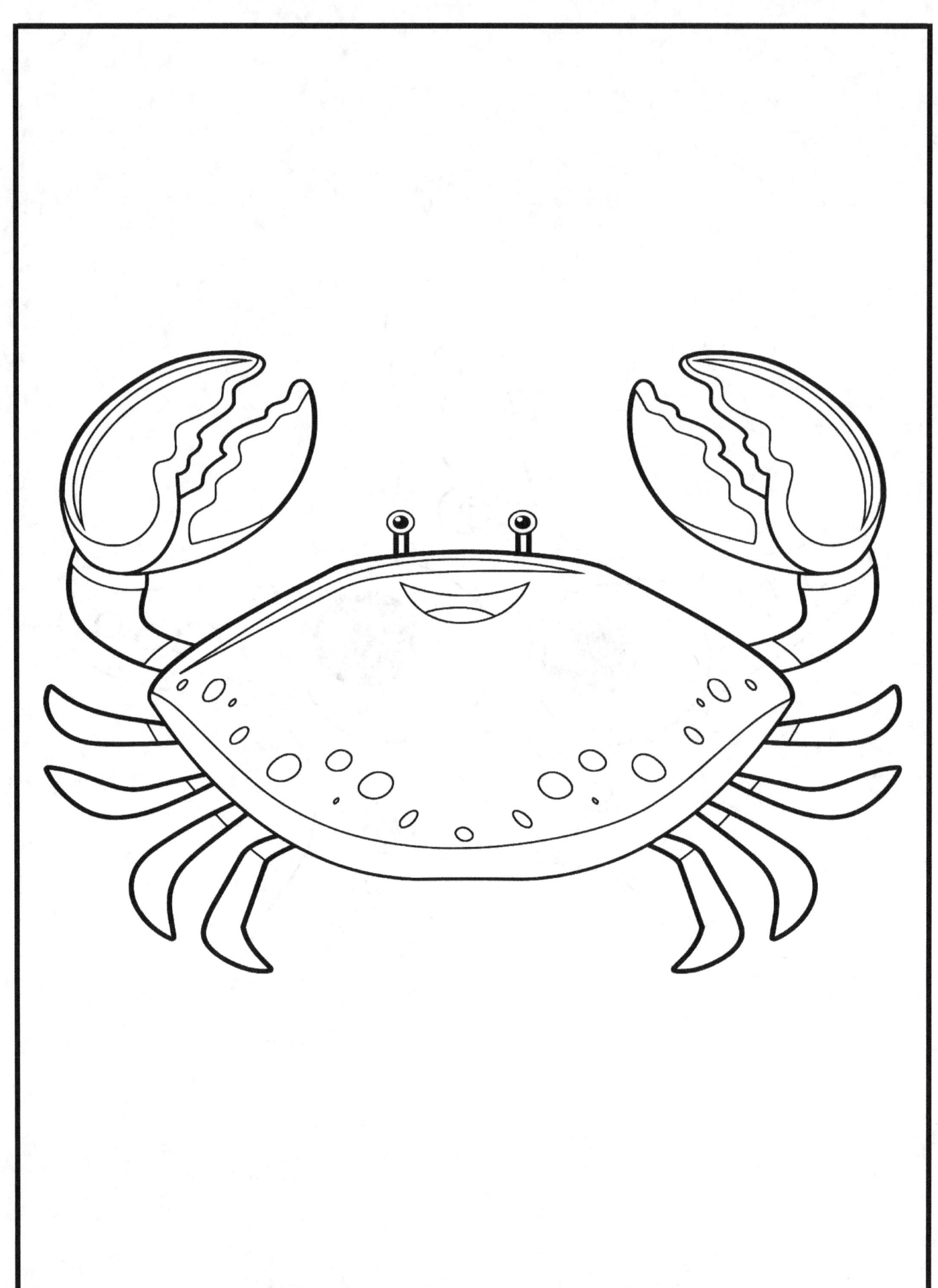

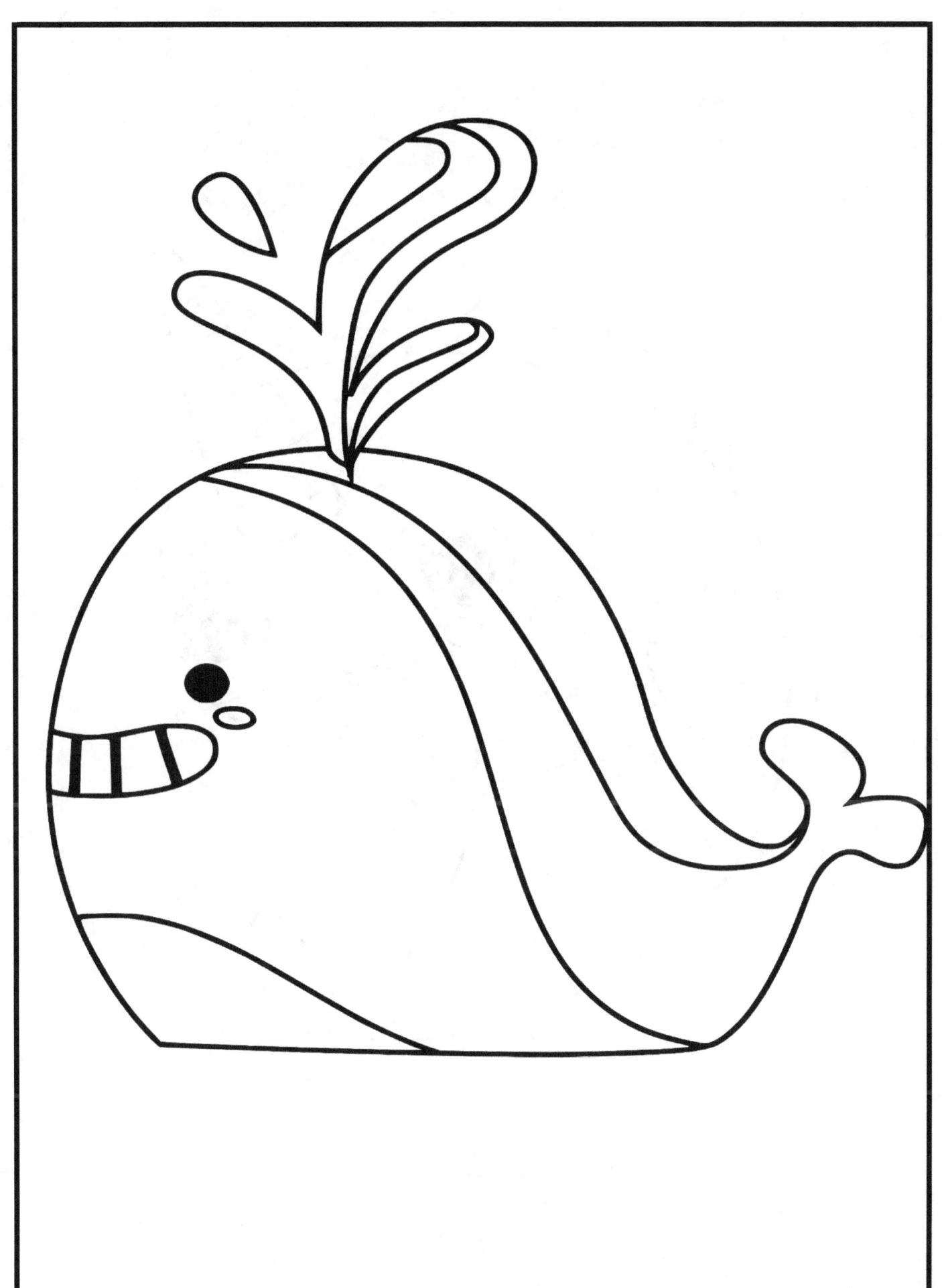

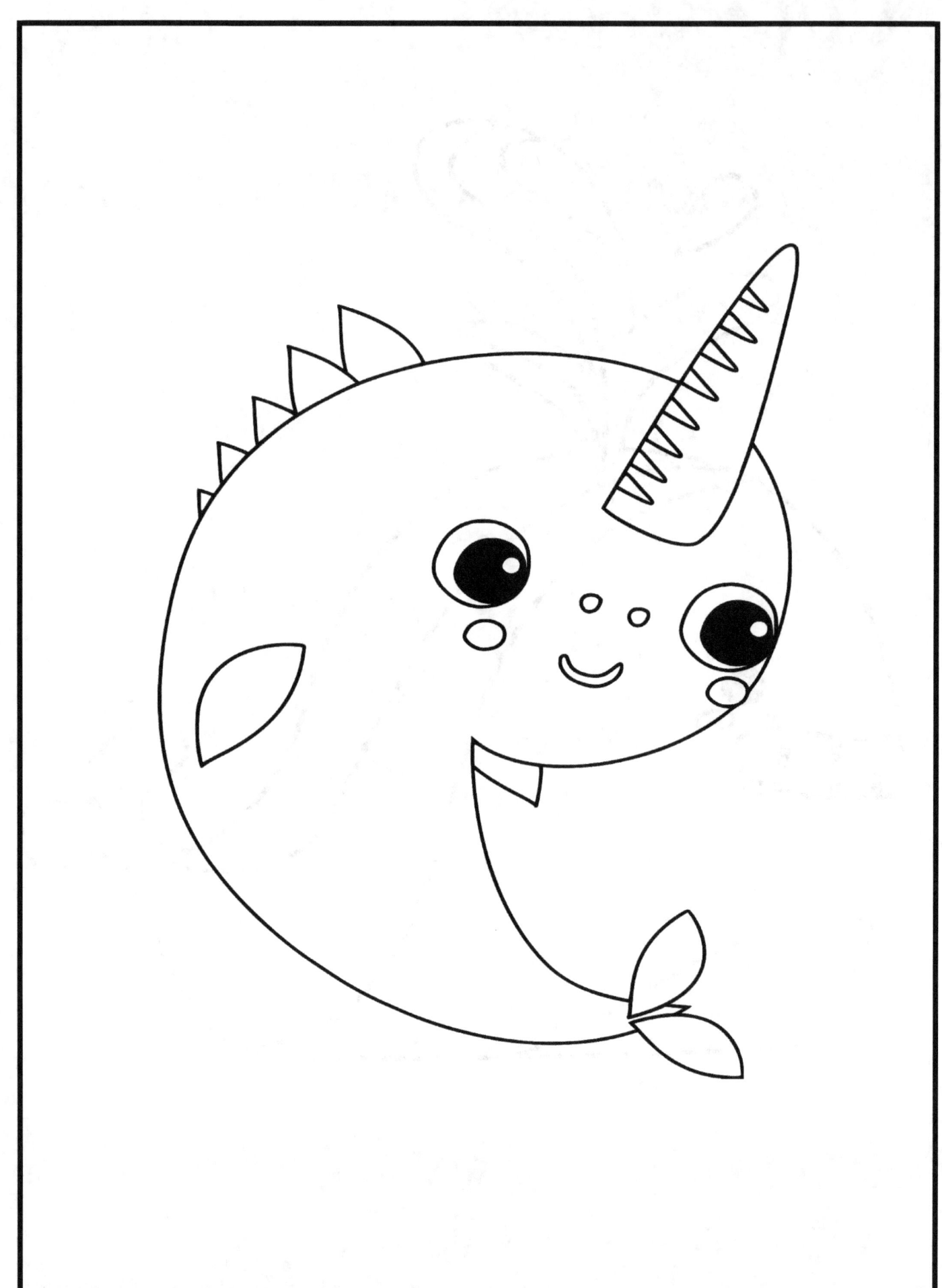

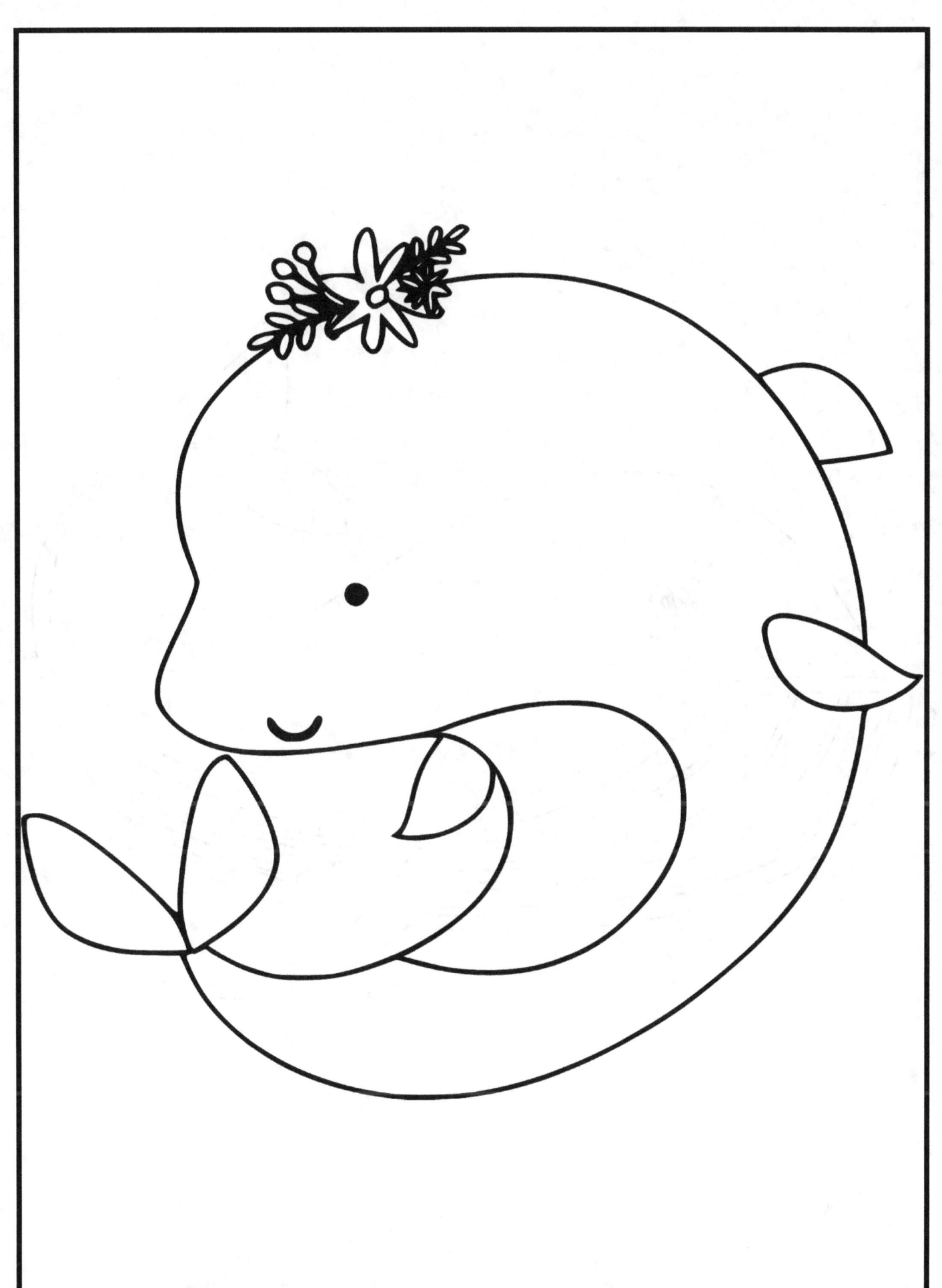

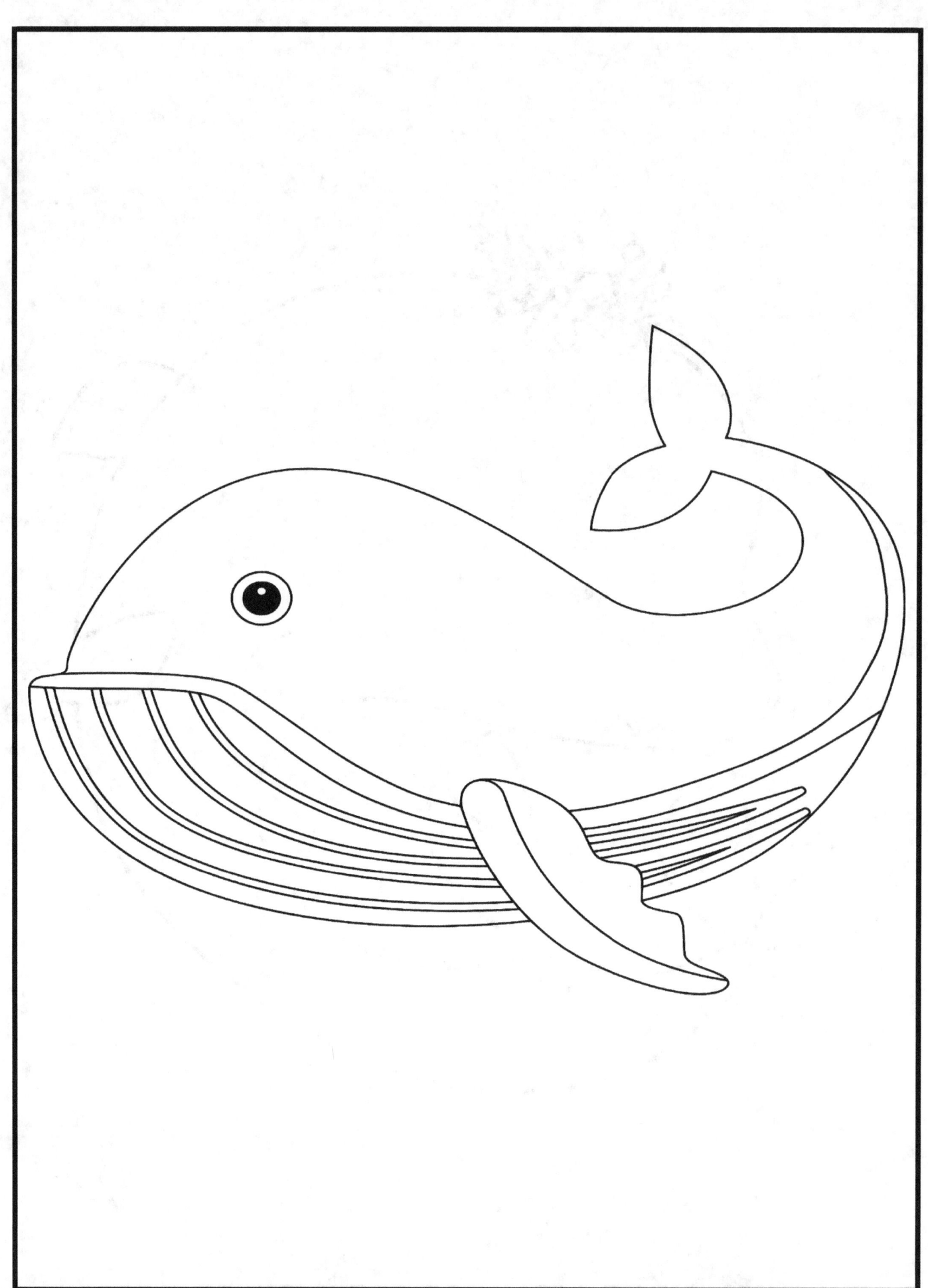

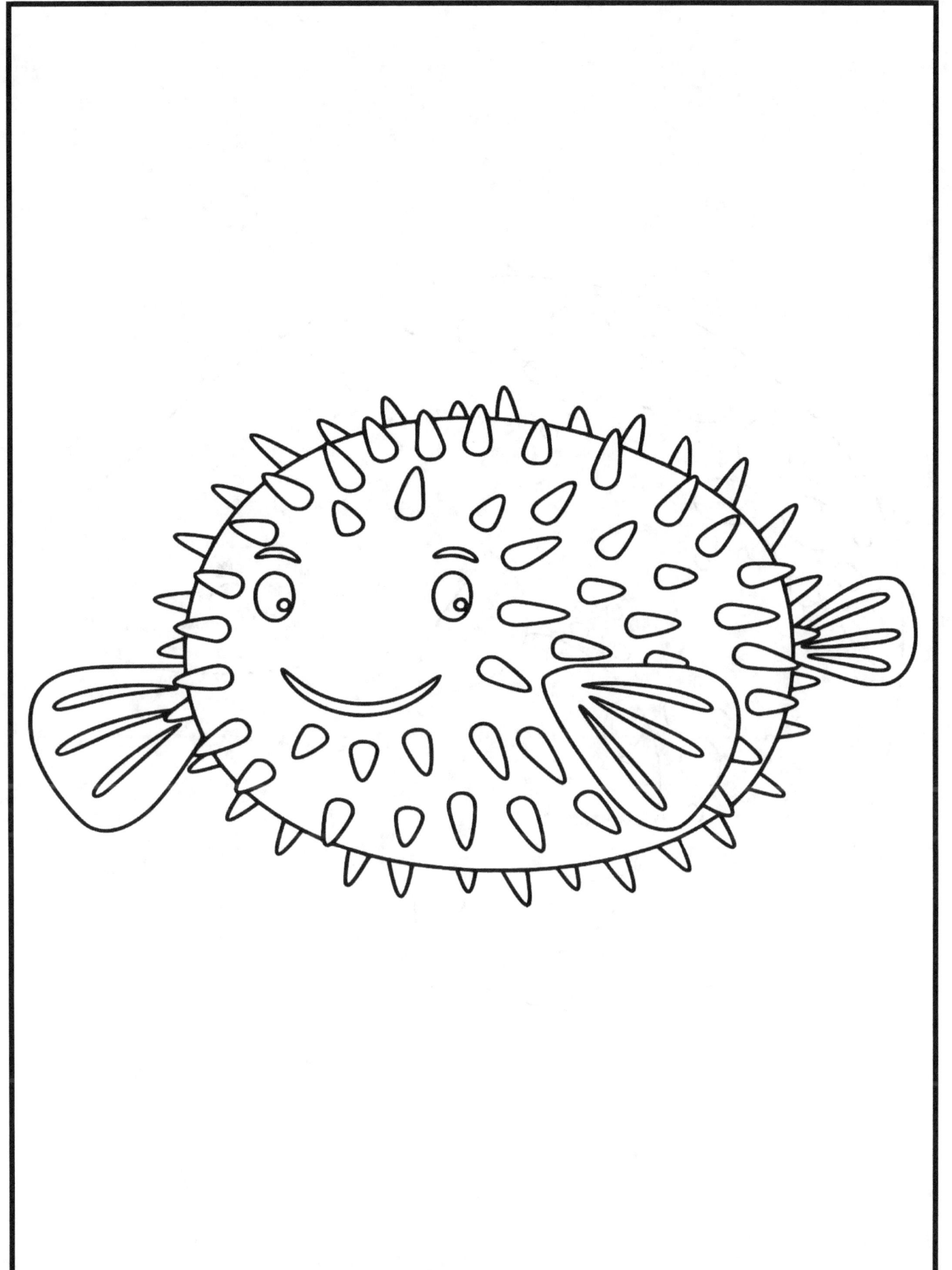

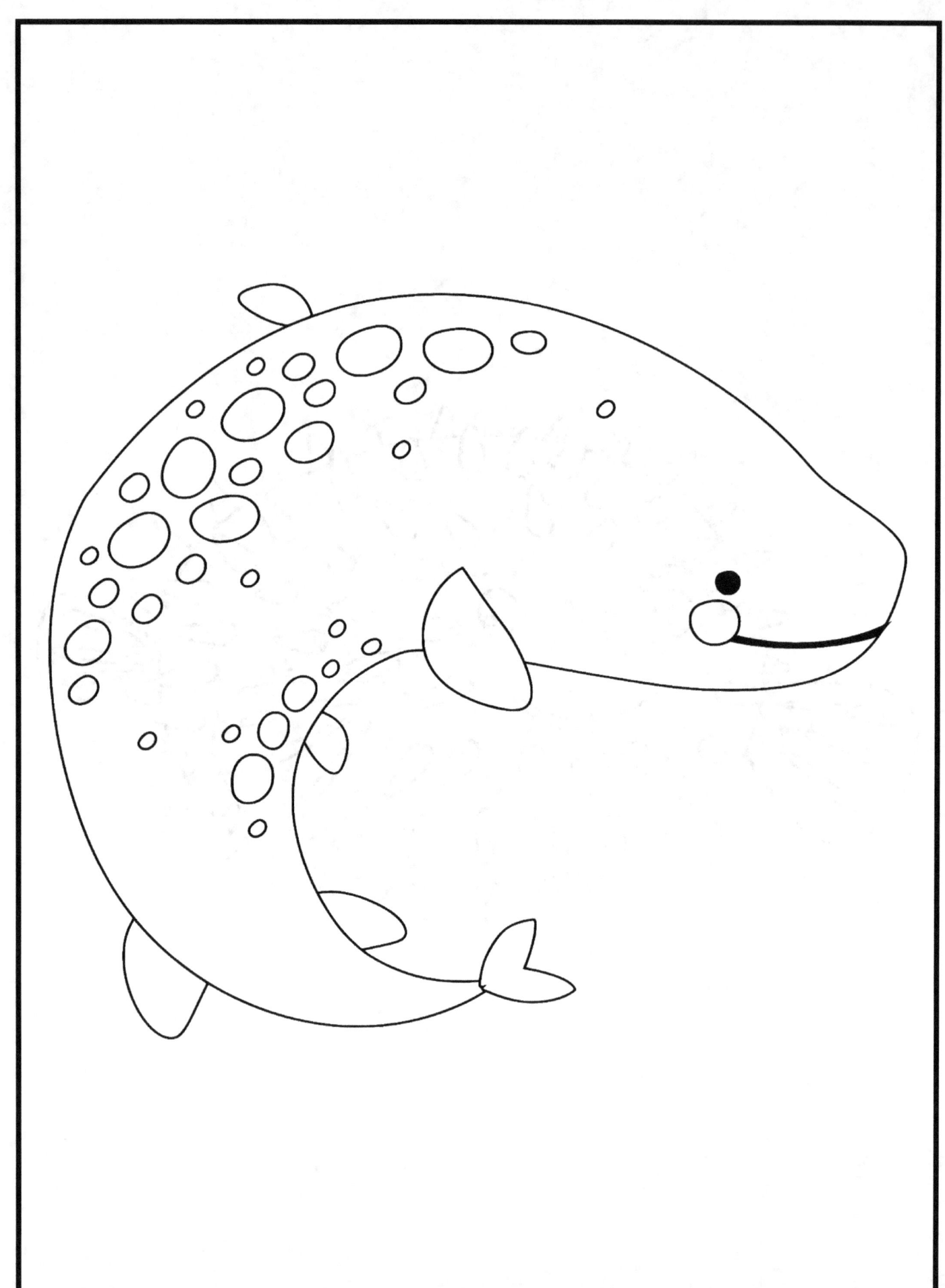

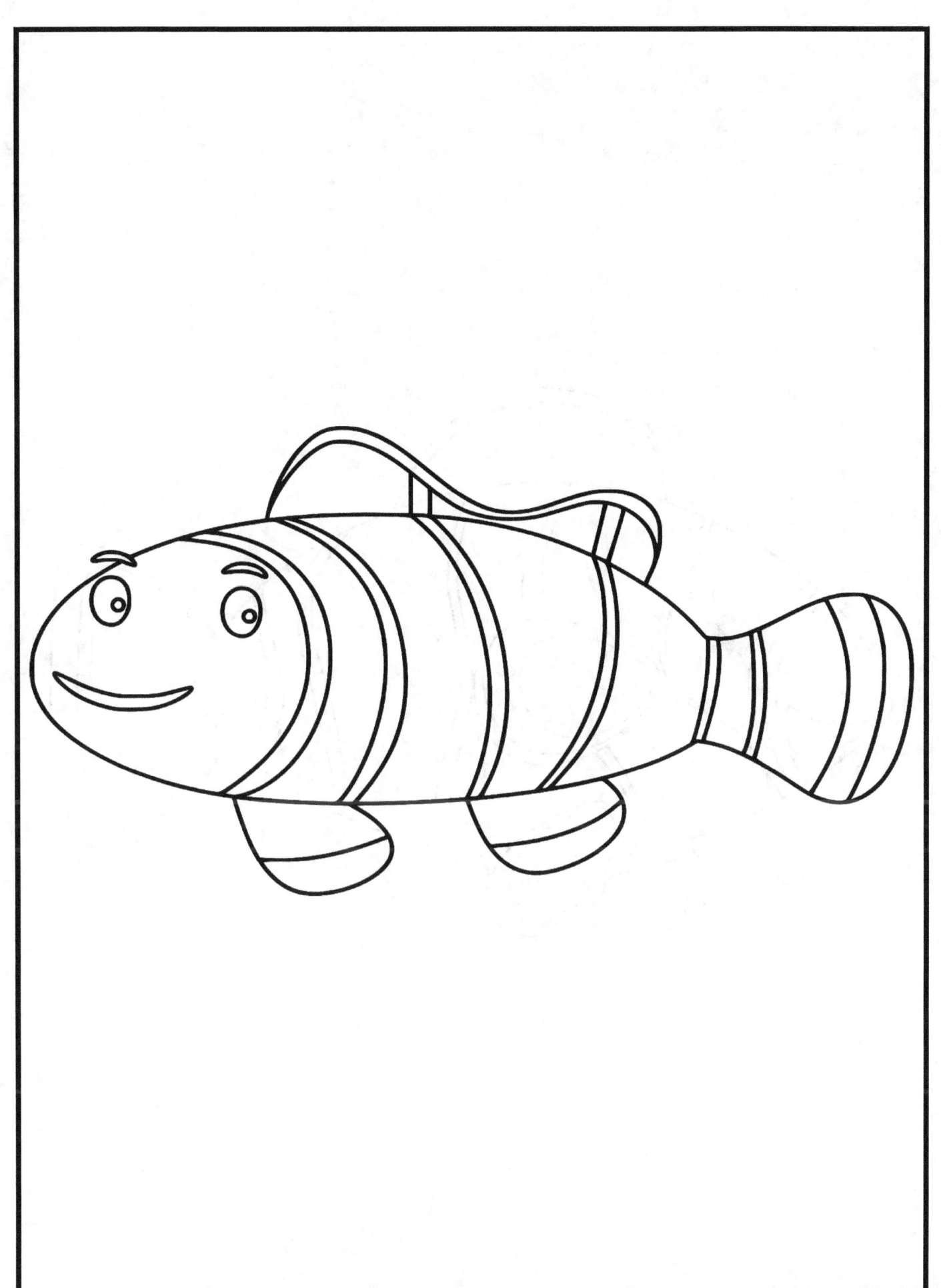

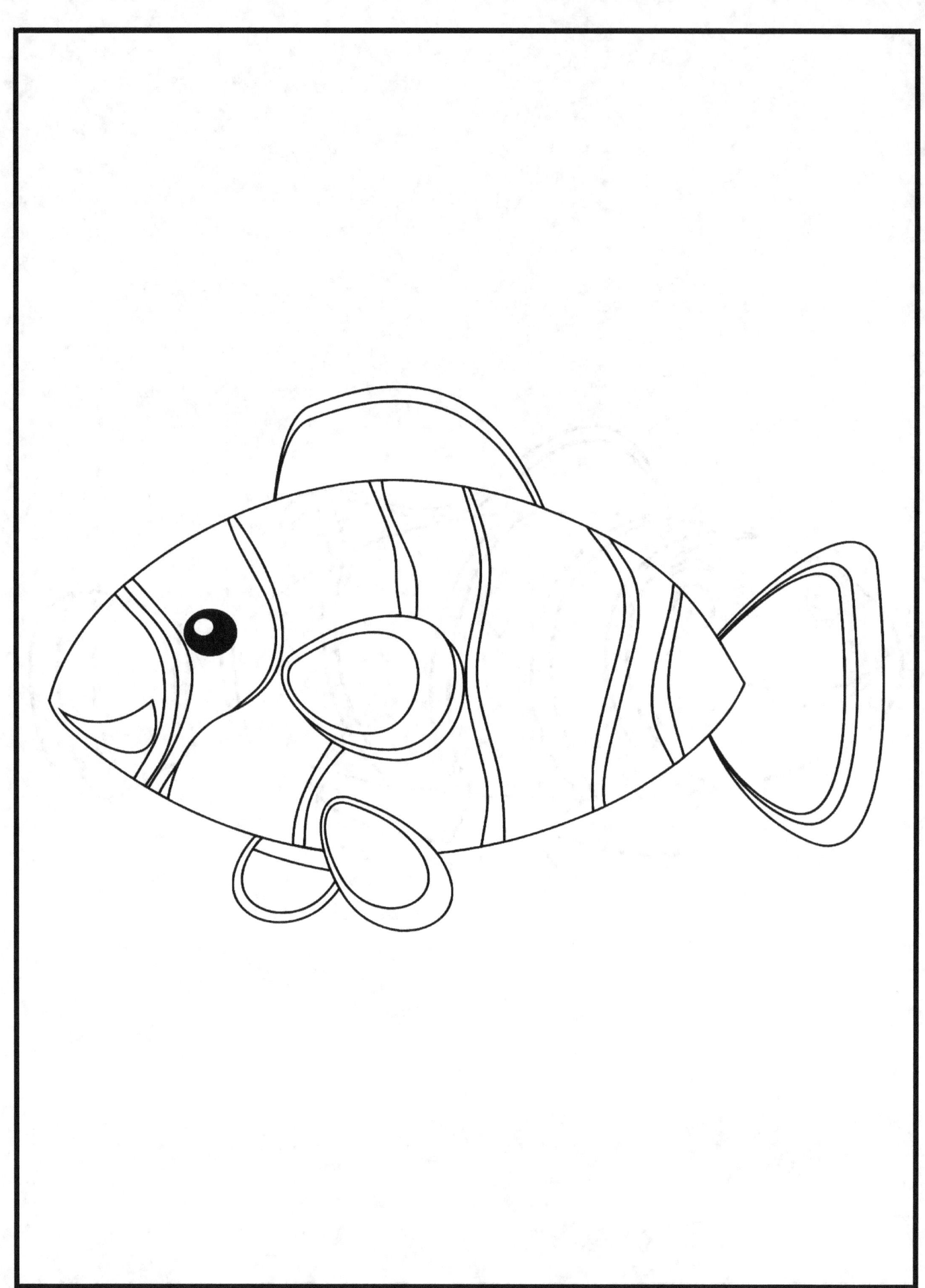

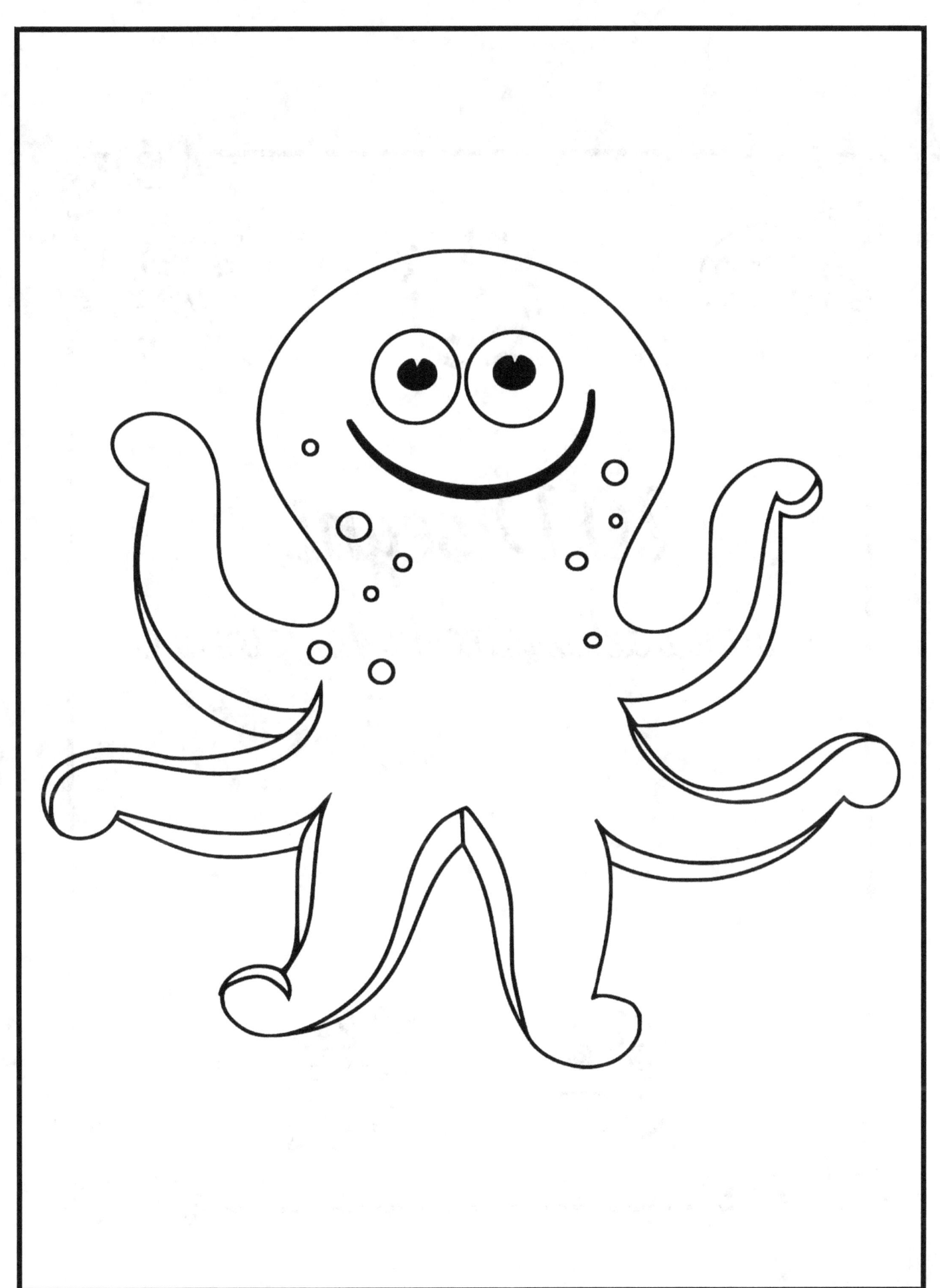

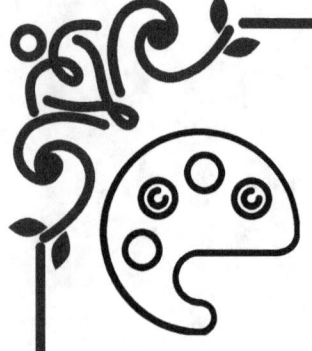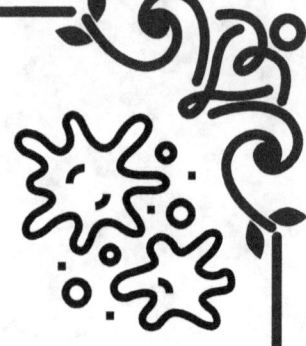

20 Disegni
animali della fattoria da colorare

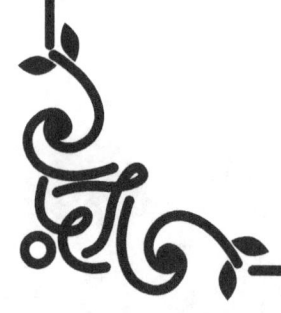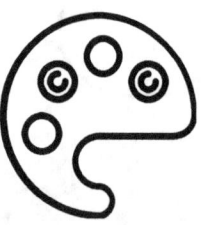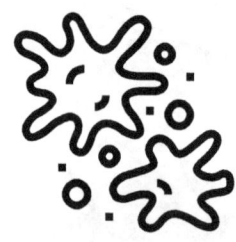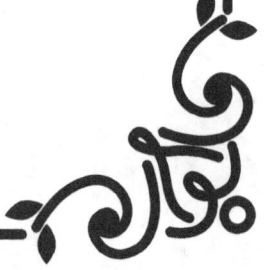

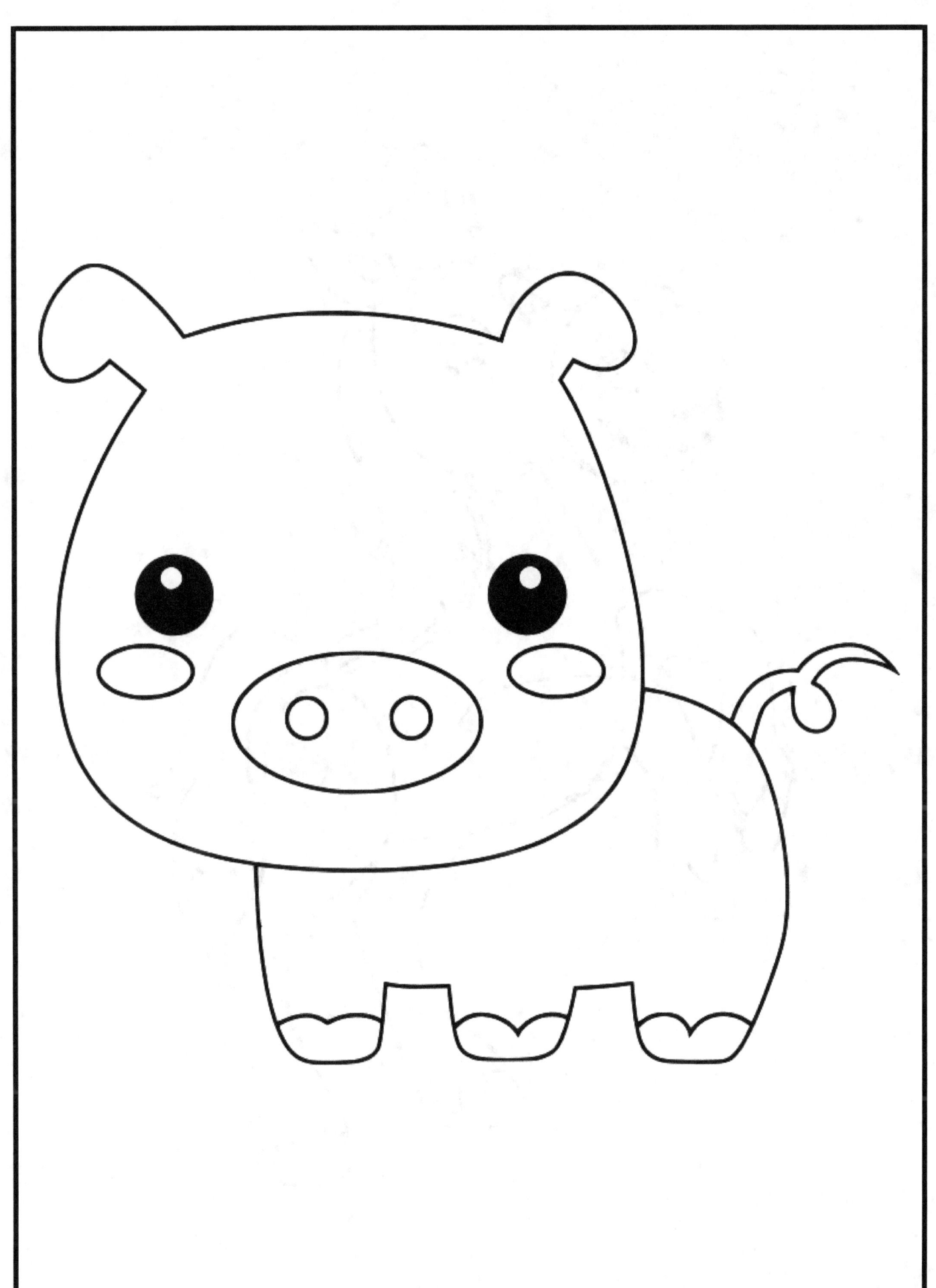

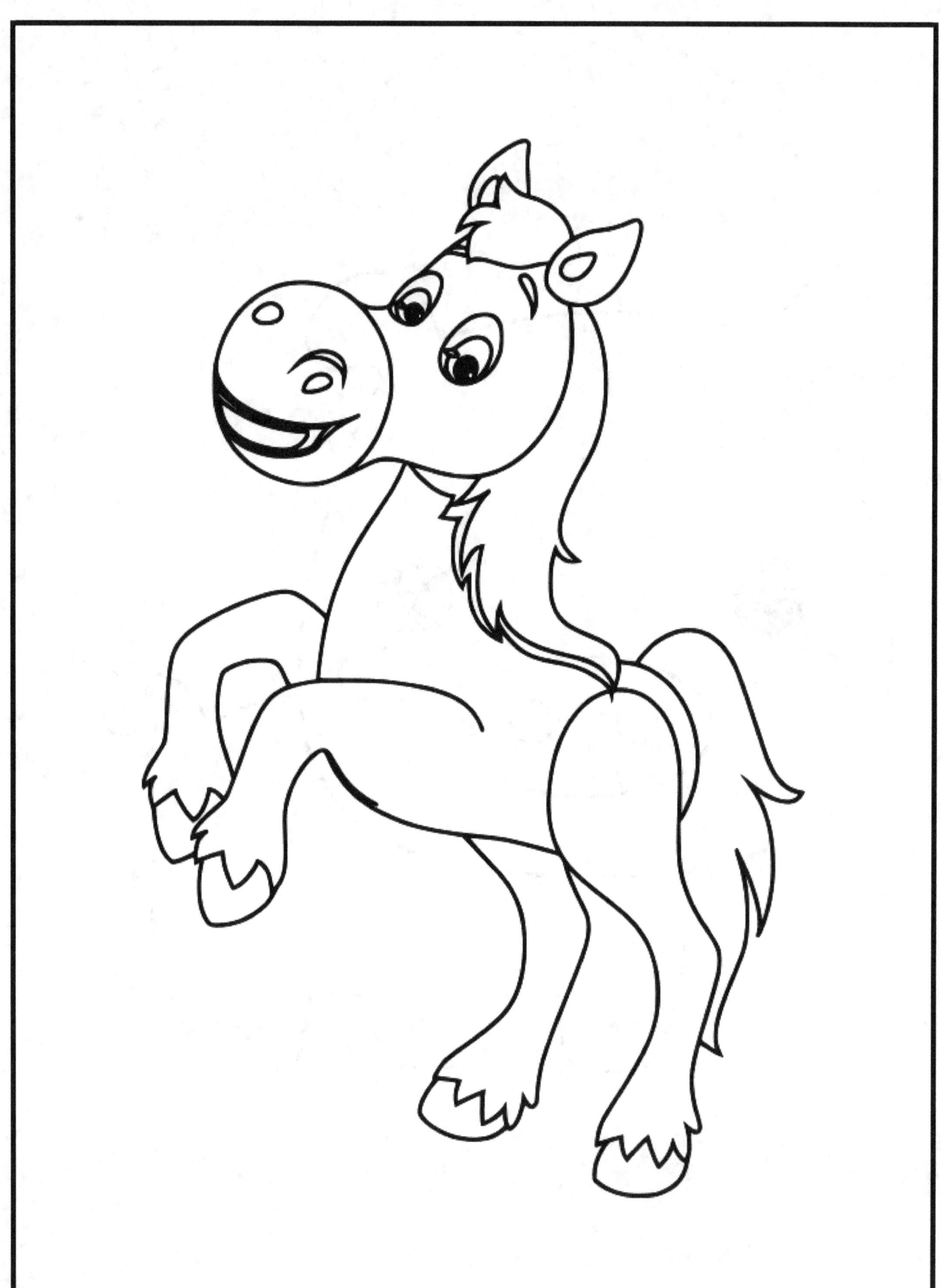

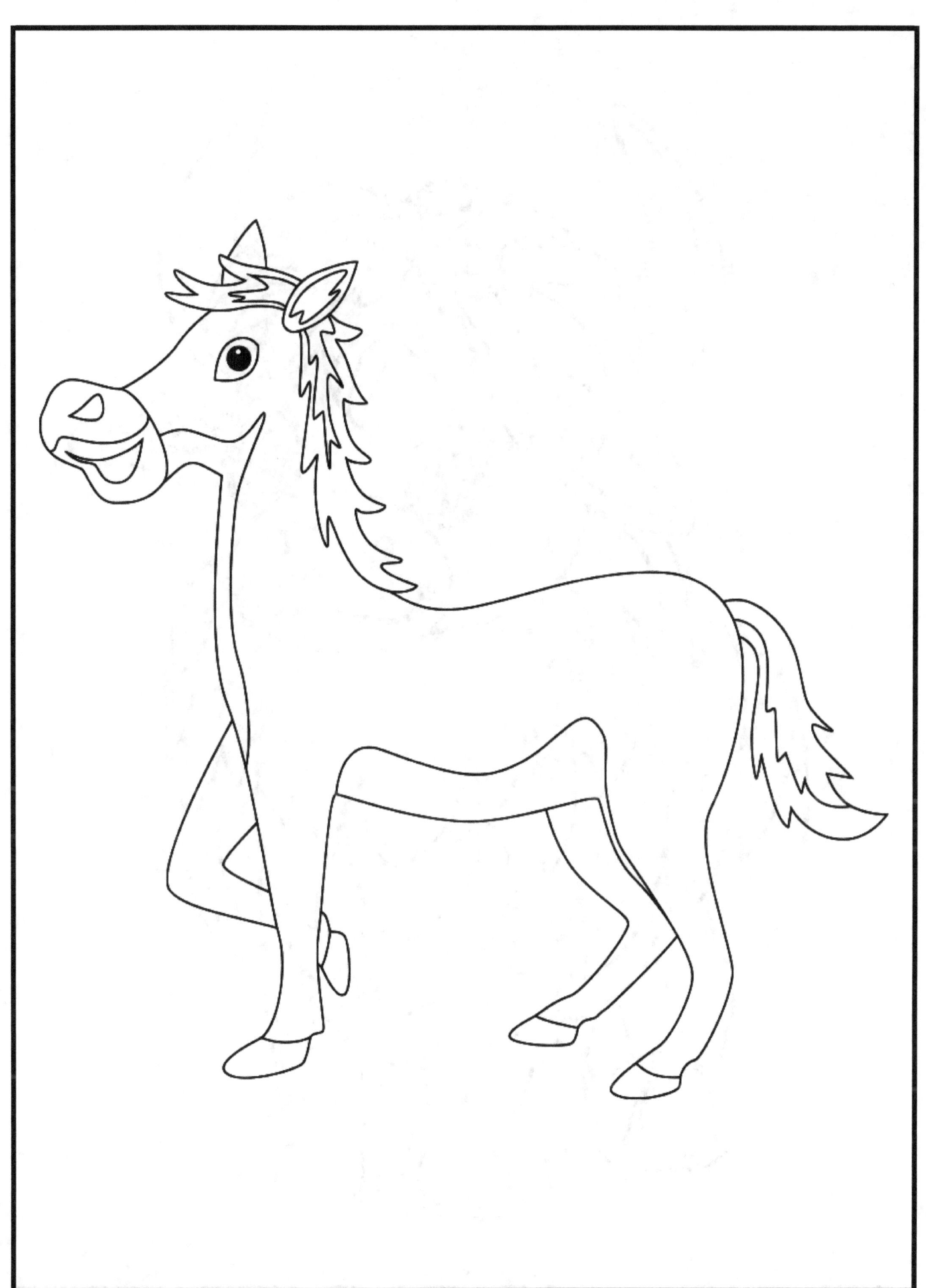

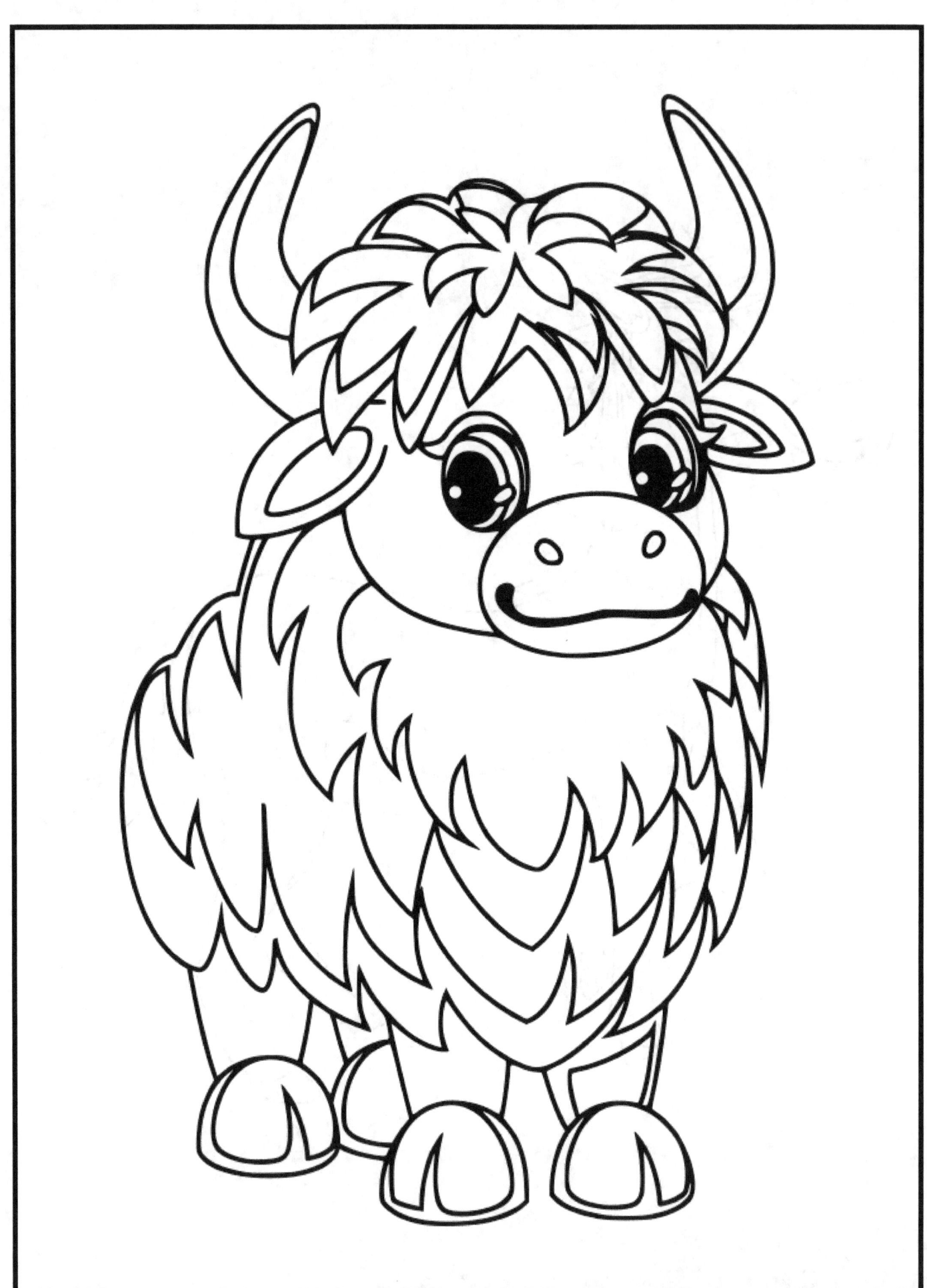

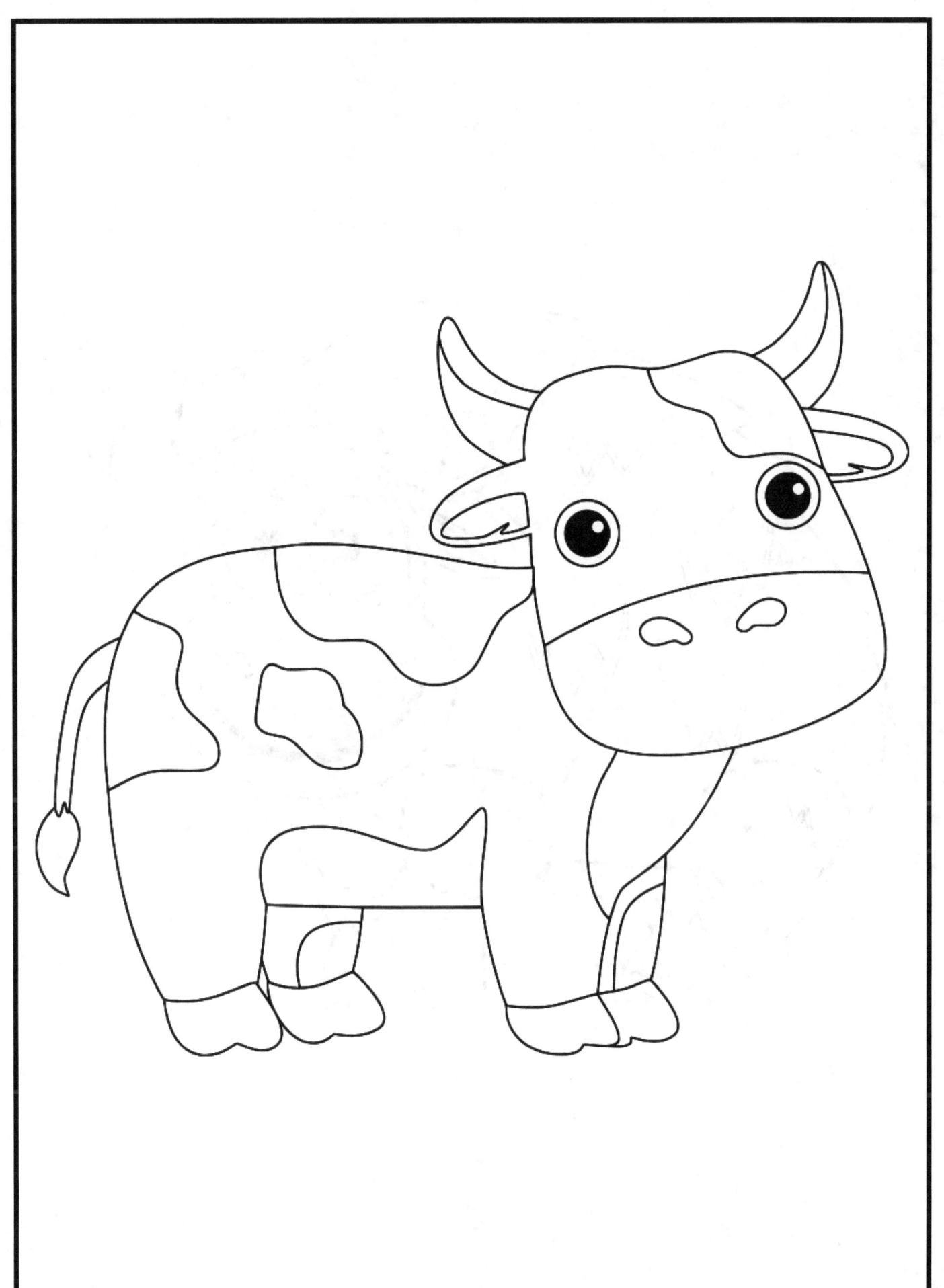

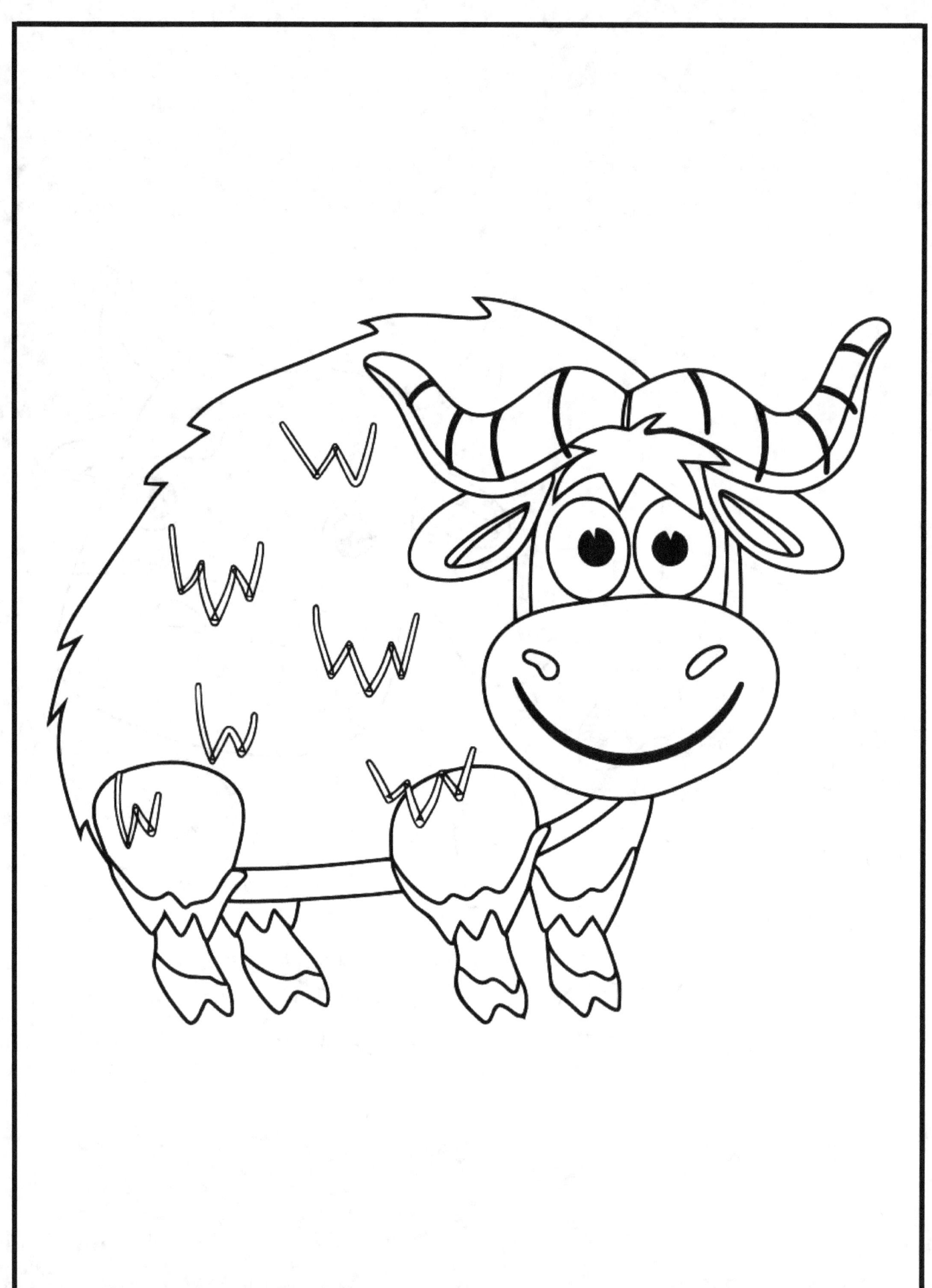

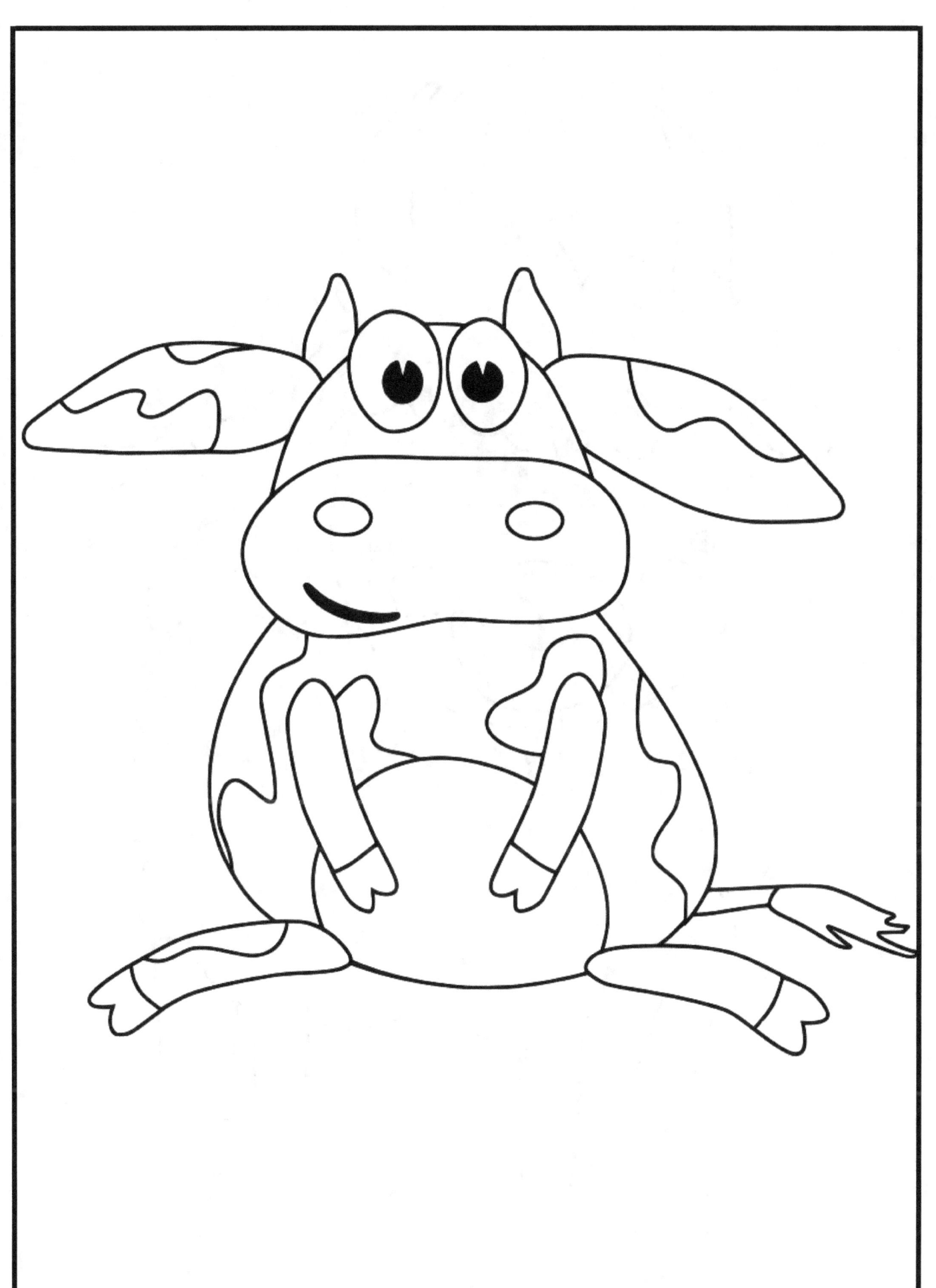

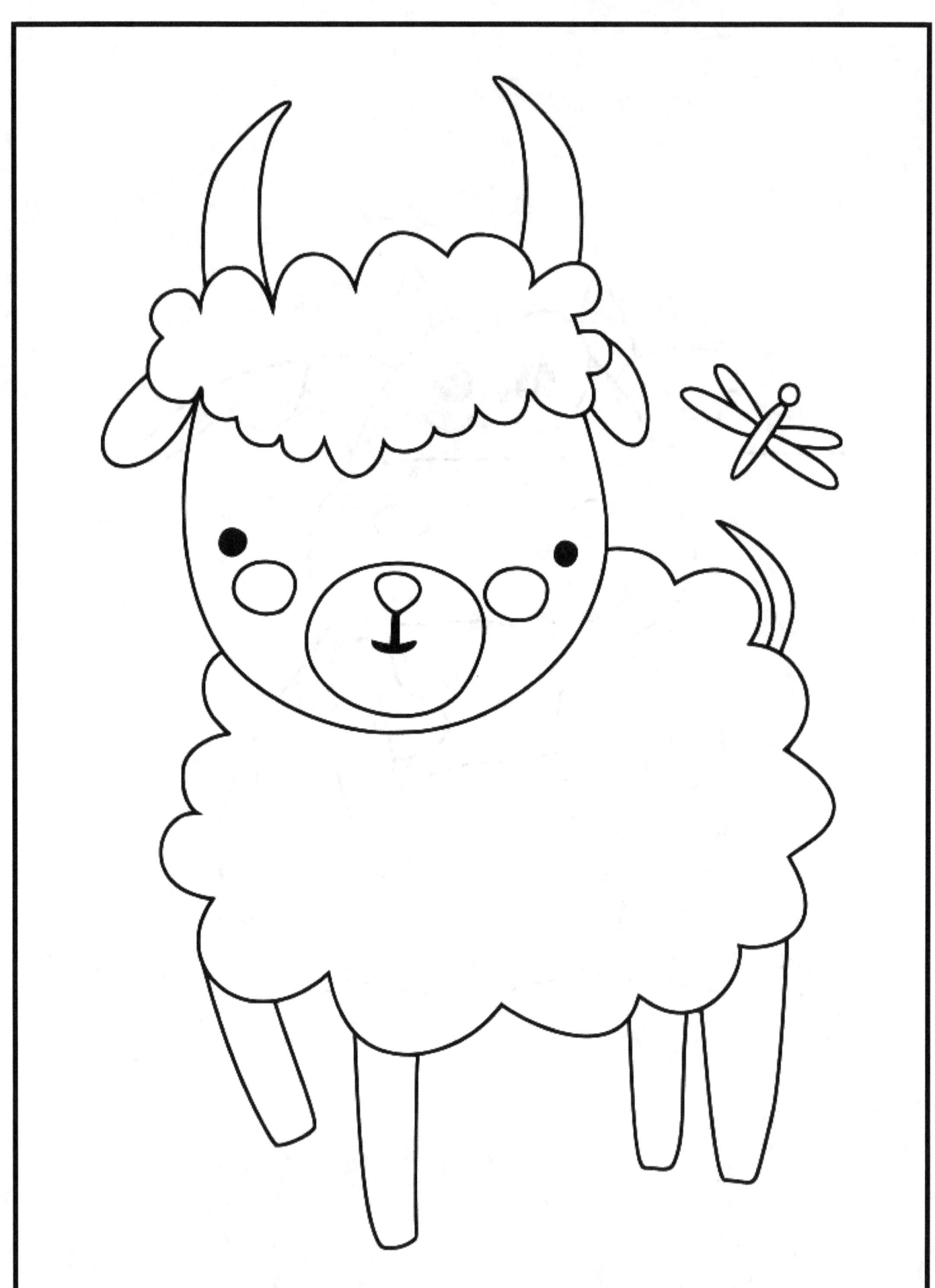

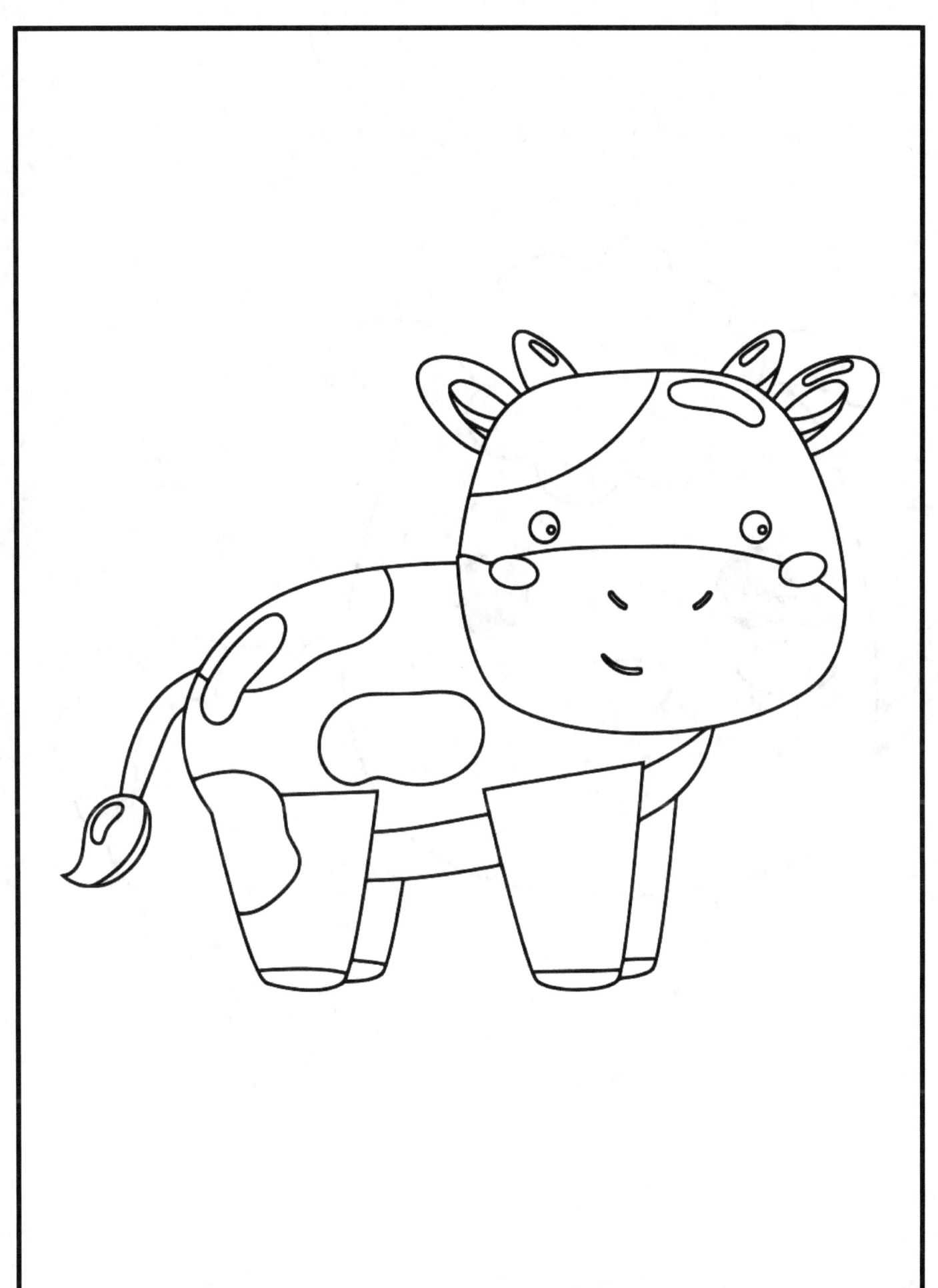

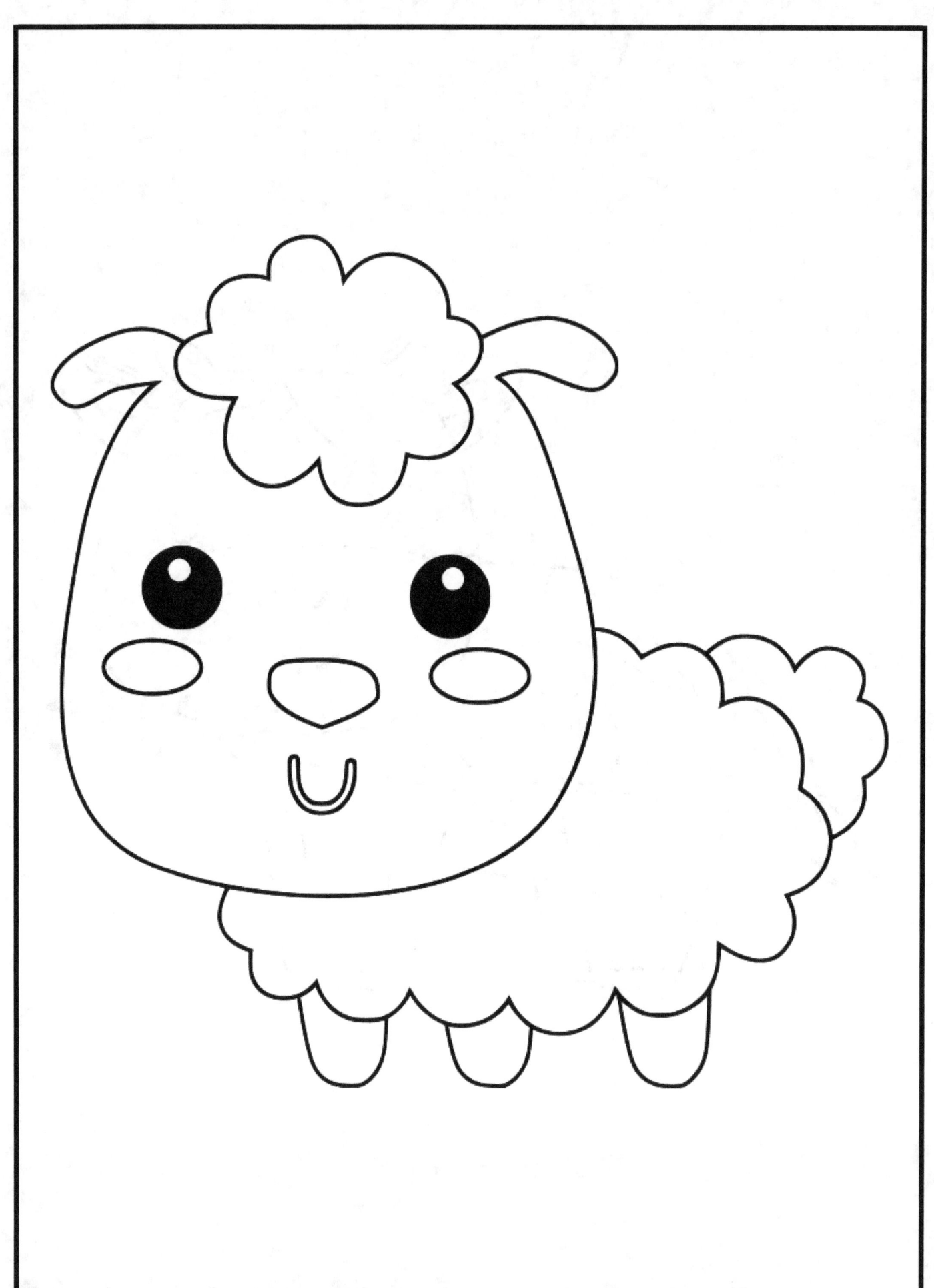

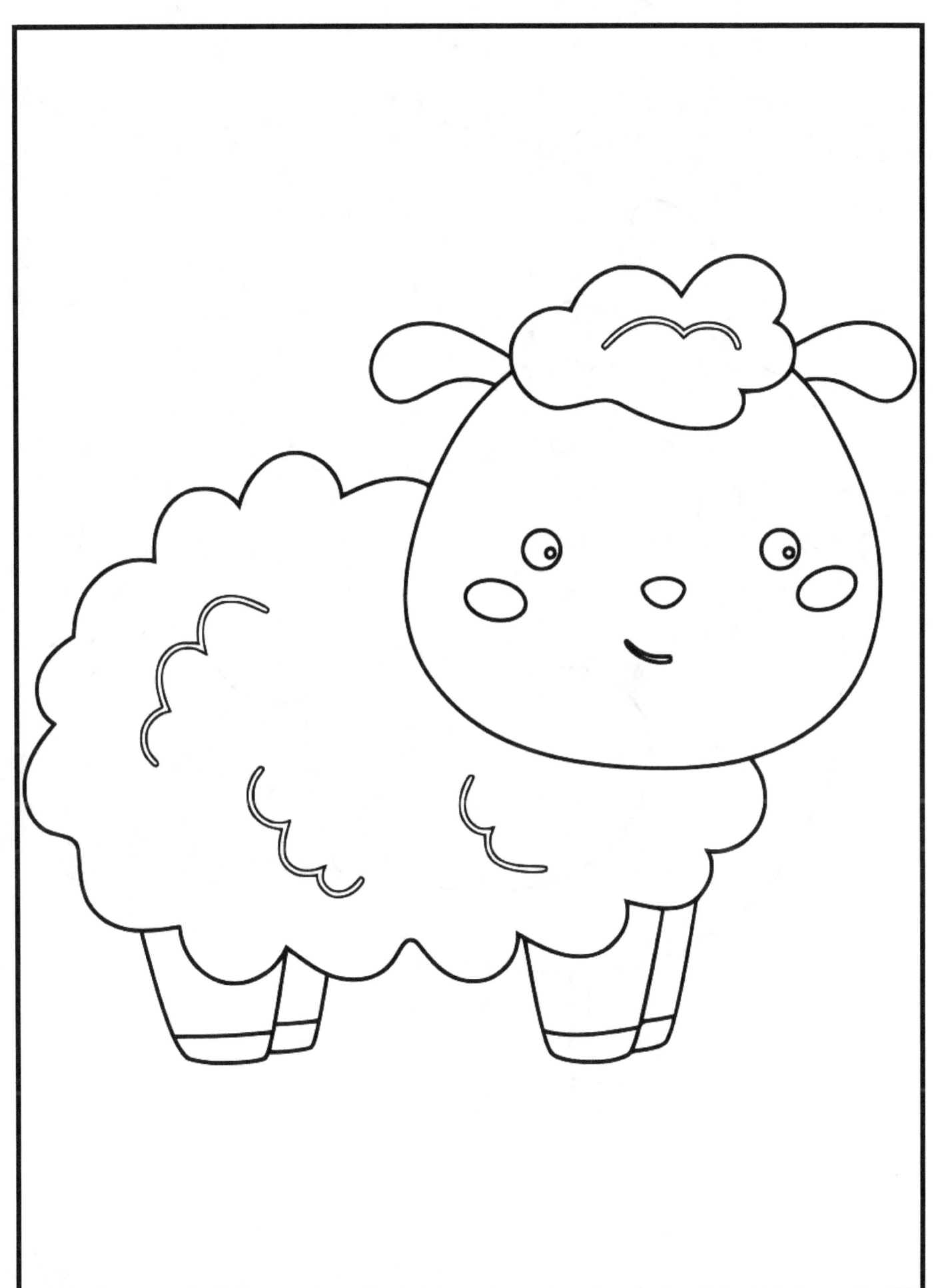

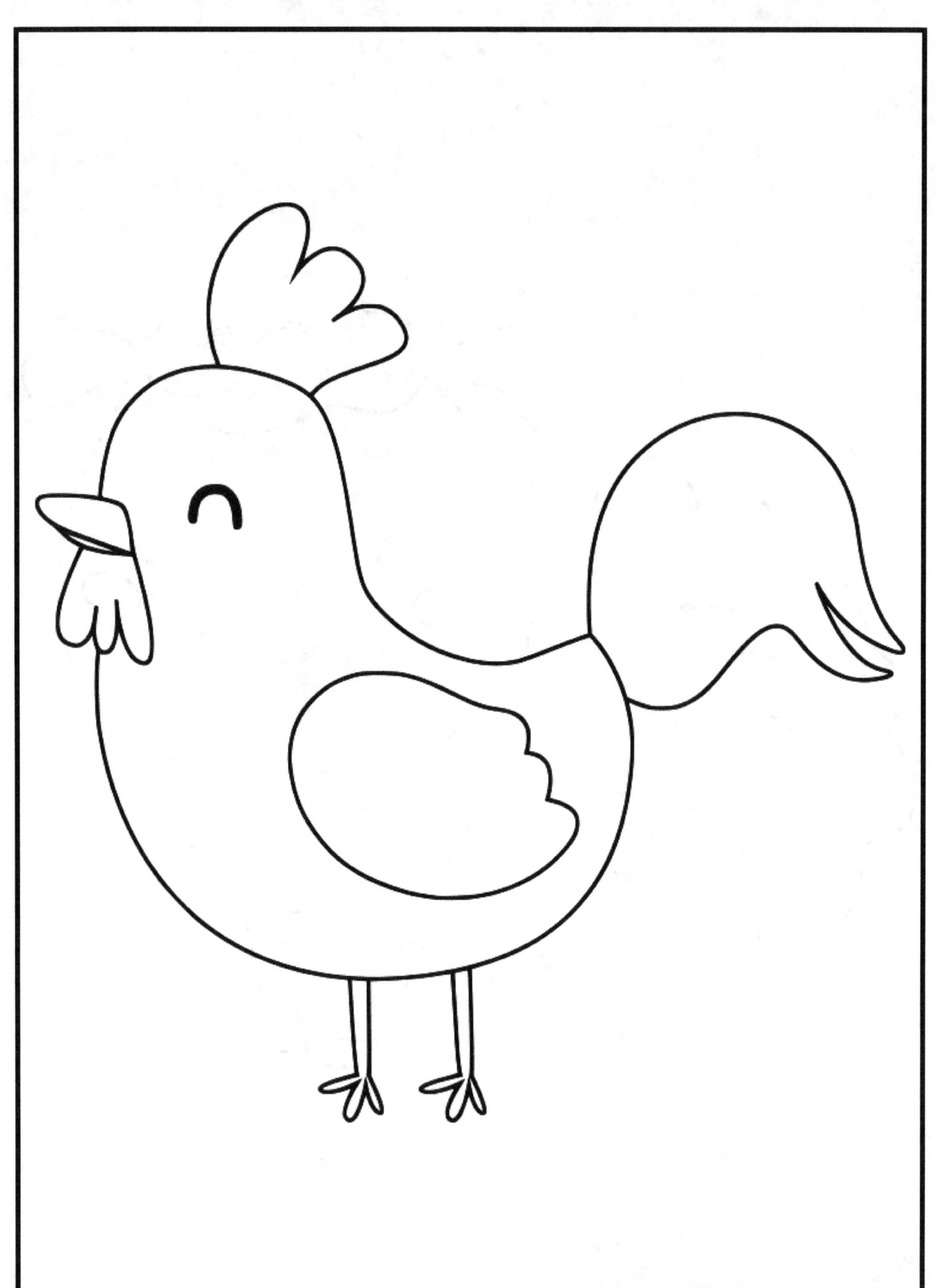

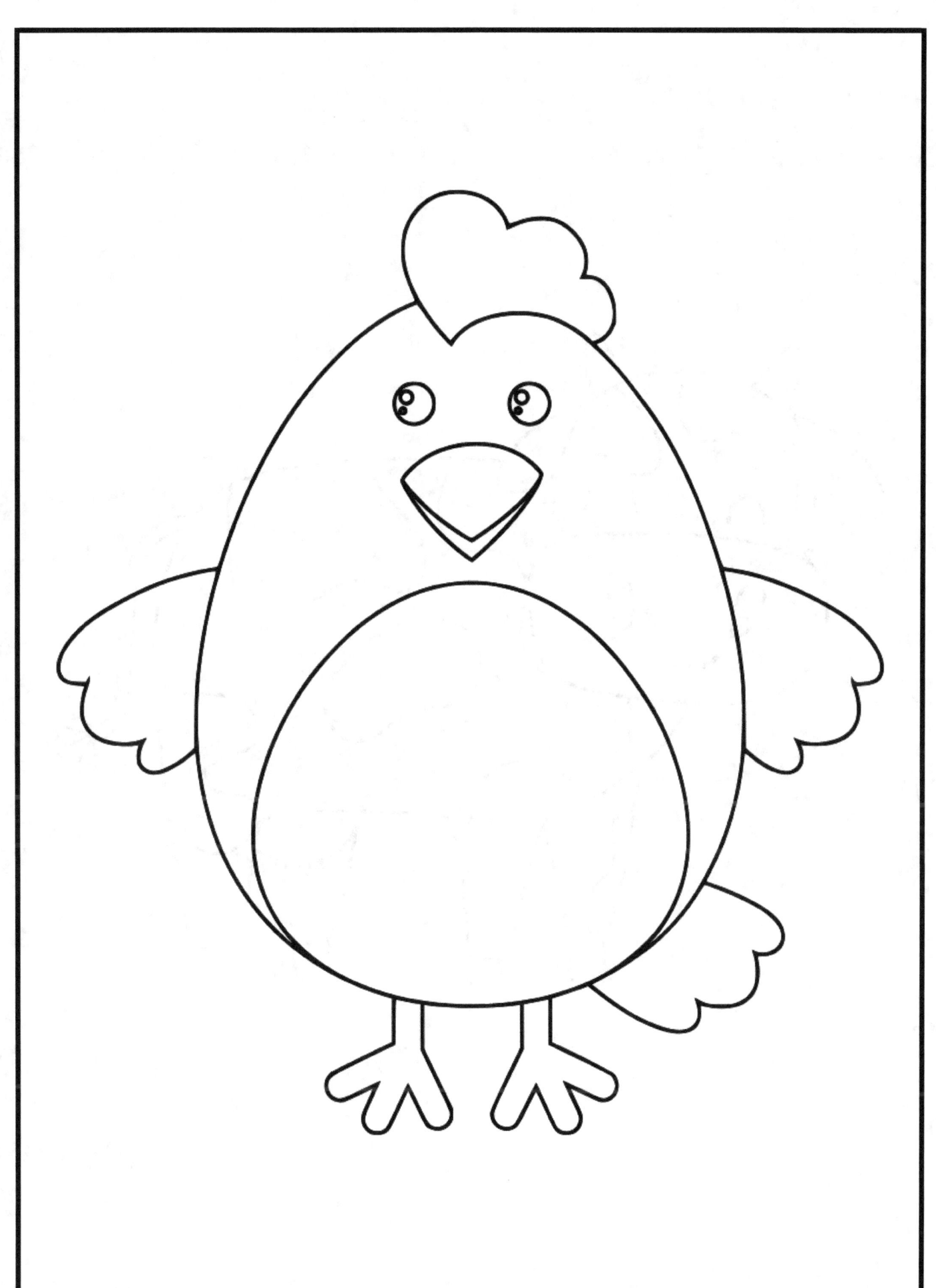

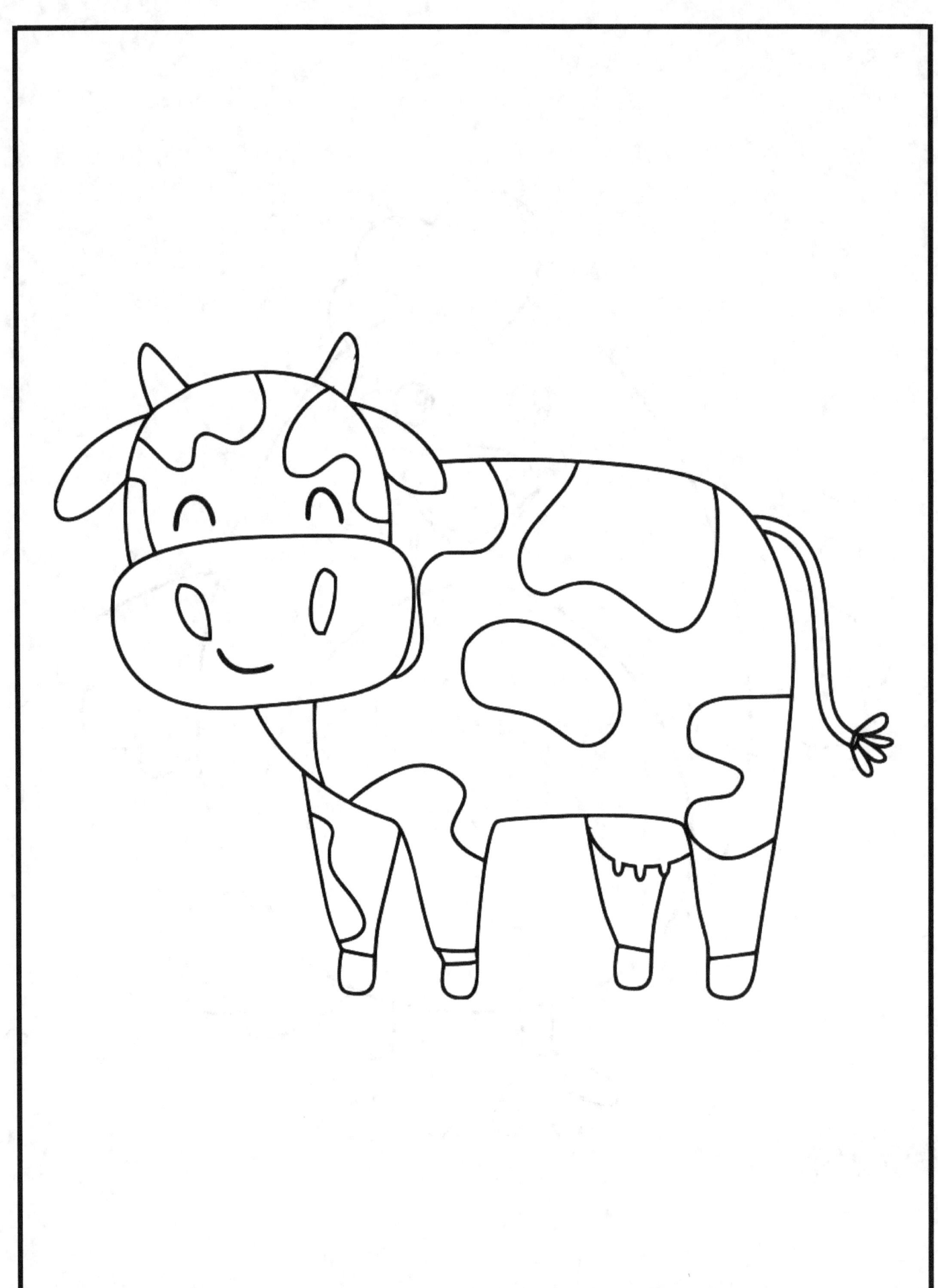

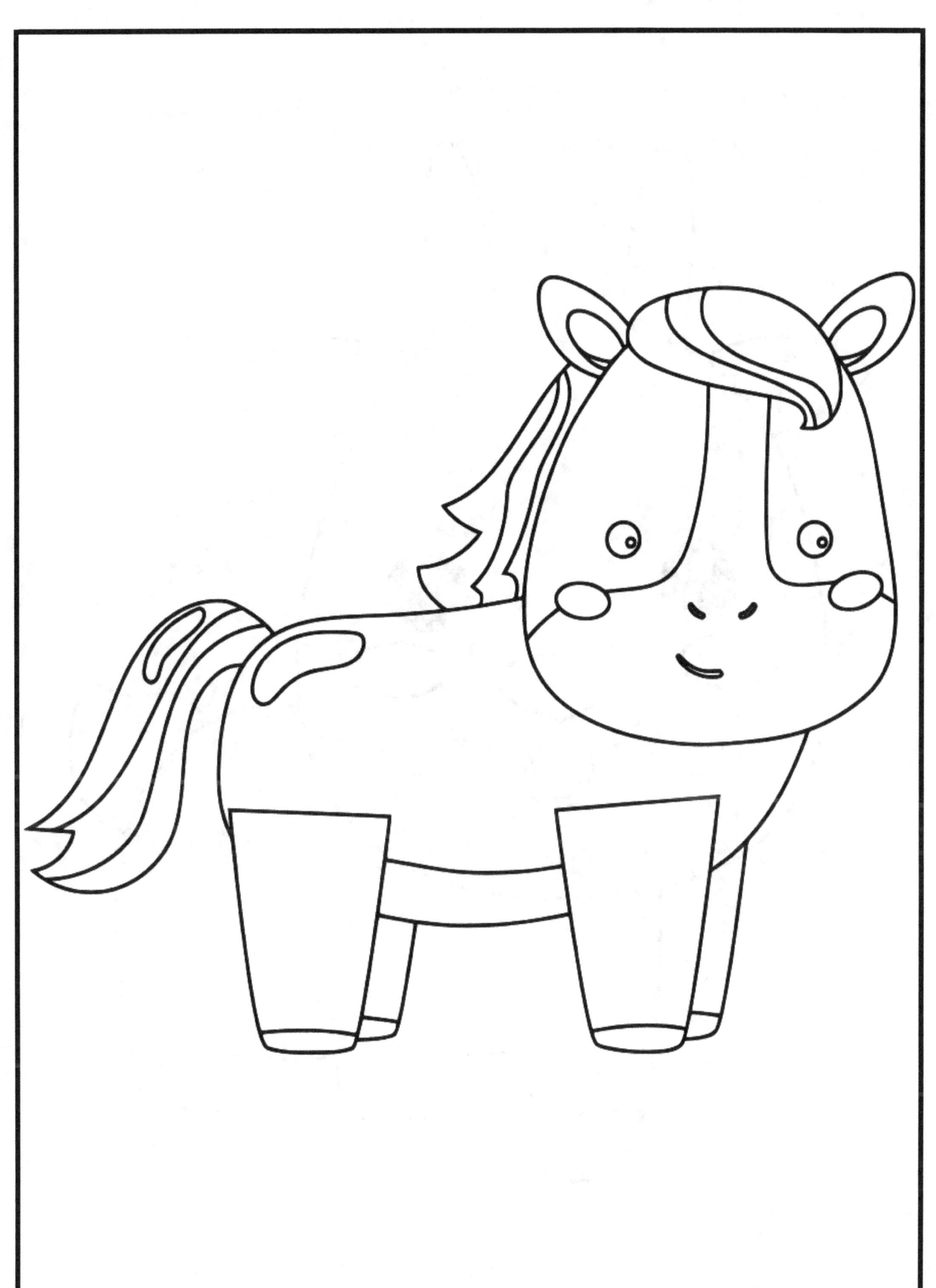

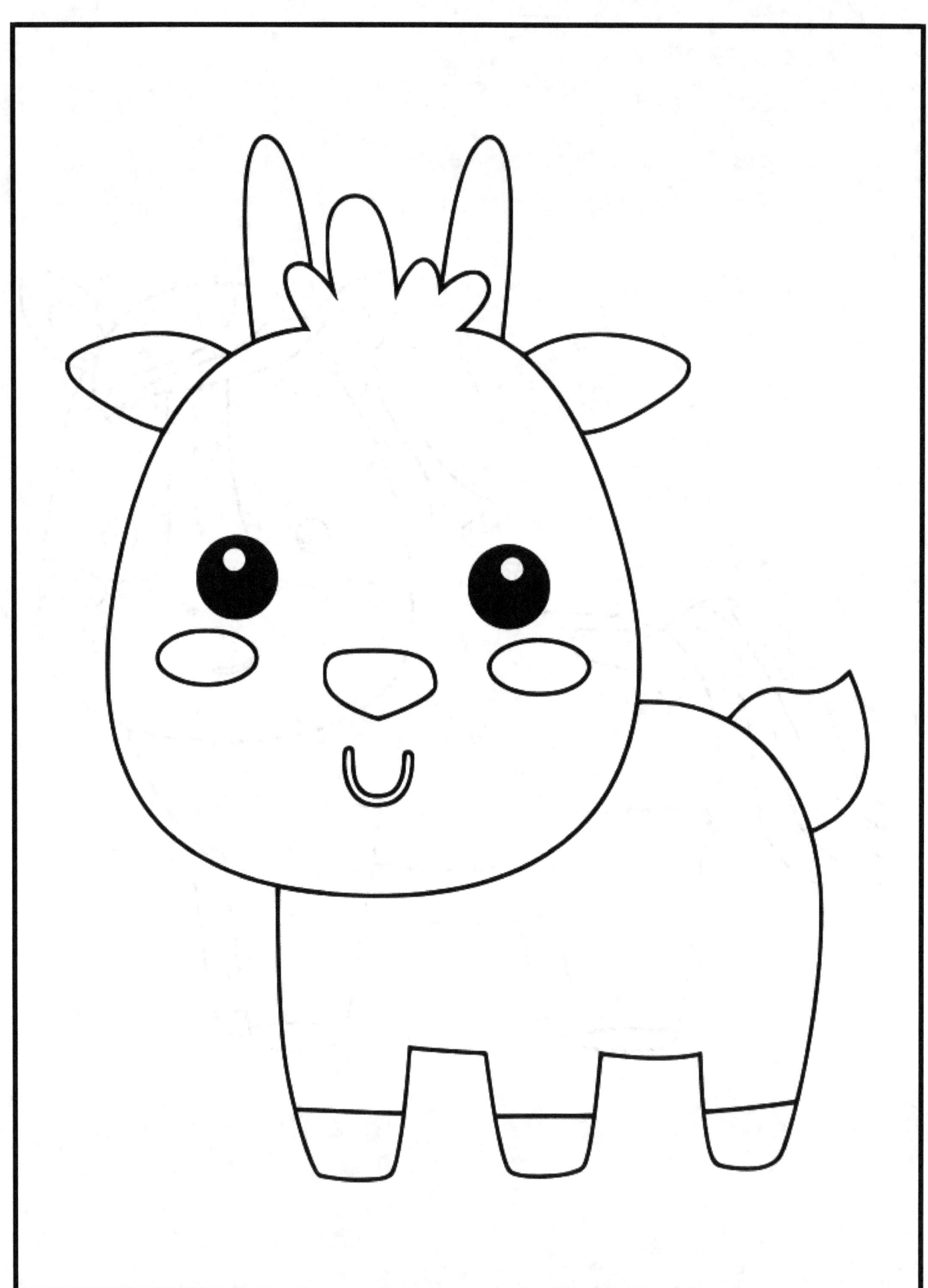

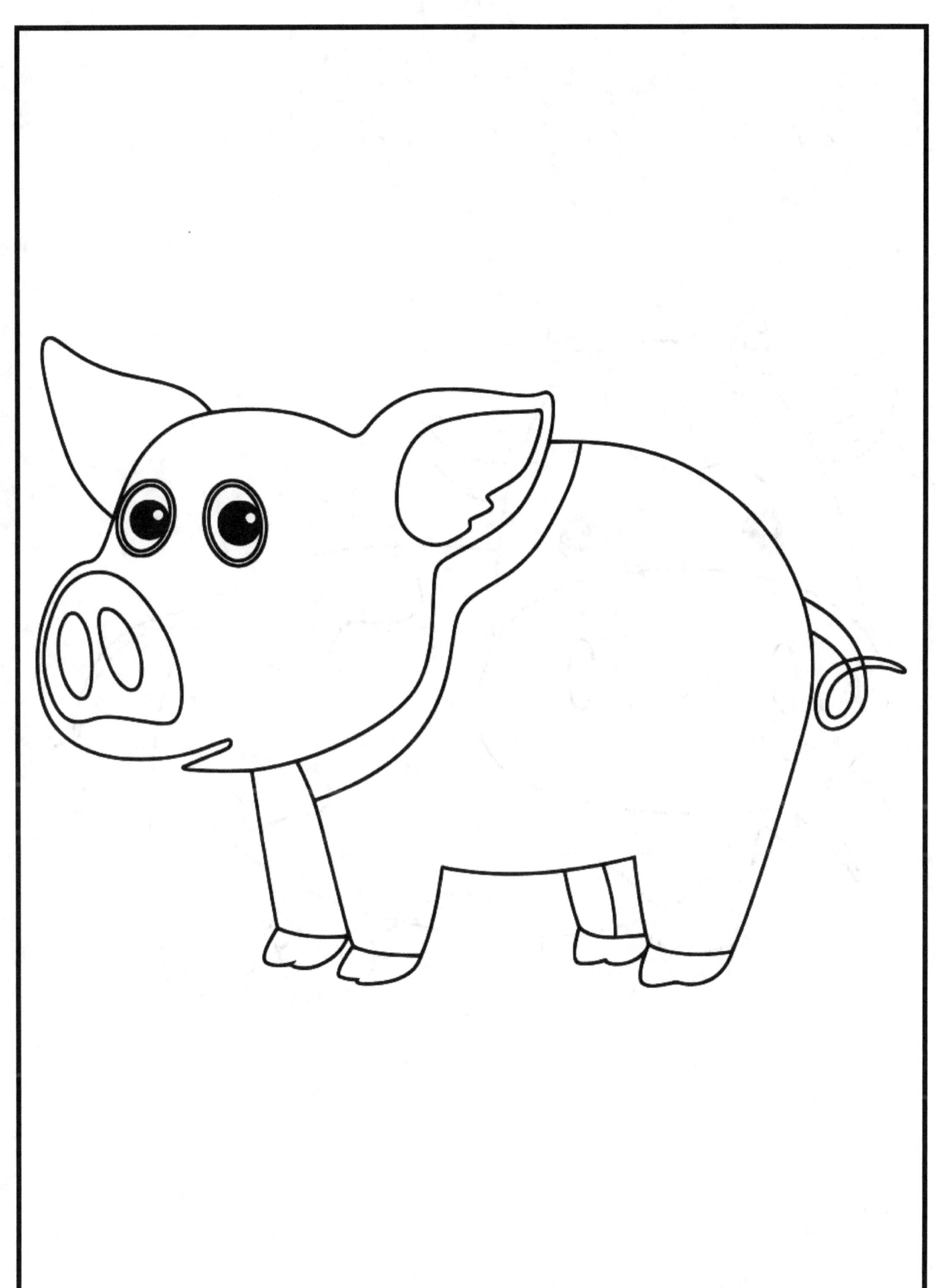

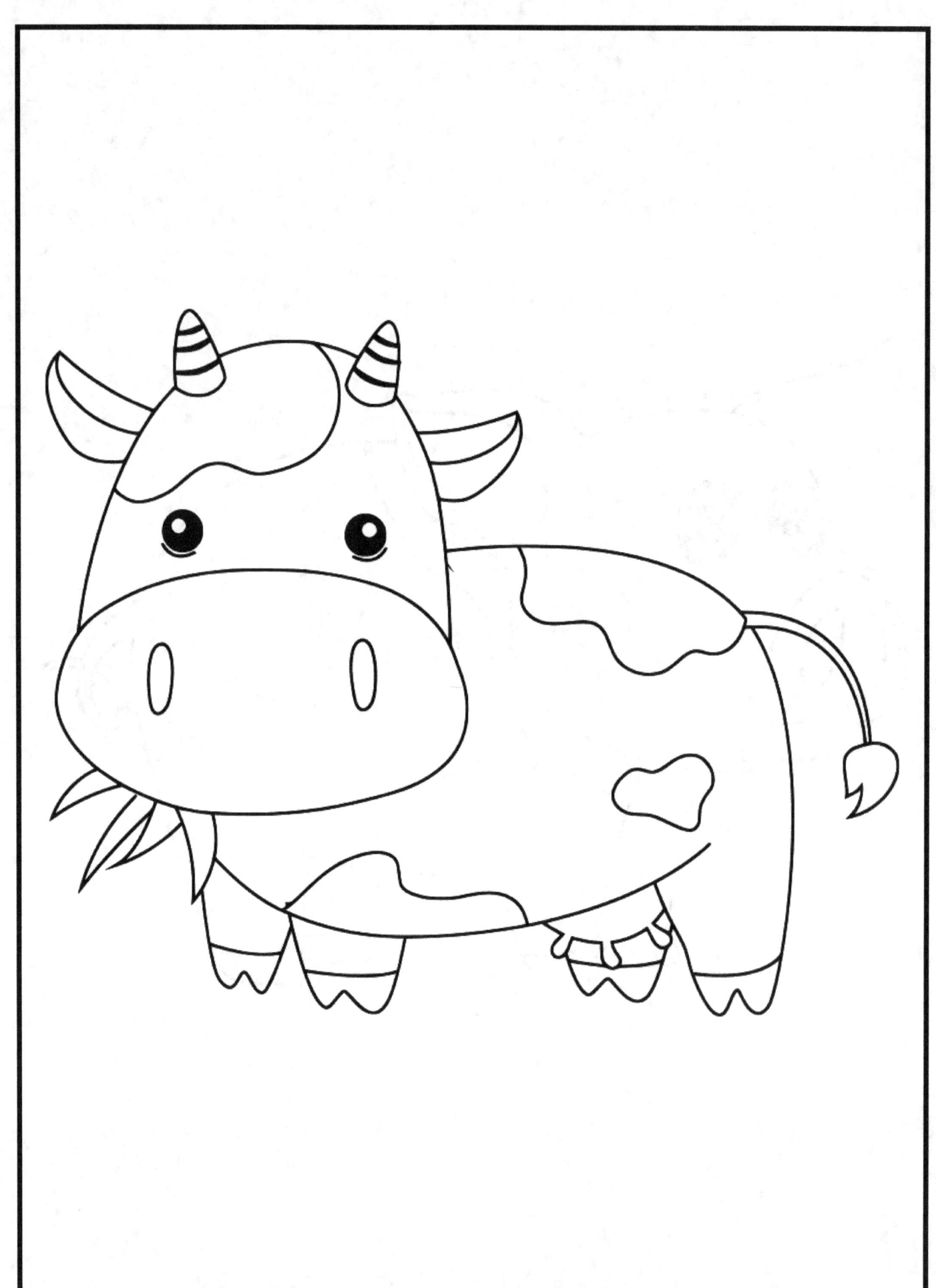

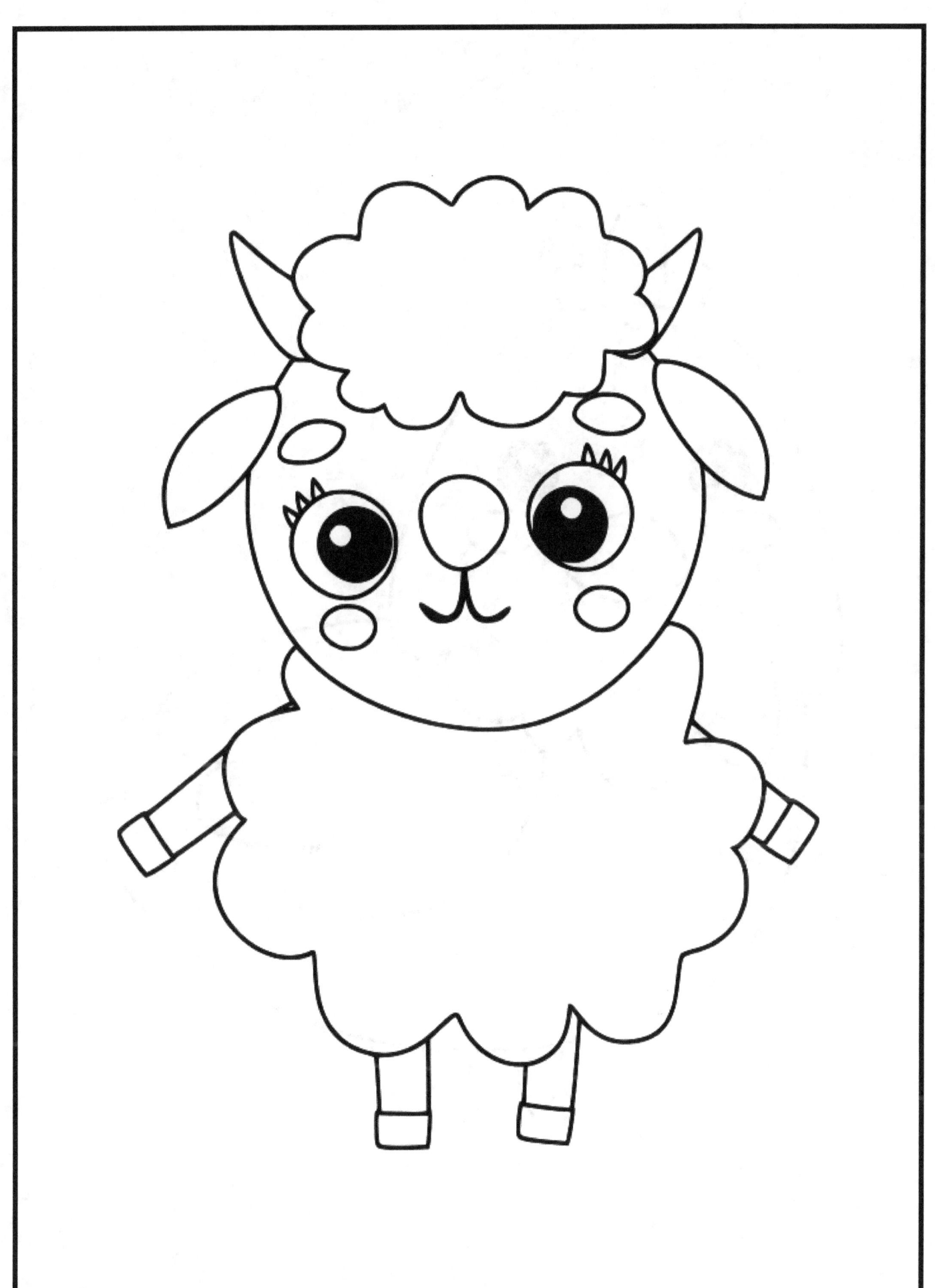

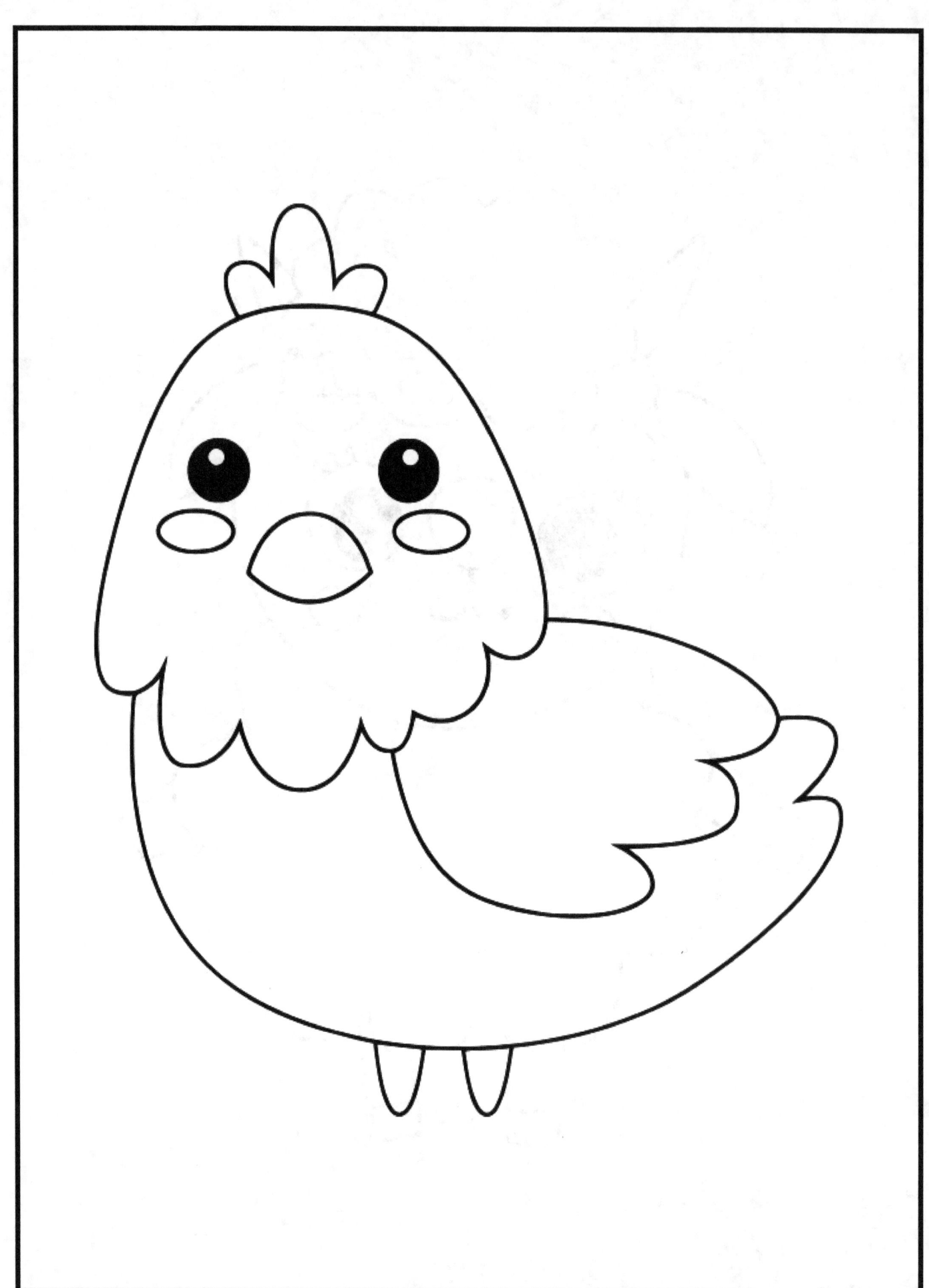

www.ingramcontent.com/pod-product-compliance
Lightning Source LLC
Chambersburg PA
CBHW080543220526
45466CB00010B/3020